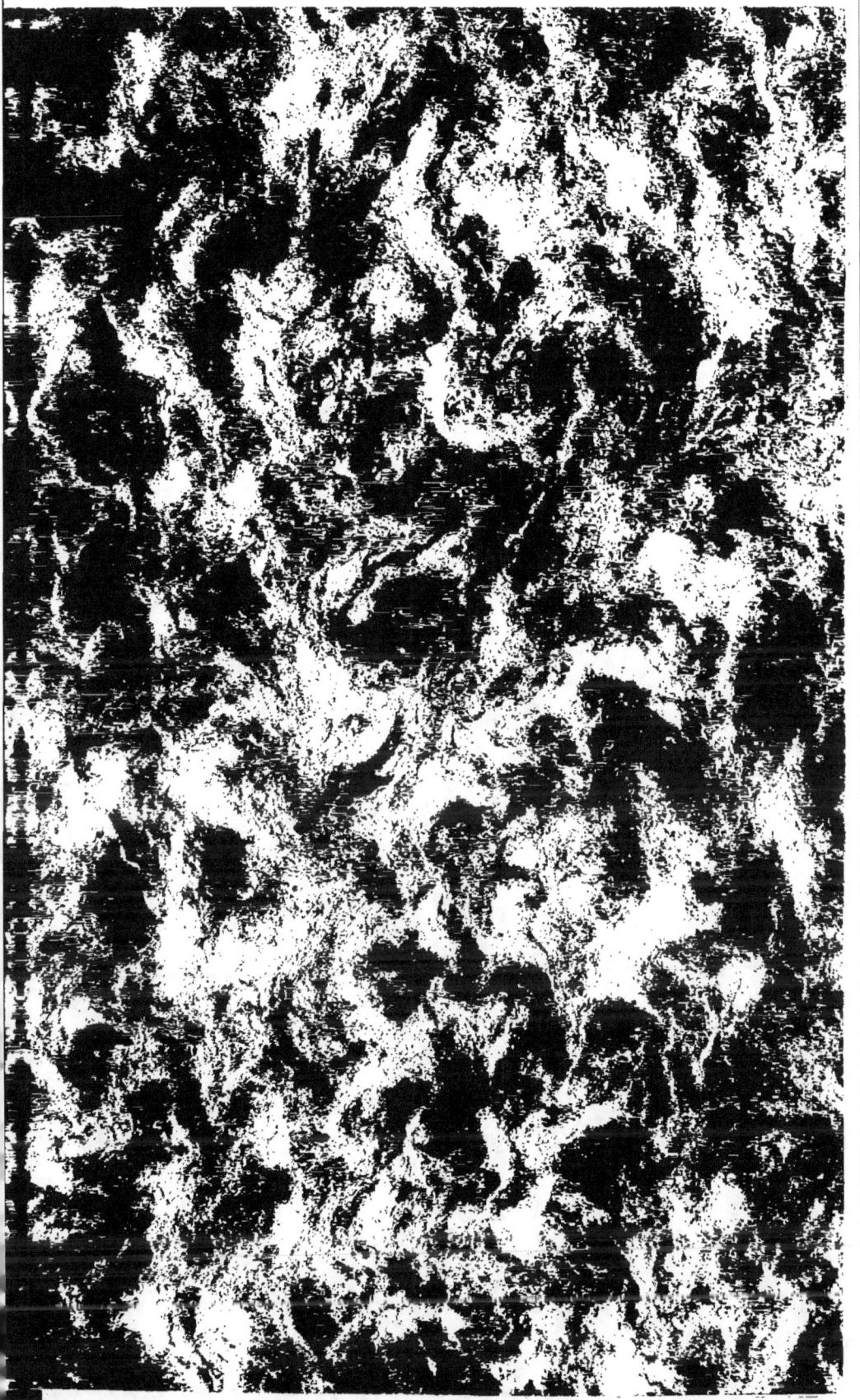

CAMPO 1972

DIX MOIS DE GUERRE
DANS LES BALKANS

Copyright by Perrin et Cie, Paris, 1914.

AVANT-PROPOS

La création de l'Alliance balkanique, la guerre des alliés balkaniques contre la Turquie, l'écroulement de l'Empire ottoman, la rupture des premières négociations de la paix à Londres et la reprise des hostilités, la résistance ottomane pendant la seconde partie de la guerre, la querelle des alliés balkaniques au sujet du partage des dépouilles de la Turquie, l'attaque brusquée de la Bulgarie, la victoire des Grecs et des Serbes, l'intervention roumaine contre la Bulgarie, tous ces épisodes du grand drame qui se déroule depuis plus d'un an dans les Balkans, ont plongé dans la stupéfaction tous ceux dont c'est le métier d'être les augures de la situation internationale.

Pendant plus d'un an toutes les chancelleries ont marché de surprise en surprise. Elles n'ont su rien prévoir, elles n'ont su que s'incliner devant le fait accompli.

Quelle est la raison de cet aveuglement? Les événements qui se sont produits dans les Balkans étaient-ils si illogiques, étaient-ils véritablement si inattendus ? Pas le moins du monde. Pour qui sait voir l'enchaînement des causes et des effets il apparaît au contraire que tous ces événements se sont succédé avec une implacable logique.

La raison de l'impuissance des diplomates est tout autre. Elle gît dans leur mentalité.

Les diplomates, à quelque pays qu'ils appartiennent, sont généralement des gens de salon ou des hommes de cheval qui ont perdu tout contact avec la vie et tout sens des réalités.

Prisonniers d'un monde artificiel où ne pénètre aucun souffle de vie, ils n'ont plus la faculté de sentir avec la foule, de comprendre ce qui bouillonne au fond des masses populaires, il leur manque le sens de l'évolution créatrice.

Le cœur sec et insensible à tout ce qui est mouvement spontané, désintéressé, irréfléchi, habitués à ne voir partout dans les actions humaines que bluff, calcul et rouerie, l'esprit bourré de manuels d'histoire, d'articles de droit international et de préceptes de savoir-vivre, ils ne veulent pas voir, ils ne peuvent pas voir ce qui dérange les constructions de leur esprit ou ce qui, à leurs yeux, heurte les élégances.

Ils oublient que le monde ne se développe pas selon leurs formules, que les peuples ne se laissent pas guider par la raison raisonnante, qu'ils obéissent dans leurs actions à la logique du cœur, à la poussée obscure de leur inconscient, qu'ils sont les victimes de la fatalité historique et les jouets du Destin qu'ils portent en eux.

Il manque généralement aux diplomates le sens psychologique. C'est pourquoi ils ont vu se dérouler sous leurs yeux, sans en saisir la portée, les événements balkaniques, de même que la vieille noblesse française de la fin du dix-huitième siècle passa à travers la grande tourmente révolutionnaire sans y rien comprendre.

Il faut dire cependant à la louange de la diplomatie, exception faite pour celle de l'Autriche-Hongrie, qu'elle a généralement eu le bon esprit de s'incliner de bonne grâce devant les événements. Après avoir essayé, inutilement il est vrai, de regimber au début de la crise, après s'être pendant quelques semaines désespérément cramponnée à l'épave du *statu quo*, elle a fini par accepter les arrêts du Destin. C'était la sagesse forcée. Peut-être ces diplomates qui sont généralement des lettrés, se souvenaient-ils des mots du philosophe :

Volentem fata ducunt, nolentem trahunt.

Il passe dans les deux dernières guerres balkaniques un souffle de romantisme, qui a dérouté non seulement les diplomates, mais encore les esprits pratiques de l'époque contemporaine, qui rêvent de faire de la terre une grande maison de commerce ou une immense usine et qui pensent que l'époque des généreux enthousiasmes est passée.

Les simplistes qui ne voient dans les sociétés humaines que deux catégories de gens : les niais et ceux qui les exploitent, les malins et leurs victimes, considèrent ces deux dernières guerres comme le produit de l'ambition de quelques hommes, qui ont déchaîné à leur gré les hostilités pour satisfaire leurs intérêts.

Partager cette opinion un peu trop puérile serait méconnaître le vrai caractère du mouvement révolutionnaire qui a ébranlé si fortement tous les Balkans et les causes profondes qui l'ont engendré.

Vue dans son ensemble, la crise qui pendant un an a ensanglanté les Balkans est une tentative, peut-être manquée, de petits peuples qui vivaient d'une vie précaire, d'une vie incomplète, d'une vie incessamment menacée par les convoitises de l'étranger, pour se libérer des fatalités historiques et géographiques qui pesaient sur eux et arriver à constituer, par une Union qu'aurait cimentée la victoire, une nouvelle grande puissance capable de s'imposer au respect de tous et de suivre joyeusement la voie du progrès.

Pour le moment cette tentative semble avoir à peu près complètement avorté. Les peuples de la péninsule balkanique n'étaient pas mûrs pour la grande idée qui les avait soulevés. Trop d'obstacles, en dehors d'eux et surtout au dedans d'eux-mêmes, s'opposaient à la réalisation de leur idéal.

Au moment où ils semblaient toucher la Terre promise l'Autriche-Hongrie leur dit : « Halte-là ! Votre Union me déplaît. »

Au premier désaccord qui surgit entre eux, les germes de haine que l'on croyait morts à jamais et qui n'étaient qu'assoupis au fond de leurs âmes, se réveillent pareils aux revenants sinistres dont parle Ibsen et voilà ces peuples frères qui se remettent à se détester et se battre entre eux.

La poussée des peuples balkaniques vers la délivrance devait cette fois échouer. Il n'en reste pas moins que cet effort explique les deux dernières guerres et qu'il leur donne une certaine noblesse, malgré l'horreur de tant de sang versé.

Pour écrire en toute impartialité l'histoire de ces deux dernières guerres, qui atteignent parfois à l'épopée et parfois s'abaissent jusqu'aux monstruosités du cannibalisme, de ces guerres qui ont révélé l'âme humaine dans ce qu'elle a à la fois de plus répugnant et de plus sublime, il faudra un homme de génie, un écrivain qui sera en même temps qu'une grande intelligence un homme de cœur, un esprit habitué à juger durement les faiblesses et les imperfections de la nature humaine, mais qui pourtant sera capable de croire encore aux généraux élans d'idéalisme, un profond psychologue en un mot qui saura déchiffrer le troublant mystère de l'âme des peuples balkaniques.

En réunissant en volume quelques-uns des articles que j'ai publiés dans *la Dépêche* au cours des deux dernières guerres, je voudrais apporter une petite contribution à cette grande œuvre future.

Je laisse à d'autres le soin de raconter des faits de guerre auxquels ils n'ont pas pris part, de faire des récits de batailles qu'ils n'ont jamais vues. Mon ambition est plus modeste. Je n'apporte ici que des documents psychologiques.

Pendant mon séjour de dix mois dans tout l'Orient européen, je me suis surtout efforcé, en me délivrant de toute idée préconçue, de comprendre l'état d'âme des peuples au milieu desquels je vivais et des grands hommes qu'il m'était donné d'approcher. Ce sont ces états d'âmes, tels que j'ai pu les noter à un moment précis du dernier drame historique, que je veux reproduire ici.

De même que le grand peintre se sert d'instantanés pour saisir les mystères du mouvement et donner à ses tableaux plus de vérité et de vie, de même ces notes au jour le jour pourront peut-être aider le futur historien des deux dernières guerres balkaniques à reconstituer l'atmosphère morale au milieu de laquelle des événements en apparence si inattendus que ceux de l'année dernière ont pu se passer.

C'est la déposition d'un témoin impartial que je verse au dossier de l'histoire. Tel qu'il est, mon ouvrage est un livre de bonne foi. A défaut d'autre mérite, je crois que celui-là au moins ne pourra lui être contesté.

Jean Pélissier.

Paris, septembre 1913.

DIX MOIS DE GUERRE
DANS LES BALKANS

AVANT LA GUERRE

Pour ceux qui n'étaient pas au courant de la situation dans les Balkans ou qui ne comprenaient rien aux événements, qui se déroulent là-bas depuis la révolution jeune-turque, la déclaration de guerre du roi Nikita de Monténégro contre la Turquie éclata comme un coup de tonnerre dans un ciel serein.

Je ne voudrais pas avoir l'air de céder au plaisir trop facile de jouer au prophète après l'événement. Cependant cet acte ne m'étonna pas.

Depuis plus de six mois en effet, nous parlions tous les jours à l'Office central des nationalités de la guerre des pays balkaniques contre la Turquie et, tout en le déplorant, nous en acceptions l'idée comme une fatalité inéluctable.

Par les correspondances que nous recevions en effet de Macédoine, de Bulgarie, de Grèce et de Serbie, par les récits émouvants que nous faisaient les patriotes de ces pays de passage à Paris, nous savions tout ce qui bouillonnait de rancœur et de haine contre le régime jeune-turc dans l'âme des chrétiens d'Orient. L'ambition de ces petits peuples avides de liberté politique et d'indépendance économique, nous la savions, démesurée et insatiable. Déçus dans leur espoir de voir le gouvernement jeune-turc assurer dans l'Empire ottoman rénové leur libre développement à toutes les nationalités, écœurés par l'égoïsme des grandes puissances qui méprisaient leur faiblesse et traitaient de dangereuses utopies leurs aspirations nationales, frémissants de la tutelle que cherchaient à leur imposer la Russie et l'Autriche, fatigués de se faire entre eux en Macédoine une guerre de guérillas, une guerre de bandes, qui les affaiblissait au profit de leurs oppresseurs, ces petits peuples balkaniques étaient mûrs pour la révolte, ils étaient mûrs pour la révolution.

Le jour où les souverains et les hommes d'État des Balkans eurent compris cette soif de délivrance commune à tous les pays chrétiens d'Orient, l'alliance balkanique était faite et la paix était à la merci du moindre incident.

Comme nous sentions gronder l'orage, il fut décidé, au mois d'avril 1912, que je ferais en ma qualité de secrétaire général de l'Office central des nationalités un voyage d'informations et d'études dans les Balkans.

Trois des plus grands journaux européens, *la Dépêche*, *l'Indépendance belge* et le *Manchester Guardian* acceptèrent de publier le résultat de mes enquêtes.

Le jour de mon arrivée à Belgrade, où j'avais été invité par des amis de notre œuvre à faire à l'hôtel de ville une conférence sur l'Union balkanique, M. Milovan Milovanovitch, alors président du Conseil et ministre des Affaires étrangères, voulut bien me faire l'honneur de m'accorder un entretien.

Après m'avoir confirmé ce que je savais déjà, qu'une

Alliance balkanique était en train de se former, ce grand homme d'Etat m'autorisa à publier dans une interview, que le lecteur trouvera plus loin, cette phrase prophétique, qui aurait dû donner à réfléchir à tous les diplomates d'Europe :

Dans les Balkans où nos frères de race sont aussi très nombreux la question des nationalités se pose d'une façon actuelle, et le moment n'est pas loin, où l'Europe assistera ou participera à des évolutions, espérons-les pacifiques, qui créeront les solutions d'avenir pour nous comme pour les autres Etats et nationalités balkaniques.

On ne pouvait pas être plus clair ni plus explicite.

Quelques jours après, passant à Sofia, où je répétai ma conférence sur l'Union balkanique au siège de l'Alliance française, j'eus l'honneur d'être reçu par M. Guéchoff, président du Conseil de Bulgarie :

— *Mon ami, M. Milovanovitch, vous a dit cela ? Je ne peux que vous confirmer ses paroles.*

A Bucarest je notai les premiers symptômes d'un désenchantement de la politique d'entente avec la Triplice suivie depuis des années par le roi Carol, un regret d'être délaissé et méconnu de la France, dont on aimait par-dessus tout la civilisation et la culture et un désir encore assez vague de se rapprocher des peuples balkaniques et d'avoir avec eux des relations plus intimes.

Je rentrai à Paris au commencement du mois de juin, avec la conviction que l'Union une fois faite entre les peuples balkaniques, la guerre contre la Turquie ne tarderait pas à éclater.

Inutile de dire que comme ami de la paix j'en étais navré. J'aurais certes mieux aimé pouvoir prêter foi au rêve magnifique que ce grand homme de cœur qu'est M. Victor Bérard développait dans un amphithéâtre de la Sorbonne le soir même de mon retour à Paris : « Le devoir balkanique ; une union politique, économique, intellectuelle et morale de tous les peuples balkaniques, y compris la Turquie. »

Mais il m'avait suffi de voir chez eux les Serbes et les Bulgares, pour comprendre que cet idéal n'était pas réalisable.

A la conférence préparatoire du premier Congrès universel des nationalités, qui ouvrit ses séances le 22 juin 1912 à l'Ecole des Hautes Etudes sociales, sous la présidence de M. Paul Painlevé, membre de l'Institut, député de Paris et dont j'avais l'honneur d'être secrétaire général, nous ne manquâmes pas de mettre la question des Balkans à l'ordre du jour.

Un délégué jeune-turc, Santo-Semo bey, prononça à ce sujet un remarquable discours dans lequel il proclamait cette vérité :

« Ce qui menace la paix ce sont les Balkans. Et la paix européenne ne peut être assurée que par l'établissement d'une fédération balkanique au sein de laquelle chaque peuple jouira de ses droits sans crainte d'être opprimé par une puissance étrangère. »

Cependant personne ne voulait croire à l'imminence du danger.

Un jour du mois de juillet j'étais à même de reconstituer, à la suite d'une indiscrétion, la carte du partage éventuel de la Macédoine, tel qu'il avait été fixé par le traité secret récemment conclu entre la Serbie et la Bulgarie.

Quelques jours après on m'informait que M. Daneff s'était rendu à Livadia sous prétexte de saluer le tsar de Russie, en réalité pour lui demander l'autorisation de faire la guerre à la Turquie. Le tsar avait répondu : « Ne faites pas la guerre, car l'Autriche en profiterait pour marcher sur Salonique. »

Les hommes politiques et les diplomates à qui j'annonçai tout cela, qualifièrent mes informations de... fantastiques.

Un de nos meilleurs diplomates m'a d'ailleurs affirmé que lorsque vers la fin du mois de juin il informa notre gouvernement de l'existence d'une Alliance balkanique, il fut raillé par ses confrères du quai d'Orsay d'une manière impitoyable.

Le rôle de prêcheur dans le désert est ingrat. Mais on éprouve un certain plaisir à avoir raison contre tout le monde. Je devais avant la déclaration de la guerre avoir encore une fois l'occasion de goûter cette amère volupté.

C'était fin septembre, au XIXe Congrès universel de la Paix à Genève, ce Congrès d'étrange mémoire, que bon nombre de congressistes rêvaient de transformer en je ne sais quelle conférence philosophique où l'on pérorerait contre la guerre, sans s'occuper des questions brûlantes de politique internationale, justifiant ainsi le mot du poète :

Les choses d'ici-bas ne me regardent pas.

Voici ce que je dis à la Commission des actualités dont j'avais été élu membre :

« Nous sommes en ce moment exactement dans la même situation que celle où nous nous trouvions l'année dernière à la même époque, c'est-à-dire à la veille d'une grande guerre contre la Turquie. D'après des renseignements que je tiens de source sûre, je crois pouvoir vous annoncer que les petits peuples balkaniques ont mis fin à leurs vieilles querelles et ont conclu entre eux une alliance. Leur patience est à bout. Jusqu'ici leurs gouvernements ont réussi à maintenir la paix, ce dont il faut les féliciter. Mais si la Turquie ne se décide pas à changer sa politique envers les nationalités de son Empire, si elle ne leur accorde pas l'autonomie, il sera impossible après des massacres tels que ceux de Kotchana et de Berana de contenir l'indignation des peuples balkaniques et la guerre sera inévitable. »

Et je proposai alors au Congrès de voter la motion suivante :

« Le XIXe Congrès universel de la Paix constate avec plaisir les efforts faits par les gouvernements de Turquie, Bulgarie, Grèce, Serbie et Monténégro pour maintenir la paix dans la crise actuelle que traverse l'Empire ottoman ;

« Émet d'autre part le vœu que la Turquie établisse en Albanie, en Macédoine et dans les îles de l'Archipel, un régime de décentralisation et d'autonomie, seul moyen d'assurer d'une façon définitive le maintien de la paix et le progrès de la civilisation. »

Croit-on que les renseignements que j'apportais provoquèrent parmi les pacifistes une émotion quelconque et que ma proposition fut discutée avec le sérieux qu'elle méritait ? Ce serait se tromper étrangement.

Beaucoup de pacifistes sont des mystiques dont l'état d'esprit est assez analogue à celui des premiers chrétiens, qui croyaient d'un moment à l'autre voir s'ouvrir devant eux toutes grandes les portes du royaume du ciel. Ils n'aiment pas ce qui dérange leur optimisme.

La plupart m'écoutaient avec un sourire incrédule. L'un d'eux m'attaqua avec véhémence et déclara qu'il convenait de faire encore crédit à ces Jeunes-Turcs, qui avaient assumé la noble tâche de fondre toutes les nationalités de l'Empire ottoman dans le même moule et de créer une patrie ottomane, etc., etc., comme s'il n'était pas avéré en ce moment-là que la tentative avait complètement échoué.

Mon vœu fut cependant accepté par la Commission des actualités et je fus chargé de le rapporter en séance plénière. Mais le Congrès avait peut-être beaucoup trop d'autres questions d'un intérêt immédiat à traiter, ou peut-être voulait-on éviter de provoquer sur la question des Balkans une discussion gênante. Quoi qu'il en soit, le bureau s'arrangea pour ne jamais me donner la parole. A la dernière séance ma motion fut votée en bloc avec beaucoup d'autres. Comme par hasard on oublia de la reproduire plus tard dans le compte rendu officiel du Congrès.

Moins d'une semaine après, la mobilisation générale était décrétée en Bulgarie, Grèce, Serbie et Monténégro.

La Dépêche, qui avait déjà publié mon enquête du mois de mai, me demanda aussitôt de retourner dans les Balkans comme son envoyé spécial, pour suivre si possible les opérations militaires et surtout pour étudier du point de vue français les dessous et les conséquences politiques de la guerre qui éclatait.

Je quittai Paris le 12 octobre 1912 ; dix mois après, le 14 août 1913, je partais de Bucarest au lendemain de la signature de la paix pour rentrer à Paris. Il m'est impossible de reproduire ici tous les articles que j'ai publiés dans *la Dépêche* au cours de mon long voyage dans les Balkans. Cela ferait un trop gros volume. Je n'ai réuni dans cet ouvrage que ceux qui me semblaient offrir un intérêt assez permanent pour mériter d'être recueillis.

EN SERBIE[1]

L'avenir de la nation serbe. — La question de la Fédération balkanique. Interview de M. Milovanovitch.

Belgrade, 10 mai.

J'ai trouvé la paisible ville de Belgrade en état d'effervescence. Les événements douloureux qui se déroulent au delà de la Save, la suspension des garanties constitutionnelles en Croatie, l'envoi à Agram d'un commissaire royal chargé d'appliquer l'état de siège, les vexations dont la presse croate est l'objet ont eu dans le cœur de chaque Serbe un profond retentissement. C'est que pour les Serbes, les Croates sont des frères de même race, de même langue, de même nationalité. Les hasards de la politique et de la religion, qui a fait des Serbes des orthodoxes et des Croates des catholiques, ont pu couper en deux tronçons cette nationalité, mais n'ont pu faire oublier aux membres de la famille serbo-croate leur communauté d'origine, et voici que maintenant le souvenir de cette même origine soigneusement cultivée par les historiens, les poètes, les penseurs et les journalistes, commence à donner aux deux branches du même peuple des aspirations communes.

C'est ce qui explique que lorsque le malheur frappe les Croates, les Serbes soient si douloureusement émus. C'est un morceau d'eux-mêmes qui se sent opprimé. Aussi, lorsque les étudiants croates sont

---

[1] Cet article et les suivants ont paru dans *l'Indépendance belge*, *la Dépêche* et les *Annales des nationalités*.

venus la semaine dernière à Belgrade pour protester contre le sort injuste qui leur était fait par les Magyars, ont-ils été accueillis par la capitale serbe avec la sympathie la plus chaude, la plus cordiale, la plus véhémente qu'il soit possible d'imaginer. Et lorsqu'on a appris à Belgrade que, pendant le voyage de retour à Agram, les étudiants croates ont été enfermés par les autorités hongroises dans des wagons plombés, comme des malfaiteurs, la surprise et l'indignation de tout le peuple serbe n'ont pas été moins véhémentes. La nation entière n'a eu qu'un cri pour condamner un tel procédé.

Je suis arrivé à Belgrade au moment où ces événements étaient encore tout récents et faisaient l'objet de toutes les conversations. Cela m'a donné l'idée de faire auprès des grands hommes d'État de Belgrade une enquête pour savoir ce qu'ils pensaient de l'avenir de la nation serbe. Tout d'abord je me suis adressé à M. Milovan Milovanovitch, président du Conseil de Serbie, ministre des Affaires étrangères, l'adversaire redoutable du baron d'Æhrenthal, qui, pendant la crise de l'annexion de la Bosnie et de l'Herzégovine, sut défendre avec tant de souplesse, de ténacité et d'énergie, les intérêts et l'honneur de son pays contre les prétentions de la monarchie austro-hongroise. L'éminent homme d'État a bien voulu me répondre aussitôt avec toute la clarté et toute la franchise possibles.

— J'ai bien peur, me dit-il, de vous paraître trop optimiste, mais mes espérances sont très grandes et pour ainsi dire illimitées. Notre nation a supporté sans perdre jamais confiance tant de rudes épreuves dans le passé, et elle fait encore face si vaillamment aux difficultés de l'heure présente, que mon optimisme me semble justifié.

Seulement, ce n'est pas du jour au lendemain que nous atteindrons la réalisation de toutes nos espérances.

Le problème de l'avenir de la nation serbe, en effet, est lié à la solution de plusieurs autres problèmes, qui seront extrêmement difficiles à résoudre. L'avenir de notre nationalité est lié, d'une part, à l'avenir de toute la péninsule balkanique, puisque des millions de Serbes s'y trouvent en dehors des frontières de la Serbie, et il est lié aussi au sort de l'Autriche-Hongrie, puisque les Croates, de même que les Serbes de Hongrie et de Dalmatie sont nos conationaux. C'est cette situation à cheval entre l'Autriche-Hongrie et la Turquie qui nous fait participer au problème balkanique aussi bien qu'au problème danubien et nous rend peut-être, aux yeux des spectateurs étrangers, les plus intéressants des peuples d'Europe, qui ne sont pas encore arrivés à faire leur unité, mais qui est aussi pour nous la plus difficile. Pour un politique qui ne tient compte que de la réalité des faits, il est difficile d'envisager pour le moment la question de la réunion avec nos frères croates. Depuis des siècles, par suite de leur situation géographique ou des intérêts économiques, ils ont contracté avec d'autres nationalités de la monarchie des Habsbourg, une union qui n'est pas près de se rompre. Leur évolution suivra celle de la monarchie austro-hongroise. Or, quelle sera la marche de cette évolution? L'Empire se développera-t-il dans le sens fédéraliste et deviendra-t-il une confédération au sein de laquelle les diverses nationalités jouiront de la plus parfaite autonomie? Restera-t-il, au contraire, une monarchie dualiste ou unitaire au sein de laquelle deux nationalités allemande et magyare, ou la première seule, auront toujours la prépondérance sur les autres ? C'est ce qu'il est impossible ou bien risqué pour le moment de prévoir.

Par contre, dans les Balkans où nos frères de race sont aussi très nombreux, la question des nationalités se pose d'une façon actuelle, et le moment n'est pas loin où l'Europe assistera ou participera à des évolutions, espérons-le, pacifiques, qui créeront les solutions d'avenir pour nous comme pour tous les autres États et nationalités balkaniques.

Il est, d'ailleurs, bien évident que les changements qui pourront se produire dans les Balkans ne se réaliseront probablement qu'après une entente entre les diverses nationalités qui habitent la péninsule. Or, il me semble qu'une entente de ce genre est en train de se préparer. Ces temps derniers, dans les divers pays des Balkans, il apparaît qu'il s'élabore un état d'esprit favorable à l'union, une union toute morale, bien entendu, des diverses nationalités. Partout les hommes d'État, les penseurs, les savants, les publicistes, semblent être d'accord pour rechercher bien moins ce qui divise que ce qui unit. Il y a là comme un sentiment d'un danger commun qui menace également tous les peuples de la péninsule et le sentiment de ce danger étant plus fort que le ressentiment de leurs vieilles querelles, les oblige à oublier leurs petits différends et les force à se grouper, à se liguer, à s'unir.

— Vous croyez donc, monsieur le président, à l'établissement prochain de la Fédération balkanique?

— Le mot de fédération me paraît trop fort. C'est d'une simple union morale et intellectuelle qu'il s'agit, tout au moins en ce qui concerne le présent et l'avenir immédiat. Mais soyez sûr qu'une pareille union ne pourra avoir pour chacun de nous que des conséquences favorables, car elle augmentera dans une grande proportion notre force de résistance contre l'étranger.

L'union qui est en train de s'accomplir est peut-être encore moins une union des volontés et des cœurs qu'une union des intérêts. Ce sont des intérêts communs, un danger commun qui rapprochent les nationalités des Balkans les unes des autres, et cette communauté d'intérêts finira bien par entraîner l'adhésion des cœurs et des volontés. On parle beaucoup, depuis quelque temps, d'une union douanière entre la Serbie et la Bulgarie. L'idée m'est très sympathique. Non que je la croie facilement réalisable. Des difficultés sérieuses s'opposent encore à une pareille union. Pour qu'elle fût possible il faudrait préalablement modifier les législations économiques et financières des deux pays de façon à les rendre sinon identiques, du moins concordantes. Pour le moment, un bon traité de commerce, qui réglerait les rapports entre la Serbie et la Bulgarie d'une façon plus conforme à leurs intérêts que ne le font les traités existants, l'établissement de moyens de communications plus rapides entre les deux pays seraient peut-être suffisants. Mais il ne me déplait pas cependant qu'on parle d'une union douanière. Cela prouve que les deux pays ont le bon vouloir de se comprendre et d'arriver à s'entendre et à s'entr'aider. Il n'y a dans cette évolution rien que de très légitime et rien qui puisse alarmer les autres pays.

EN ROUMANIE

Une sœur qu'on néglige.

Bucarest, 15 mai.

Les hommes politiques français qui se rendent à Bucarest, arrivent généralement dans cette ville avec des idées préconçues. Ils ignorent pour la plupart que la Roumanie est encore aujourd'hui un admirable foyer de culture française, et ils s'imaginent, bien à tort, que par suite de fatalités historiques, inéluctables, cet îlot lointain de civilisation latine perdu dans une mer d'Allemands, de Magyars et de Slaves, est inféodé pour toujours à la politique de la Triple-Alliance, et qu'il est irrémédiablement soustrait à notre influence. Or, c'est là une erreur regrettable contre laquelle on ne saurait trop réagir.

M. Félix Roussel et M. Paul Deschanel s'en sont bien aperçus il y a quelques jours, puisque la réception enthousiaste qui leur fut faite par le gouvernement, la municipalité et la population de Bucarest leur aurait arraché, paraît-il, cette exclamation : « Mais c'est une Roumanie nouvelle qui se révèle à nous ! »

Non, ce n'est pas une Roumanie nouvelle, c'est toujours la Roumanie d'autrefois, au cœur ardent, enthousiaste, toujours prêt à vibrer à l'idéal de fraternité latine que la France, il faut bien avoir le courage de l'avouer, a eu le tort d'oublier et d'un peu trop négliger depuis quelques années.

Au cours d'un voyage récent, grâce à l'amabilité de M. Alexandre-D. Floresco, le grand patriote roumain, qui unit à un amour profond de son pays une admiration sans bornes pour la culture française, pour la culture humaine, j'ai pu entrer en relations avec la plupart des personnalités éminentes du monde de la politique, des arts et des lettres de Bucarest ; j'ai visité les grands journaux, les clubs, les associations d'un caractère national ; j'ai fait aussi quelques excursions en province, surtout dans cet admirable Sinaïa, résidence d'été du roi Carol, qui a tant de ressemblance avec les stations à la mode des Pyrénées françaises. Partout j'ai été accueilli avec la plus cordiale sympathie.

« Vous êtes Français, me disait-on. Soyez le bienvenu. » Et l'on ajoutait avec une nuance de mélancolie : « Quel dommage que les Français ne nous connaissent pas comme nous les connaissons et qu'ils ne nous aiment pas comme nous les aimons. Sans doute, ils reprochent, non sans quelque raison, à notre politique étrangère de marcher dans le sillage de la Triple-Alliance. Mais faut-il nous rendre uniquement responsables de ce fâcheux état de choses, et la France a-t-elle fait tout ce qu'elle aurait pu pour tâcher de contrebalancer chez nous l'influence que prenaient les autres nations étrangères ? Depuis une vingtaine d'années, pourquoi a-t-elle détourné les yeux de nous ? Tandis que l'Allemagne et l'Autriche se faisaient représenter à Bucarest par des hommes comme le prince de Bulow, le comte de Goluchowsky, le baron d'Æhrenthal, M. de Kiderlen-Waechter, pourquoi la France ne nous a-t-elle pas, elle aussi, envoyé des diplomates de grande valeur ?

« On nous dit que notre roi est un Allemand et que nous le voulions ou non, notre politique sera toujours inféodée à la politique allemande. Eh bien ! malgré les apparences, les Français auraient tort de se laisser décourager.

« Le roi Carol est avant tout un homme perspicace qui se laisse toujours guider dans ses décisions par l'intérêt supérieur de son pays. Il y a une vingtaine d'années, lorsque la Roumanie fut dépouillée d'une partie de la Bessarabie par la Russie à laquelle elle avait prêté cependant dans la guerre contre les Turcs le concours victorieux de ses armes et qu'elle n'avait rien à attendre de la France, force lui fut d'accepter l'amitié de l'Allemagne et de l'Autriche, sans laquelle elle n'aurait pu vivre et se développer. Mais comme depuis quelques années une série ininterrompue de bonnes récoltes a enrichi le pays, comme les finances publiques sont dans un état excellent, la Roumanie commence à prendre conscience de sa force ; elle aussi veut pouvoir dire son mot dans le concert des peuples et suivre dans sa politique extérieure les penchants de son cœur.

« Tout dernièrement, le gouvernement roumain, pour bien marquer sa volonté de permettre en Roumanie la libre concurrence de tous les États, vient de supprimer les tarifs de faveur pour les transports en chemin de fer dont bénéficiaient les marchandises qui venaient d'Allemagne. Il y a quelques jours à peine, l'armée roumaine a fait une commande de canons assez importante à l'usine française du Creusot. Il y a quatre ou cinq ans, la seule idée d'une pareille affaire aurait paru insensée. Aujourd'hui, probablement parce que la France était représentée à Bucarest par un diplomate plus habile que par le passé et mieux renseigné sur le véritable état d'âme de la nation roumaine, cette affaire s'est conclue tout naturellement, à la grande satisfaction de tous les partis de la Roumanie qui voient là un indice de rapprochement avec la France.

« Comme vous le voyez, les Français auraient tort

de croire que la Roumanie est un monopole de l'Allemagne. La vérité est que notre caractère est latin, que notre culture est latine, et que c'est surtout à la France que vont nos sympathies. Comme vous avez pu vous en apercevoir, la langue française est la langue courante de la bonne société. Chez nous, une éducation est jugée incomplète si elle ne se termine à Paris, et la Roumanie envoie tous les ans à la Sorbonne un millier d'étudiants. Fouillez dans les bibliothèques de nos savants et de nos professeurs : 95 p. 100 des ouvrages qu'elles contiennent sont des livres français. Chacun de nos grands partis politiques publie un organe quotidien en langue française, ce qui est un véritable tour de force, car ce travail est exécuté avec des typographes roumains. Dans les hautes sphères militaires, on regrette de ne pouvoir envoyer les jeunes élèves-officiers dans les écoles militaires françaises. »

Cet amour de la France et de la culture française, qui anime toute la nation roumaine, deux des plus grands hommes d'État roumains, M. Constantin Arion, ministre de l'Intérieur et de l'Instruction publique, et M. Delavrancea, ancien ministre des Travaux publics et ancien maire de Bucarest, viennent de lui donner une expression éloquente dans les toasts que tous deux ont prononcés il y a quelques jours, à l'occasion du banquet offert à M. Félix Roussel par la ville de Bucarest.

Pour affirmer encore d'une façon plus convaincante et plus précise son désir d'une union morale et intellectuelle plus étroite de la Roumanie et de la France, le gouvernement roumain vient de voter une somme de 12.000 francs par an pour la création, à Paris, d'un Institut de langue et de littérature roumaines.

« Pourquoi, me disait M. Cantacuzène, le vénérable

président du Sénat, la France ne suivrait-elle pas cet exemple ? Vous savez avec quel enthousiasme la société de Bucarest accueille les grands hommes français, comme tout récemment M. Jean Richepin, qui viennent nous faire quelques conférences. Dans cette ville où tous les gens cultivés parlent le français comme leur langue maternelle et s'intéressent aux choses de de France, votre gouvernement ne pourrait-il pas se décider à créer lui aussi un Institut de langue française, analogue à celui de Saint-Pétersbourg ou de Florence ? La Sorbonne ne pourrait-elle pas tout au moins nous envoyer tous les hivers un grand professeur qui ferait à jours fixes une série de conférences sur l'histoire de la civilisation française ? Cela serait d'autant plus désirable que, depuis quelques années, nous n'avons plus dans notre théâtre, comme par le passé, de troupe permanente française.

« Dans notre jeune âge, il nous suffisait d'aller au théâtre pour apprendre par cœur les chefs-d'œuvre de votre littérature. Nos enfants n'ont pas cet avantage ; aussi se porteraient-ils en foule aux cours d'un maître français qui leur ferait admirer toutes les beautés de votre littérature et de votre langue.

« Et pour resserrer encore cette union morale et intellectuelle, qui n'aurait jamais dû cesser d'exister entre nos deux pays, pourquoi les Français ne chercheraient-ils pas à nouer avec nous des relations économiques de plus en plus étroites ?

« La Roumanie est un pays riche, qui a des perspectives d'un beau développement. Les fameuses terres noires du Danube, qui n'ont pas besoin d'être fumées, sont d'une fertilité inouïe. Depuis quelques années surtout, ces terres, dont le rendement moyen était de 7 à 8 p. 100, rapportent jusqu'à 40 p. 100. Les exploitations de terrains pétrolifères elles aussi donnent tous les ans de très beaux bénéfices. Malheureusement la plupart de ces exploitations sont en ce moment-ci entre les mains d'Anglais, de Hollandais ou d'Allemands. Le commerce et l'industrie français n'ont presque rien fait depuis quelques années pour prendre pied dans notre pays. Soyez sûrs cependant que sur ce terrain aussi nous ne demanderions pas mieux que de collaborer plus étroitement avec la France. Tous les efforts qui seront faits pour nous rapprocher de notre grande sœur latine seront toujours applaudis. »

Voilà les propos que j'ai entendus dans tous les milieux pendant mon séjour en Roumanie. Je les livre tout particulièrement aux méditations des partisans de l'Union latine, dans l'espoir qu'ils pourront susciter de fécondes initiatives.

PREMIÈRE PARTIE

DE LA DÉCLARATION DE GUERRE AU PREMIER ARMISTICE

CHAPITRE PREMIER

EN AUTRICHE

Le 14 octobre, quand je montai dans l'Orient-Express, qui devait m'emporter vers les Balkans, je n'ignorais pas qu'il me serait impossible, tout au moins pendant la durée de la mobilisation, de me rendre sur le théâtre des hostilités. Les états-majors des armées alliées — et cela est tout naturel — entendaient faire la concentration de leurs troupes dans le plus grand secret et tenaient tous les journalistes à l'écart.

Je pris le parti de passer quelques jours à Vienne pour tâcher d'apprendre quelles étaient les intentions de l'Autriche-Hongrie.

A Paris l'opinion publique était assez favorable aux petits peuples balkaniques : mais on craignait généralement, même dans les milieux où l'on se pique de connaître les Balkans, de voir les alliés écrasés par la Turquie, dont le prestige de grande puissance militaire formée à la discipline prussienne éblouissait encore tous les yeux.

Mes craintes étaient tout autres.

Comme je connaissais l'admirable préparation des

peuples balkaniques j'avais foi en leur succès et je n'ignorais pas non plus qu'en cas de victoire ils étaient bien décidés à en revendiquer le prix et à se partager la Macédoine.

Je me disais : « Dans ce cas que fera l'Autriche ? » C'était dans l'attitude de cet Empire que je voyais pour la paix européenne le véritable danger.

Le rêve perpétuel de l'Autriche est d'arriver à Salonique, comme celui de la Russie est de mettre la main sur Constantinople.

Jusqu'à ce jour l'Autriche et la Russie ont considéré les Balkans comme un champ pour la lutte de leurs influences et comme leur proie future.

L'Autriche a fait un pas décisif vers la réalisation de ses espérances en annexant la Bosnie et l'Herzégovine, malgré les protestations de la Serbie et l'opposition de la diplomatie russe.

De quel œil verra-t-elle maintenant la tentative d'émancipation et d'agrandissement des peuples balkaniques ?

Se laissera-t-elle barrer à jamais par la Serbie la route de Salonique ? Le comte Berchtold voudra-t-il marcher sur les traces du baron d'Æhrenthal et décidera-t-il de réoccuper le Sandjak de Novi-Bazar pour empêcher l'union du Monténégro et de la Serbie ?

Et dans l'affirmative, la Russie sous l'égide de laquelle s'est faite l'alliance balkanique laissera-t-elle sans protestation brimer ses protégés ?

La crise de l'annexion de la Bosnie et de l'Herzégovine, dont j'avais suivi les différentes phases à Vienne en 1908-1909 pour un grand journal parisien, m'avait fait sentir toute la gravité du désaccord austro-russe.

M. Isvolsky battu par le baron d'Æhrenthal cher-

cherait-il à prendre sa revanche sur le comte Berchtold ?

Voilà les questions qui se pressaient dans mon esprit quand j'arrivai à Vienne. Quelques heures après, j'apprenais par quelqu'un de l'entourage du général Conrad Hetzendorf que mes craintes étaient justifiées. L'Autriche-Hongrie préparait la mobilisation et songeait à une guerre contre la Serbie. C'était l'ancien chef de l'état-major général Conrad Hetzendorf, *persona gratissima* auprès de l'archiduc héritier François-Ferdinand, le même qui avait préparé le plan de campagne contre la Serbie au moment de l'annexion de la Bosnie et de l'Herzégovine, qui préparait le plan de guerre actuel.

Je fus l'un des premiers à sonner l'alarme et j'expliquai dans *la Dépêche* que notre diplomatie commettait une grossière erreur et risquait de rendre la France odieuse aux peuples balkaniques en se cramponnant à l'épave du *statu quo*, dont personne ne voulait plus, ni l'Autriche-Hongrie, ni les peuples balkaniques.

J'insistai sur le danger qu'il y avait à laisser l'Autriche-Hongrie attendre un profit personnel, un accroissement de territoire de la rupture du *statu quo ;* car toute tentative de l'Autriche-Hongrie pour s'agrandir provoquerait fatalement la mobilisation de l'armée russe et très probablement la guerre entre les deux Empires.

La seule solution qui me paraissait raisonnable c'était de demander à l'Autriche-Hongrie la promesse qu'elle n'interviendrait pas dans les Balkans, qu'elle laisserait les alliés maîtres absolus de leur destinée, qu'elle accepterait en un mot le principe : « Les Balkans aux peuples balkaniques. »

J'exposai ces idées dans une lettre à M. Painlevé,

président de l'Office central des nationalités, et je communiquai en même temps à l'un du nos plus sérieux diplomates les principaux points du traité de partage éventuel de la Macédoine conclu entre la Bulgarie et la Serbie, tel que je le connaissais depuis le mois de juillet.

Le lendemain de Kirk-Kilissé ce diplomate daignait me dire :

« Vous aviez raison, quand vous prétendiez que le maintien du *statu quo* était impossible. Mais ce sera difficile à faire accepter en haut lieu. »

Trois mois après, le même diplomate me remerciait en disant :

« Vous savez, votre plan de partage de la Macédoine, je dois vous avouer que mon conseiller le trouva fantastique. Cependant j'en ai fait fait un télégramme au quai d'Orsay et depuis je m'y suis souvent référé. »

Quelques jours après mon départ de Vienne, j'eus le plaisir d'apprendre, à Sofia, que M. Poincaré avait fait sa proposition de désintéressement territorial dans les Balkans. L'Autriche-Hongrie fit des objections et refusa de souscrire à la formule. Elle était démasquée.

LA FAUTE DE L'EUROPE[1]

Les Balkans sont en feu. La voix de la raison se tait devant la voix du canon. Une lutte effrayante pour la vie et pour la mort se livre entre le gouvernement

[1]. Cet article, écrit le jour de notre départ de Paris (12 octobre 1912), a été publié dans le numéro d'octobre des *Annales des nationalités*.

ottoman, farouche représentant de l'antique idéal d'oppression et de violence, et les petits peuples balkaniques, avides de justice et de liberté.

Dans cette lutte, les grandes puissances de l'Europe seront-elles, elles aussi, entraînées ? Nul ne saurait répondre par la négative. Nous traversons en ce moment l'une des périodes les plus graves de l'histoire de l'humanité. Nous sommes à un tournant : peut-être demain verrons-nous sous nos yeux toute l'horreur de l'abîme.

Cette situation lamentable, l'angoisse d'aujourd'hui et les affres de demain, ce sont les grandes puissances de l'Europe qui en sont responsables.

Depuis quelques années, elles ont eu le grand tort de fermer systématiquement leurs oreilles aux cris désespérés des peuples opprimés, qui réclamaient leur place au soleil. Elles ont eu le tort de ne rechercher que leurs intérêts matériels et pour obtenir de la Turquie des concessions de toute sorte (mines, chemins de fer, ports, etc.), elles ont fait fi du sentiment national des Bulgares, des Serbes, des Grecs et des Albanais, elles ont permis les massacres de Macédoine, dignes pendants des massacres d'Arménie.

Mais la justice outragée se venge. Cette recherche effrénée par chacune des grandes puissances de ses intérêts purement matériels les a dressées dans une jalousie irréductible les unes contre les autres et cela a été la fin du concert européen. Au lieu de s'entendre pour rétablir l'ordre et faire progresser la civilisation en Macédoine, comme elles en avaient le droit d'après le traité de Berlin, elles ont affirmé hypocritement leur volonté de garder le *statu quo* et chacune s'est mise de son côté à profiter cyniquement et sans mesure de la Turquie, qu'elle considérait comme une proie réservée à ses appétits.

L'Autriche-Hongrie a commencé par l'attentat de la Bosnie et de l'Herzégovine, l'Italie a suivi en Tripolitaine; l'Angleterre, l'Allemagne et la France, escomptant sans doute des avantages du même genre pour elles-mêmes, ont eu la faiblesse de laisser faire.

Voici ce que disait tout dernièrement à Médan, à l'occasion de l'anniversaire de la mort de Zola, notre président M. Painlevé :

« ... Notre idéalisme, si maltraité à l'intérieur du pays, trouve-t-il du moins à l'extérieur quelque réconfort? Messieurs, il arrive que sur les bords du Bosphore et, plus loin encore, le long du fleuve Jaune, des millions d'hommes secouent de vieilles tyrannies, s'organisent et nous tendent les mains en criant : « *Accordez-nous votre patronage moral,*
« *vous, le grand peuple libérateur dont l'exemple*
« *nous inspire et dont les principes nous guident.* »

« Et nos hommes d'État gardent le silence. Mais d'autres se chargent de parler à leur place et ils disent : « Voilà le taux de l'emprunt que je vous im-
« pose ; voilà les garanties que j'exige. A vous de choi-
« sir entre ces conditions et la fin de votre nation. »

« Je sais bien que pour certains esprits « positifs » toute autre politique serait le fait de Don Quichottes ou de songe-creux. Mais ne conçoivent-t-ils pas qu'en trahissant ainsi nos principes, nous risquons de trahir aussi nos intérêts et que nous livrons à nos rivaux des peuples qui ne demandaient qu'à être nos clients ?

« D'un point de vue plus élevé, cette politique à la fois mesquine, rusée et rapace que pratiquent en général les grandes puissances, n'est-elle pas la plus dangereuse de toutes ? N'est-ce pas elle qui leur enlève presque toute autorité sur les puissances des Balkans ? Et lorsque sous l'impulsion d'un homme de bonne volonté, notre diplomatie s'aventure enfin dans des tentatives pacificatrices, nous nous demandons, anxieux, s'il n'est pas trop tard et si le vieux monde ne va pas trébucher dans le sang. »

Et voici aussi ce qu'écrit le Comité balkanique du Parlement anglais, dans un manifeste établissant les responsabilités de la guerre :

« ... Ce ne sera pas une guerre ordinaire entre des armées régulières de pays civilisés : ce sera une lutte entre races rivales, une lutte avivée par des siècles de haine accumulée, et les femmes et les enfants des malheureuses populations rurales seront les plus exposés à ses horreurs.

« Historiquement, la responsabilité de la guerre retombe sur les puissances, et pour la plus grande part sur la Grande-Bretagne.

« En ne répondant pas à la vague proposition de l'Autriche en vue d'une décentralisation, les puissances ont donné une nouvelle preuve que les peuples balkaniques ne peuvent compter que sur eux-mêmes pour mettre fin aux misères sans nom de leurs conationaux de Turquie. Le concert européen s'est retrouvé uni à la onzième heure, mais sa formule de réformes ne donne pas de détails qui puissent permettre de la juger.

« Les puissances n'ont pas offert de mettre elles-mêmes leurs plans à exécution, et le libellé de leur note révèle qu'elles ne sont encore nullement d'accord sur un plan collectif.

« Le temps est venu de mettre fin à un état de choses qui place sous le joug d'une race indigne d'autres races pleines de promesses.

« Seule l'autonomie, sous la protection des puissances ou sous le contrôle effectif des puissances, répond aux nécessités de la situation.

« Aujourd'hui, les dernières fautes des Turcs ont réalisé le miracle de l'unité balkanique. »

Ce spectacle lamentable, donné par les grandes puissances, a prouvé aux petits peuples des Balkans qu'ils n'avaient plus à attendre le salut que d'eux-mêmes. Devant leur volonté inébranlable de faire triompher leurs droits, l'Europe, qui ne croyait plus qu'aux intérêts matériels et qui avait perdu le sens de l'idéal, s'est trouvée désemparée et désunie. Souhaitons qu'elle se ressaisisse pour éviter des catastrophes encore plus grandes et un cataclysme où elle sombrerait tout entière.

CHAPITRE II

EN SERBIE

Le lendemain de la bataille de Koumanovo j'étais à Belgrade. Des interviews d'hommes politiques, des visites dans les hôpitaux, des conversations dans les familles amies me firent bientôt comprendre le caractère populaire de cette guerre contre la Turquie, dont les Serbes attendaient une revanche éclatante des humiliations subies pendant la crise de l'annexion de la Bosnie et de l'Herzégovine et la réalisation de leurs plus belles aspirations nationales.

Personne ne doutait de la défaite finale de « l'ennemi héréditaire ». Enthousiasme de la victoire, nulle peur de l'Autriche, reconnaissance envers la France, dont les canons avaient fait merveille, confiance absolue dans les alliés, ressentiment contre les Albanais, qu'on accusait de trahison et de lâcheté, inébranlable volonté de garder les territoires conquis sur la Turquie et d'aller jusqu'à l'Adriatique : tels étaient les sentiments qui animaient alors l'âme du peuple serbe.

Cependant notre diplomatie parlait encore du maintien du *statu quo* et nos meilleurs amis s'en étonnaient à Belgrade.

LE SACRIFICE A LA PATRIE

Belgrade, 1er novembre.

Il faut un grand effort d'imagination pour se représenter, à Belgrade, que la Serbie livre, en ce moment, l'une des guerres les plus cruelles, les plus coûteuses et les plus décisives, pour son avenir et celui de toute la péninsule balkanique, qui aient jamais été livrées jusqu'à ce jour.

La vie habituelle, un instant arrêtée par la mobilisation, a repris son cours. Presque tous les magasins ont ouvert leurs portes. Les tramways et les fiacres ont recommencé à rouler.

La température de cette fin d'automne est délicieuse et invite à la joie de vivre.

Jamais je n'avais vu se promener, ici, dans les rues, tant de monde, avec un tel air de quiétude et de nonchalance.

Vraiment, je ne cesserai de le répéter, ce peuple serbe est admirable. Il jouit d'un heureux caractère, qui ne l'empêche pas d'être gai, malgré les tristesses et la gravité de l'heure présente. Et même lorsqu'il souffre, il possède le rare talent de cacher ses larmes, sous un sourire.

J'ai revu, depuis mon arrivée ici, de nombreuses familles amies. Presque toutes ont à déplorer la perte de quelqu'un qui leur était cher. Et pourtant, malgré la douleur profonde, parfois irréparable que je sentais au fond des âmes, je n'ai vu nulle part un visage taciturne. Personne n'a voulu me parler de ses tristesses personnelles. Tout le monde se réjouissait du succès de la cause nationale, et acceptait bravement les sacrifices faits à la patrie.

La joie du devoir accompli et aussi celle de la victoire illuminaient tous les visages.

Les succès de l'arme serbe, la prise de Novi-Bazar, de Prichtina, de Koumanovo, d'Uskub, de Vèles, voilà, dans les cafés, comme dans les familles, l'objet de toutes les conversations.

Dans la salle de café du Grand-Hôtel, qui est le rendez-vous des étrangers, du monde élégant, des intellectuels et des hommes politiques de Belgrade, une grande carte, représentant le théâtre des opérations, a été suspendue au mur au-dessus d'une estrade. Sur cette plate-forme, du matin au soir, c'est un défilé incessant de personnes de tout âge, surtout des vieillards, des enfants et des femmes, qui viennent étudier la marche des armées serbes et faire des pronostics sur la plus ou moins grande rapidité avec laquelle elles occuperont les villes importantes du secteur, dont la conquête leur est confiée.

« Cette carte, me disait l'un de nos spirituels confrères de la presse serbe, me fait l'effet d'une de ces icônes, devant lesquelles les orthodoxes arrivent à se recueillir. Sa seule vue excite l'imagination qui chez nous, Slaves, est toujours si puissante, et elle ouvre la porte au plus beau des rêves, celui que nous faisons depuis plus de 500 ans, et qui va, enfin, se réaliser, de rendre libre notre nationalité partout où elle a été opprimée et de chasser les Turcs d'Europe. Nous vivons l'une des plus belles époques de notre histoire. Ce n'est, en effet, ici un secret pour personne que les armées alliées n'évacueront jamais les territoires qu'elles auront occupés et quiconque parlerait encore du maintien du *statu quo* produirait l'effet d'un homme d'avant le déluge. »

Voici, à ce propos, une petite anecdote bien caractéristique :

Le soir de la prise de Novi-Bazar, notre aimable confrère, M. Yaktchitch, directeur du journal *Stampa*, voulut télégraphier à l'un de ses frères, qui était à l'armée, pour savoir s'il était bien portant. L'employé de la poste lui répondit :

— Je ne puis pas accepter votre télégramme, parce que je ne sais pas si je dois lui appliquer la taxe de l'intérieur ou de l'étranger.

— Alors, pour vous, la prise de Novi-Bazar n'existe pas ?

— Si, je sais que Novi-Bazar a été pris. Je voudrais bien envoyer votre télégramme. Mais nous n'avons pas d'ordres.

Le lendemain des ordres étaient donnés. Les télégrammes purent être envoyés au tarif serbe et tout le monde, à Belgrade, se moque maintenant de ce pauvre fonctionnaire qui avait pu croire un seul instant qu'une ville, occupée par l'armée serbe, pût être encore étrangère.

Le soir après dîner, autour de la table familiale, on se livre, autour de la carte, au jeu passionnant du démembrement de la Turquie. Et si l'hôte étranger, soit par politesse, soit qu'il ignore la géographie et la frontière des races, donne à la Serbie plus qu'il ne lui revient, on le remercie chaleureusement. Mais on se hâte d'ajouter : « Non, cela appartient à nos amis les Grecs ou à nos amis les Bulgares. »

Ce petit détail en dit long sur l'intimité qui règne maintenant entre les divers peuples de l'Union balkanique.

Entre eux, pas de dissension, pas de jalousie. Rien que le désir de s'entr'aider, de se rendre justice et de former ensemble un État fort, qui ôtera à l'Europe toute velléité d'intervention dans la péninsule balkanique.

En présence de ce radieux avenir, dont leurs yeux sont émerveillés, il n'y a pas de sacrifices dont les Serbes ne soient capables pour le triomphe de leur cause nationale. Presque toute la population valide, de 18 à 50 ans, est en ce moment sous les armes. Et tous, depuis le dernier des paysans, qui sait à peine lire et écrire, jusqu'au plus grand des savants, se battent avec un grand enthousiasme et un héroïque courage.

L'exemple des hommes est aussi suivi par les femmes.

Presque toutes les dames de Belgrade passent leurs journées dans les hôpitaux et donnent aux blessés, avec une rare abnégation et une bonne humeur inlassable, les soins les plus attentifs et les plus délicats.

Il n'est pas même jusqu'aux enfants qui n'aient leurs occupations. Eux aussi vont, l'après-midi, dans les hôpitaux pour lire les journaux aux blessés ou leur apporter des fleurs et des victuailles.

C'est vraiment un même cœur qui anime, en ce moment, la Serbie, et à ceux qui souffrent d'une crise d'égoïsme ou de pessimisme je conseillerais de venir se retremper un peu à Belgrade pour apprendre ce que c'est que d'aimer sa patrie et quels sacrifices il faut savoir faire pour elle.

*
* *

CONTRE TOUT LE MONDE

Belgrade, 2 novembre.

J'ai revu aujourd'hui M. Drachkovitch, ancien ministre du Commerce, directeur de la *Izvosna Banka*, dont *la Dépêche* a déjà publié, le mois de mai dernier, une remarquable interview sur les finances serbes. Lui aussi était tout à la joie du triomphe des armées alliées et, après m'avoir chaleureusement serré la main, il me dit :

— L'élan national de notre peuple entier est admirable et n'a de comparable que l'enthousiasme qui s'empara du peuple français au moment de votre grande Révolution. Aussi, espérions-nous trouver dans votre pays plus de compréhension et de sympathie. Laissez-moi vous dire bien franchement, puisque malgré tout la France et les peuples balkaniques seront toujours amis, puisque c'est son intérêt comme le nôtre, que nous sommes ici tout étonnés de l'attitude de la presse officieuse française : personne ne pense ici qu'elle est inamicale ; mais tous la jugent timide.

Nous connaissons bien les sentiments de profonde sympathie à notre égard du peuple français qui nous a prêté l'appui financier nécessaire à notre régénérescence. Mais votre gouvernement actuel devrait comprendre que, si nous nous battons, c'est par idéalisme et pour suivre les traditions françaises. Nous faisons la guerre pour délivrer nos frères de race qui gémissent sous le joug turc depuis cinq cents ans. Ce que l'Europe n'a pas su ou voulu accomplir elle-même, qu'elle nous le laisse faire : nous ne lui demandons pas autre chose.

Notre guerre de délivrance — guerre dont les pacifistes eux-mêmes sont obligés de reconnaître la justice et le caractère sacré — marche très bien. Nous avons pour l'armée de première ligne 50.000 soldats de plus qu'on ne comptait en avoir. La récolte a été très bonne et, si la guerre ne dure que deux mois, cette année sera une année normale, comme s'il n'y avait pas eu de guerre. Comme nous sommes surtout un peuple d'agriculteurs, la guerre n'a pas paralysé la grande industrie : elle n'a fait que lui donner un peu de repos. Elle a même donné de l'impulsion à la petite industrie. Pour les fabricants de souliers et d'habits, ainsi que pour l'industrie textile, cette année est une année bénie.

La guerre nous coûte environ un million et demi par jour et elle coûtera tous les jours beaucoup moins, car c'est surtout pendant la mobilisation qu'il faut faire les grosses dépenses. Et nous avons, dans notre trésor de guerre, assez d'or pour la faire sans aucune difficulté pendant au moins trois mois. Aussi, la baisse des papiers serbes à la Bourse de Paris nous inquiète peu et nous en faisons maintenant une spéculation pour les revendre aux Français après la guerre.

— Vous n'avez pas l'intention de quitter les pays envahis par vos armées ?

— Personne n'y songe ! Ce que nos armes auront reconquis — mon interlocuteur dit reconquis et non conquis — restera à nous. Nous ne faisons que reprendre notre bien que les Turcs nous avaient volé ! Qu'ils aillent cultiver leurs territoires d'Asie ; mais qu'ils nous laissent les nôtres. Sur 6 millions et demi d'habitants qui peuplent la péninsule balkanique, un cinquième à peine sont de race turque et encore ceux-ci habitent presque exclusivement les grandes villes, Salonique et Constantinople. Les campagnes sont peuplées de paysans chrétiens qui reçoivent avec un enthousiasme indescriptible nos armées venues pour les délivrer.

Si l'Europe ne veut pas accepter le fait accompli, si elle parle encore du maintien du *statu quo*, alors ce sera une catastrophe inouïe que je n'ose pas même prévoir. Nous avons encore en réserve une armée de 300.000 hommes qui marchera contre n'importe qui voudra nous faire violence. Tout le monde partira.

Moi, par exemple, je suis un homme calme et j'ai toujours combattu le chauvinisme; mais si je vois que quelqu'un veut s'opposer à notre résurrection nationale, j'irai faire le coup de feu contre lui avec tous mes compatriotes. Nous nous battrons, s'il le faut, contre tout le monde. Les femmes elles-mêmes se battront. A midi, ma cuisinière, m'entendant parler à dîner avec ma femme d'une intervention possible des puissances, s'est écriée : « Ce qui est à nous est nôtre et, si les puissances viennent nous l'enlever, je laisserai là mon petit enfant et mon tablier, et je montrerai ce dont une femme serbe est capable pour défendre son bien. »

Nous attendons donc de la guerre un agrandissement de territoire et un accroissement de la considération internationale dont nous jouissons. Il nous faut surtout un port sur la mer. Il est curieux de constater que, de Fiume à Durazzo, c'est-à-dire sur plus de 1.000 kilomètres de côtes, on parle serbe et que notre nation n'avait pas un seul port. C'est là une injustice flagrante. Mais elle va bientôt être réparée grâce à la bravoure de nos armes. Notre colonne de Djakova n'est qu'à quelques jours de marche de la mer et, très prochainement, Durazzo sera entre nos mains.

L'élan qui entraîne maintenant toute la Serbie n'amènera pas seulement une renaissance, mais une véritable résurrection. Vous connaissez notre histoire et vous savez que déjà, au douzième siècle, notre pays était arrivé à un degré de civilisation aussi élevé que celui de la France de cette époque. Les églises de ce temps, véritables bijoux construits d'après les mêmes procédés de technique et d'art que celles de votre pays, en font encore foi. Les Turcs ont arrêté pour des siècles notre développement. Maintenant, notre évolution rentre dans sa vie normale; l'évacuation des territoires conquis est donc une impossibilité politique et morale. Les grandes puissances n'auront donc au Congrès qu'à prendre connaissance des accords intervenus entre les peuples balkaniques. Ce n'est que sur la question de Constantinople et de Salonique que nous accepterons la discussion avec elles.

— Croyez-vous que l'Union balkanique subsistera après la victoire ?

— Non seulement elle subsistera, mais encore elle deviendra toujours plus solide et plus étroite. La guerre terminée, nous conclurons avec nos alliés une union douanière, une union monétaire, une union télégraphique et postale, et nous nous entendrons avec eux pour arriver à l'unité de législation. Déjà notre monnaie a cours en Bulgarie depuis le commencement de la guerre; c'est là un premier pas.

Que l'Europe, puisqu'elle n'a pas su nous aider dans le malheur, nous laisse tout au moins la paix après la victoire, et elle verra à quel haut degré de civilisation arriveront rapidement tous les peuples de la Confédération balkanique. Elle ne peut que se réjouir : car il vaut mieux pour elle avoir comme clients dans les Balkans des chrétiens qui travaillent, que des Turcs qui ne permettent à aucune semence de germer. Mais si les puissances, dans le but chimérique de défendre leurs intérêts matériels qui ne sont nullement menacés, voulaient intervenir dans nos affaires et sauver la suzeraineté de la Turquie sur la Macédoine, alors je n'hésite pas à affirmer que ce sera le meilleur moyen pour elles de provoquer une conflagration générale.

INTERVIEW DE M. NOVAKOVITCH [1]

Belgrade, 5 novembre.

Avant de quitter Belgrade, j'ai eu avec M. Novakovitch, ancien président du Conseil des ministres de Serbie et l'un des plus grands historiens dont s'honore ce pays, une conversation dont je voudrais vous donner un court résumé.

Comme je disais à l'illustre vieillard le profond sentiment d'admiration que provoquait en moi l'enthousiasme et la soif de sacrifice, qui animaient en ce moment toutes les classes de la société serbe, et comme je lui demandais la raison de cet élan, il me dit :

— Je vais peut-être vous faire une réponse qui vous étonnera dans la bouche d'un homme de science. Mais je crois qu'un changement s'est produit dans tous les esprits et dans tous les cœurs et les a tous, sans distinction de classes ni de partis, animés du même idéal, parce que les temps étaient révolus et que le moment était venu où nous pourrions réaliser enfin notre rêve plusieurs fois séculaire et faire notre union avec nos nationaux de Macédoine. C'est parce que chacun de nous a senti que le moment était venu qu'il n'a pas hésité à tout jeter dans la balance. La victoire nous a souri. Nous étions avertis du véritable état de la Turquie et n'avons jamais douté du succès final de nos armes. Mais nous étions assez modestes pour ne pas oser espérer une victoire

---

1. M. Novakovitch fut le premier délégué serbe aux deux conférences de la paix à Londres.

aussi rapide. Maintenant que nos troupes ont délivré nos frères de Macédoine, elles ne se retireront pas, soyez-en sûr, des pays qu'elles ont occupés et que nous allons organiser administrativement comme des pays serbes.

— Vous n'allez donc pas demander pour cela l'autorisation des puissances ?

— Eh ! mon Dieu ! pourquoi donc ? Les puissances, depuis trente-trois ans, n'ont rien fait de sérieux pour obliger la Turquie à réaliser en Macédoine les réformes nécessaires qu'elles s'étaient engagées à obtenir d'elle, et si parfois elles ont tenté quelques démarches à Constantinople, elles l'ont fait par-dessus notre tête, sans nous demander notre conseil ou notre avis, à nous qui, cependant, sommes les premiers intéressés dans la question. Quant à la Turquie, elle nous a toujours traités avec le plus grand mépris. Hier encore, elle a refusé de prendre connaissance de notre déclaration de guerre. La dépêche que le roi Pierre adressait à notre chargé d'affaires, à Constantinople, était rédigée en clair, car nous connaissions le peu de scrupule des Turcs, qui n'hésitent jamais à brouiller les chiffres des correspondances secrètes, pour les rendre incompréhensibles. La dépêche ne fut pas remise à notre chargé d'affaires qui, par suite, ne put communiquer la déclaration de guerre au gouvernement turc. Mais, par contre, celui-ci donna aussitôt à notre représentant l'ordre de quitter Constantinople. Rien ne nous lie donc, ni avec les puissances, ni avec les Turcs. Avec les Turcs, la situation est claire : elle a été réglée par les armes. Avec les puissances, elle ne l'est pas moins. Nous les ignorons, comme elles nous ont ignorés, et elles ne doivent pas s'étonner de nous voir les payer de leur propre monnaie.

— Que ferez-vous de Constantinople ?

— Cette ville ne rentre pas dans notre sphère d'influence, comme diraient les grandes puissances. Nous ne voulons et nous ne retiendrons que ce qui est nôtre, c'est-à-dire les territoires peuplés de nos conationaux. Constantinople est une ville européenne. Que l'Europe l'administre elle-même, si cela lui plaît, ou la laisse aux Turcs. Dans ce dernier cas, la Bulgarie, qui opère de ce côté, devra garder les positions stratégiques qui commandent Constantinople pour empêcher à tout jamais le retour offensif des Turcs de ce côté.

— Et si l'Europe vous laissait la garde de Constantinople, dont vous pourriez faire la capitale fédérale de l'union balkanique ?

— C'est alors que nous nous laisserions faire une douce violence et que nous accepterions volontiers une intervention des puissances.

CHAPITRE III

EN BULGARIE

J'arrivai à Sofia le dernier jour de la bataille de Lule-Bourgas.

Ce qui me frappa tout de suite chez les Bulgares c'est le manque de gaieté, qui m'avait séduit chez le peuple serbe. La guerre en Bulgarie n'était pas moins populaire qu'en Serbie, mais le peuple bulgare la faisait avec je ne sais quel entêtement triste et farouche et avec la conviction qu'il était seul à en supporter tout le poids.

Les gens que j'interrogeais méprisaient « les faciles victoires » de leurs alliés Serbes et Grecs. Ils avaient une confiance absolue dans l'irrésistible élan de l'armée bulgare et ils attendaient d'un instant à l'autre la nouvelle de la prise d'assaut d'Andrinople et des lignes de Tchataldja.

A l'égard des journalistes les autorités civiles et militaires nourrissaient la plus vive défiance. A Stara-Zagora et à Moustapha-Pacha je pus me rendre compte qu'on les avait parqués comme des prisonniers de guerre et qu'ils étaient dans l'impossibilité de rien voir. Les Bulgares tenaient absolument à faire la guerre à huis clos. Le manque d'égards dont nos confrères avaient à se plaindre, contrastait étrangement avec les faveurs accordées au journaliste autrichien, M. Wagner, correspondant de la *Reichspost*, dont les sentiments serbophobes n'étaient un secret pour personne.

Il n'y avait rien à apprendre ni à voir à Stara-Zagora. Je rentrai donc à Sofia, où je restai jusqu'à l'armistice.

Dans les sphères officielles de la capitale bulgare on gardait le mutisme le plus absolu. M. Guéchoff était inapprochable. Le voyage de M. Daneff à Budapest m'inquiéta. Pour calmer mes appréhensions, on m'affirma en haut lieu que dans son entrevue avec le comte Berchtold, le président de la Chambre de Bulgarie avait soutenu les prétentions de la Serbie sur l'Albanie et la côte de l'Adriatique. Les Serbes prétendent savoir, au contraire, que M. Daneff déclara à cette occasion au ministre des Affaires étrangères d'Autriche-Hongrie que la Bulgarie se désintéressait de l'Albanie. Quoi qu'il en soit, peu de temps après le retour de M. Daneff à Sofia, l'Autriche-Hongrie, cherchant à la Serbie une querelle d'Allemand, soulevait la sinistre affaire Prochaska.

Andrinople et Tchataldja tenaient toujours. Cependant Monastir tombait aux mains des Serbes et Salonique aux mains des Grecs. Le jour où cette dernière nouvelle arriva à Sofia, je me souviens qu'un grand patriote macédonien qui occupe une très haute situation dans l'État bulgare me dit, les larmes aux yeux : « Les Grecs nous ont trahis. S'ils n'évacuent pas Salonique, nous serons obligés de les en chasser par les armes. » L'alliance balkanique avait donc des lézardes.

Le mécontentement était vif aussi à Sofia contre

les Roumains, qui avaient fait connaître leurs prétentions à des compensations et qui réclamaient la ville de Silistrie.

Suivant la méthode adoptée par les autorités militaires, la capitale bulgare était au secret et presque rien ne transpirait officiellement de ce qui se passait à l'armée. Cependant, par les récits des blessés et des malades qui encombraient les hôpitaux et les édifices publics, on apprenait que tout ne marchait pas aussi bien que l'auraient souhaité les patriotes de Sofia. Le jour de la signature de l'armistice la déception fut générale. J'entendais tout bas accuser le gouvernement d'avoir trahi les intérêts du pays. Fallait-il donc après tant de sacrifices renoncer au rêve de prendre Odrin et d'entrer à Tsarigrad ?

*
* *

SOFIA EN TEMPS DE GUERRE

Sofia, 7 novembre.

Il neigeait quand je suis arrivé à Sofia et les hautes montagnes qui entourent la ville étaient déjà couvertes d'un manteau blanc.

Malgré la rigueur de la température, j'ai trouvé la ville beaucoup plus animée qu'à l'ordinaire. C'est seulement depuis la victoire de Kirk-Kilissé, me dit-on, que la vie a repris, ici, son cours normal.

Les premiers jours de la mobilisation, la capitale semblait comme une cité morte. Les grands magasins, la plupart des hôtels, des cafés et des restaurants avaient fermé leurs portes. On manquait de pain et les paysans n'apportaient plus de provisions de la campagne. Pour prévenir la famine, l'administration militaire fut obligée de licencier les boulangers et les bouchers.

Les habitants étaient laissés dans l'ignorance la plus complète du mouvement des troupes. Maintenant que les troupes bulgares progressent rapidement et sûrement, le gouvernement publie, par l'intermédiaire de l'agence télégraphique, chaque jour, trois bulletins pour calmer la soif de nouvelles qui anime la population de Sofia.

J'ai remarqué que les nouvelles du champ de bataille sont assez rares et généralement très courtes. L'état-major général a pris pour règle de ne publier le résultat d'un combat que lorsqu'il a été définitivement terminé et les journaux n'ont pas le droit d'annoncer autre chose que ce qui paraît dans le bulletin officiel de l'état-major. La censure, à cet égard, tant à Sofia qu'à Stara-Zagora, est impitoyable, pour éviter les indiscrétions qui auraient pu, par le chemin détourné d'une grande capitale, arriver jusqu'à Constantinople et mettre les Turcs en garde contre les mouvements de telles ou telles troupes bulgares. Les correspondants de guerre et les attachés militaires ont été parqués à Stara-Zagora et il ne leur a pas été permis de se porter sur le front des troupes pour assister à une bataille quelconque.

C'est la méthode japonaise, me dit-on ici en haut lieu, que l'on a appliquée avec la dernière rigueur. Et cela se comprend, car, dans la guerre scientifique moderne, la moindre indiscrétion, volontaire ou involontaire, peut changer la disposition des pièces de l'échiquier et faire échapper la victoire.

Toutes les opérations militaires se passent dans le plus grand secret. C'est après la signature du traité de paix qu'on fera l'histoire des batailles. C'est alors aussi qu'on comptera les morts et que la nation connaîtra les sacrifices qu'elle a dû faire pour assurer la victoire.

Le peuple bulgare accepte cette discipline avec un stoïcisme et une abnégation admirables.

Si tout a été, ici, merveilleusement organisé pour assurer la victoire de l'armée bulgare, je ne peux malheureusement pas dire qu'il en a été de même pour assurer les soins à donner aux victimes de la guerre. Les Bulgares ont été pris au dépourvu. Ils n'ont, paraît-il, que 700 médecins militaires pour toute leur armée. Au lendemain de Kirk-Kilissé, on appela sur le champ de bataille tous les médecins de la capitale. Il ne resta à Sofia, pour organiser les services sanitaires, que quelques vieillards sans initiative qui se trouvent débordés. Ils ont fait aménager, pour recevoir les malades, l'École militaire, les lycées, les écoles communales. Ils ont loué jusqu'à des hôtels. Plusieurs centaines de dames de la société ont offert leur concours comme infirmières et comme gardes-malades. Mais les lits manquent et les médecins aussi. On me dit qu'à l'École militaire il y a actuellement un médecin pour 160 hommes.

***

LA GUERRE A HUIS CLOS

Stara-Zagora, 11 novembre.

On m'avait dit à Sofia : « Pourquoi voulez-vous aller à Stara-Zagora ? Vous n'y verrez absolument rien de la guerre. Là se trouvent, il est vrai, l'état-major général de l'armée bulgare, ainsi que le tsar et sa suite, mais ils ne vous livreront pas leur secret. Pour voir des troupes et avoir quelque chance d'assister à une bataille, il vous faudrait pouvoir aller jusqu'à l'état-major d'une armée, ou plus loin encore jusqu'au front. Et cela est impossible. Les journalistes sont comme prisonniers au quartier général. Leur nombre a été fixé, une fois pour toutes, il y a quelques jours. Ils sont munis d'un brassard rouge numéroté et défense absolue leur est faite de sortir des limites du quartier général. De plus, ils ont dû s'engager à ne pas retourner à Sofia avant la fin de la campagne. Leur seul moyen d'information c'est le Bulletin officiel de l'état-major général, qui paraît à Sofia et Stara-Zagora à la même heure.

« Il leur est absolument interdit de publier autre chose que ce que contient ce bulletin, et la censure, à laquelle tous leurs télégrammes et toutes leurs lettres sont soumis, est extrêmement rigoureuse. Notre guerre se fait à huis clos. Rien ne doit en transpirer qui pourrait en compromettre le succès. »

« — Eh bien, ai-je répondu, je voyagerai en simple particulier et j'irai d'abord voir les prisonniers de guerre mes confrères, dont je voudrais vivre, ne serait-ce que pour quelques heures, la vie que l'on me dépeint si désagréable ; et puis, s'il m'est impossible d'arriver jusqu'au front et d'assister à une bataille, j'aurai au moins vu une grande partie de la Bulgarie en temps de guerre, ce qui ne manquera pas d'être intéressant. »

Muni d'un sauf-conduit délivré par le commandant de la place de Sofia, je me suis donc embarqué sur un train militaire qui allait dans la direction de Philippopoli, Stara-Zagora, Yamboli et Bourgas.

Tout de suite, je me suis trouvé en pays de connaissances. Dans mon compartiment se trouve l'officier aviateur Stojanoff, avec qui j'avais déjà fait le voyage de Belgrade à Sofia, et le fils de l'ancien ministre Apostolof, étudiant à l'Université de Dijon et engagé volontaire pour la durée de la guerre dans la section d'aviation. Tous les deux se rendaient à Moustapha-Pacha, où se trouvent les aéroplanes de l'armée bulgare et avaient l'intention de voler ensemble au-dessus d'Andrinople. Les autres voyageurs étaient des ingénieurs en costume de réservistes qui se rendaient à Kirk-Kilissé pour remettre en état la forteresse, en partie détruite par le bombardement de l'armée bulgare.

Tout le monde parlait français avec une pureté d'accent et une facilité véritablement étonnantes. La plupart de mes compagnons de route avaient commencé leurs études au collège français de Philippopoli et les avaient terminées à Toulouse, à Paris ou à Dijon. Ils adorent la France, qu'ils considèrent comme leur seconde patrie et comme la seconde patrie de tout homme civilisé.

L'un d'eux me dit :

« C'est de l'esprit généreux de la France, l'esprit sublime de la Révolution, qui anime la Bulgarie dans la guerre actuelle. Avez-vous lu dans Michelet le merveilleux passage de son histoire de la Révolution dans lequel il montre l'élan de fraternité qui unissait alors la Montagne à la Plaine ? Ce même élan, nous l'avons vu ici, au jour de la mobilisation, pour la défense d'une cause sainte. Nous aussi, il nous faudrait un Michelet pour décrire l'enthousiasme qui s'est emparé alors de notre nation, enthousiasme dont nos rapides victoires démontrent la sincérité, le sérieux et la profondeur.

« Vous souvenez-vous de ce que disait le major von der Goltz au commencement de la guerre ? « La for-

« teresse de Kirk-Kilissé ne peut être prise qu'après
« deux mois de siège, et encore avec des troupes prus-
« siennes. » Nous avons pris Kirk-Kilissé en deux
jours. A la nouvelle de cette victoire, qui à nous-mêmes
nous a paru un miracle, quelques habitués du café
de Bulgarie ont pris l'initiative d'écrire à von Der
Goltz ce télégramme : « Après ce que vous avez dit
« de Kirk-Kilissé, que pensez-vous de la valeur des
« troupes bulgares ? » Ils n'ont pas reçu de réponse.
D'ailleurs, nous avons l'appréciation des officiers
turcs eux-mêmes. « Les Bulgares, disent-ils, sont
« un torrent en furie. » La vérité est que nos soldats
sont animés d'un tel esprit d'abnégation et de sacrifice que rien ne peut leur résister. A Kirk-Kilissé,
c'est en vain que nos officiers, pour éviter des pertes
trop grandes, ont essayé de les contenir. Faire feu,
cela leur semble trop long. Comme un ressort qui se
détend, ils se sont lancés à la baïonnette, comme les
volontaires de Valmy, et ils ont tout entraîné devant
eux. Le commandement de *Nanoch!* A la baïonnette ! est pour les Turcs tellement terrifiant qu'il
possède la vertu de leur faire tourner le dos et de les
mettre tous en fuite. C'est là le triomphe absolu de
la tactique française, de l'offensive hardie.

« Après nous avoir donné l'idéal de la liberté et de
la justice, la France nous a encore enseigné à les
conquérir et elle nous en a fourni les moyens. A
Kirk-Kilissé, comme à Baba-Eski, à Lule-Bourgas
et à Demotika, l'artillerie française s'est montrée
admirable. Il est vrai de dire aussi que nos officiers
possèdent d'une façon parfaite la science du tir et
qu'ils savent faire rendre tout le possible à ce redoutable instrument de précision qu'est le canon du
Creusot.

« Nous avons toujours aimé la France, me dit en

terminant mon interlocuteur. Nous savions que nous ne nous trompions pas en nous mettant à son école. Mais notre victoire nous confirme dans notre opinion, et c'est pourquoi elle nous devient encore plus chère. »

*
* *

L'UNION BALKANIQUE ET LA FRANCE

*Déclarations de M. Théodoroff,
ministre des Finances de Bulgarie.*

Sofia, 14 novembre.

J'ai eu tout à l'heure un long entretien avec M. Théodoroff, ministre des Finances de Bulgarie, et l'âme, avec le président du Conseil, M. Guechoff, du cabinet actuel.

Après m'avoir fait l'honneur de me remercier de la campagne que je poursuis depuis fort longtemps, en faveur de l'Union balkanique, M. Théodoroff me dit :

« Vous venez, sans doute, me voir parce que vous savez quelle lourde responsabilité pèse sur les épaules d'un ministre des Finances en temps de guerre. On a dit que l'argent était le nerf de la guerre. Et si les nerfs sont malades, tout va mal. Grâce à Dieu, nos nerfs vont très bien, et nous avons de quoi assurer la victoire. Laissez-moi vous dire tout de suite que je déplore la panique qui s'est emparée de la Bourse de Paris, comme d'ailleurs des autres Bourses d'Europe, au début de la guerre et a fait perdre, d'une façon tout à fait injustifiée, des sommes énormes aux porteurs de titres bulgares, dont les trois quarts sont Français. Cette panique est absolument inexplicable. Au moment de la mobilisation, j'ai pris le soin d'appeler chez moi les représentants à Sofia du consortium des porteurs étrangers de titres bulgares, dont les créances sont gagées par certains revenus de l'État, comme le tabac et le timbre, et je les ai priés de rassurer l'opinion publique. Je leur ai dit que j'avais pris le soin d'assurer le paiement du coupon pour toutes les échéances jusqu'au mois de mai 1913, grâce à des sommes dépassant 38 millions de francs, déposées dans des banques étrangères. Rien n'y a fait. Le public, mal informé, s'est affolé inutilement. Même en cas de défaite de la Bulgarie, nos créanciers n'auraient eu absolument rien à craindre, car nous n'aurions pas perdu un pouce de territoire. Notre dette consolidée est très faible et s'élève à 600 millions à peine, dont 330 millions ont été affectés à la construction des chemins de fer de l'État et à l'achat du matériel roulant.

« Enfin, notre Trésor a 198 millions de revenus par an. Vous voyez donc que nous sommes de bons débiteurs et que la France, toute la première, n'a qu'à se réjouir des victoires de la Bulgarie et de ses alliés et du nouvel état de choses que nous allons instaurer dans les Balkans. La France est peut-être en effet le pays qui profitera le plus de cet état de choses. Au lieu d'une Turquie en qui elle ne pouvait avoir aucune confiance, elle a tout intérêt à voir la Macédoine aux mains de peuples travailleurs et honnêtes, qui ont pour sa civilisation et sa culture la plus grande admiration et le plus profond amour. Vous savez que notre sympathie est toujours allée à la France, à laquelle nous devons tant. Notre roi est d'origine française. C'est en France que se sont formés la plupart de nos hommes politiques, de nos intellectuels et de nos savants. Les écoles françaises sont florissantes à Sofia, à Philippopoli. C'est la France qui nous a aidés à réorganiser nos finances. C'est elle qui a formé la plupart des instructeurs de notre armée et c'est elle encore qui nous a fourni notre matériel de guerre. Autant que nous, elle doit se réjouir de nos succès et elle doit être contente de la bonne issue de cette guerre, que nous livrons pour la civilisation contre la barbarie. Cette guerre est conforme à ses traditions de liberté et de justice. La France devrait aussi se réjouir de la bonne entente qui règne entre les puissances de l'Union balkanique et nous aider à rendre cette union encore plus intime et plus étroite.

« Je suis douloureusement surpris que certains journaux français parlent des fissures qui pourraient exister au sein de l'Union. Votre presse devrait soigneusement éviter de semer, entre les puissances de l'Union balkanique, tout malentendu. Elle devrait laisser ce soin aux autres pays, qui ont des prétentions sur les territoires des Balkans. Le rôle de la France devrait être, même si ces fissures existaient, ce qui n'est pas le cas, de chercher à les combler, en favorisant de tout son pouvoir la création dans les Balkans d'une puissance nouvelle qui partout fera régner l'ordre et la paix. La France servira, elle aussi, grandement la cause de la civilisation et du progrès et s'attirera les sympathies des peuples balkaniques et celles du monde entier. Ce bienfait de la France ne serait, d'ailleurs, pas perdu. Songez que l'Union balkanique possède, en ce moment, une armée de 700.000 hommes, qui s'élèvera à 1 million 200.000 hommes lorsque nous organiserons les territoires que nous avons conquis. Cette armée forme un appoint dont la France pourrait profiter, et qui lui permettrait de maintenir à jamais la paix dans le monde entier. S'il y a encore, à Paris, des gens qui craignent pour les intérêts qu'ils ont en Turquie, rassurez-les et dites-leur bien qu'aucun de ces intérêts ne seront lésés par nous. Lors du règlement final, nous tiendrons compte de toutes les créances des étrangers en Turquie, surtout de celles qui sont gagées sur certains revenus de l'Empire ottoman. Personne, à l'étranger, n'aura à souffrir de la guerre et du changement de régime.

« Allez, me dit en terminant M. Théodoroff, continuez à lutter vaillamment pour la cause de l'Union balkanique. C'est une cause sainte que vous défendez, une cause conforme aux traditions et à l'intérêt de votre pays. Pour être sûr que vous continuerez à bien servir les intérêts des peuples balkaniques, je n'ai que ce conseil à vous donner : Agissez en Français. »

Avant de me retirer, je demande au ministre s'il pensait que les négociations pour la conclusion de la paix et le règlement du sort de la Macédoine commenceraient bientôt et s'il savait où se réunirait la conférence. Il me dit :

— Nous ne nous en sommes pas encore préoccupés, car nous avons maintenant surtout tendu tous nos efforts pour détruire la puissance turque. La Turquie semble enfin avoir compris que si elle veut la paix elle ne peut que s'adresser à nous, à nous-mêmes. Tout ce que je peux vous dire, aujourd'hui, c'est que nous n'accorderons pas d'armistice à la Turquie si son armée n'abandonne pas les positions de Tchataldja et si elle ne se retire pas à Constantinople.

— Entrerez-vous à Constantinople ?

— Si nous y entrons, me répond le ministre, ce

n'est pas avec l'intention de nous y établir définitivement. La Bulgarie, pas plus que ses alliés d'ailleurs, ne veut annexer des territoires en majorité peuplés de musulmans. Elle ne demande que ce qui lui appartient : les territoires peuplés par ses conationaux. Les puissances de l'Union balkanique sont, à ce sujet, complètement d'accord, et quoi qu'en pensent nos ennemis, aucune dissension n'éclatera entre eux après la victoire. C'est à l'Europe de voir s'il lui convient de laisser Constantinople à la Turquie ou d'en faire une ville internationale. La question des Dardanelles et du Bosphore, elle non plus, ne nous préoccupe pas. Elle intéresse beaucoup plus la Russie, l'Angleterre et la France. Que ces trois pays amis se mettent d'accord et nous accepterons avec plaisir ce qu'ils auront décidé.

L'entretien avait duré trois quarts d'heure. Je pris congé de M. Théodoroff en le remerciant de ses déclarations si claires, si nettes et si loyales, et exprimant la conviction qu'elles trouveraient un écho favorable dans l'âme de toute la France.

*
* *

UNE VISITE DE LA REINE AUX HÔPITAUX DE LA MISSION FRANÇAISE

Sofia, 16 novembre.

La reine Éléonore de Bulgarie, de retour de Philippopoli et de Jamboli, a visité l'installation de la mission française et elle s'est déclarée émerveillée des résultats obtenus avec si peu de ressources par nos compatriotes.

La souveraine était accompagnée des deux filles du roi Ferdinand, les princesses Nadejda et Eudoxie et des deux dames d'honneur, Mlles Markoff et Vera Hakaneff. Sur le pas de la porte du collège de garçons, elle a été reçue par M. Panafieu, ministre de France à Sofia, qui, après lui avoir présenté les quelques personnes présentes, lui a fait les honneurs de la maison et l'a conduite à travers toutes les salles.

Pendant tout le temps qu'a duré la visite de la reine, la porte de l'hôpital a été rigoureusement interdite aux parents et aux amis qui viennent, tous les jours, l'après-midi, tenir compagnie aux blessés. J'ai pu cependant, par faveur spéciale, avec mon fidèle interprète et ami Stoïloff, faire partie du petit groupe de sept à huit personnes qui accompagnaient la souveraine : personnes parmi lesquelles j'ai reconnu le comte Jean de Castellane, chef de la mission française, M. Dard, premier secrétaire à la légation française de Sofia, et M. Mouchanoff, ancien ministre de l'Instruction publique, et j'ai pu noter l'impression que cette visite faisait sur les malades.

Nous entrons dans la grande salle du premier étage, qui contient environ une trentaine de blessés. La reine est reçue par Mme Stancioff, née comtesse de Grenault, femme du ministre de Bulgarie à Paris, et Mme de Matarel, femme de l'attaché militaire français à Sofia, toutes les deux en costume d'infirmière. Frappée par l'extrême propreté et l'ordre parfait qui règne dans la salle, la reine s'écrie : « Mais c'est merveilleux ! » Puis elle passe de lit en lit, serrant les mains aux blessés et leur prodiguant des paroles de consolation.

Sa mise est extrêmement simple. Elle porte une robe noire, comme il sied lorsqu'on vient soulager tant de misères.

Avec les paysans elle parle en bulgare. Elle leur demande, avec un ton de voix extrêmement aimable : « Où as-tu été frappé ? Souffres-tu ? Es-tu content d'être ici ? Te tarde-t-il de revoir ta famille ? » Puis, avec un bon sourire, elle leur souhaite une guérison prochaine. Lorsqu'un cas grave se présente, elle s'arrête plus longuement, sa physionomie devient soucieuse, elle demande au chirurgien de longues explications. Elle fait attention aux moindres détails. Elle félicite Mme Stancioff sur les beaux cendriers en porcelaine placés à côté de chaque lit. Tout cela avec une simplicité, une absence totale d'affectation ou de morgue qui surprennent chez une Allemande, et les blessés, même les plus grièvement atteints, oublient pour un instant leurs souffrances et s'efforcent de montrer un visage heureux, calme et souriant. Certains, lorsque la reine leur adresse la parole, rougissent jusqu'aux oreilles, balbutiant des paroles de remerciement, et baisent sa main très dévotement. D'autres se mettent à parler avec une volubilité étonnante et racontent avec force détails leur histoire, cette histoire, toujours la même, que la reine entend peut-être pour la dix-millième fois.

Ce qui me frappe, c'est que si la plupart donnent les marques du plus profond respect envers la souveraine, tous gardent, cependant, une attitude exempte de courtisanerie et de bassesse. L'un d'eux même, pendant que la reine lui parle, continue tranquillement à fumer et c'est à peine si, pour lui répondre, il ôte sa cigarette de sa bouche.

C'est que dans ce pays véritablement démocratique, me dit-on, le peuple est fier et chaque Bulgare se considère dans sa sphère comme une sorte de petit roi. L'esprit de flagornerie, qui sévit tout particulièrement en Autriche et en Allemagne, est chez lui totalement inconnu. Chacun d'eux a combattu pour la patrie. Il trouve tout simple d'avoir fait son devoir et il s'étonne presque du grand intérêt qu'on prend à sa souffrance.

Les petites princesses s'approchent ensuite des malades et leur offrent gentiment des fleurs et des cartes postales représentant leur photographie. La plupart des blessés se mettent à respirer ces fleurs avec délices. Quelques soldats turcs se trouvent dans la salle. Les princesses leur offrent des fleurs, mais pas de cartes. Ces pauvres diables ont l'air de ne savoir que faire de ce cadeau qui les étonne, et ils ont une attitude embarrassée et lamentable.

Toute cette cérémonie, qui se répète de salle en salle, est assez triste. Un soldat bulgare met un peu de gaieté dans l'assistance en disant : « Des fleurs et des cartes postales, c'est bien joli ! Mais je voudrais bien griller une cigarette offerte par la reine. » La souveraine lui en fait aussitôt donner tout un paquet.

Pendant que le petit cortège s'avance lentement, un autre incident amusant se produit. Là-bas, au bout de la salle, l'opérateur d'une maison de cinématographes, qui a réussi à se faufiler dans l'hôpital, tourne rapidement sa manivelle, au grand désespoir de M. Panafieu, qui, en véritable diplomate, s'affole d'un incident qui n'était pas dans le programme. Il intime à l'audacieux reporter l'ordre de s'arrêter. Celui-ci obtempère. Mais il ne tarde pas à saisir le moment où M. Panafieu a tourné le dos pour donner encore quelques tours de manivelle. Puis il sort triomphant, aux éclats de rire joyeux et approbateurs de toute l'assistance.

Après la visite de l'école des Frères, la visite de l'école des Sœurs, où règne notre excellent compatriote Vuillet, s'accomplit avec le même cérémonial. C'est dans ce bâtiment que se trouvent les officiers et les soldats les plus intelligents. Un grand nombre d'entre eux ont des journaux français déployés sur leur lit. Aussi, la reine, fatiguée par cette longue promenade, s'assied-elle auprès de quelques-uns d'entre eux et les prie-t-elle de lui raconter la bataille.

On lui montre quelques curiosités de la maison : trois frères qui sont partis ensemble à la guerre, qui ne se sont jamais séparés pendant la campagne, qui ont été tous les trois blessés à la jambe gauche, ce qui est facilement explicable, car ils avaient l'attitude du tireur à genoux, et qui ont demandé comme une faveur d'être soignés ensemble ; un capitaine dont la tête a été traversée de part en part par une balle et qui a gardé de cette aventure une légère tendance à la mélancolie, et un officier turc, Choukri-Effendi, dont l'odyssée mérite d'être racontée.

Choukri-Effendi n'avait jamais été soldat. C'était un professeur de mathématiques très en vue de Constantinople. Tout à coup on lui dit : « Vous êtes officier ! » Et le voilà obligé de se mettre en campagne sans même savoir ce que c'était qu'une compagnie. Ramassé sur le champ de bataille de Bounar-Hissar, il avait une peur terrible des Bulgares et craignait toujours d'être empoisonné. Arrivé à l'hôpital français il refusa de manger et écrivit au commandant de la place pour implorer sa protection.

La reine lui demanda à plusieurs reprises s'il se trouvait bien, s'il était content. Et lui, qui s'était levé en chemise et s'était placé au pied du lit pour la recevoir, lui répondait en français :

— Oui, Sa Majesté, je suis très content ! pendant que derrière ses lunettes bleues de savant, ses yeux brillaient d'un regard énigmatique.

— Je suis heureuse de vous l'entendre dire, lui répondit la reine.

Jusqu'à ce que la souveraine eut quitté la salle, Choukri-Effendi resta debout au pied de son lit, dans l'attitude d'un maître de maison qui sait recevoir.

Après le départ de la reine, j'ai demandé au docteur Vuillet quelle impression cette visite avait faite sur les malades.

— Excellente, me dit-il. Ces braves garçons ont des coins d'âme un peu puérils. Le bruit s'était répandu parmi eux que la reine arriverait en costume de colonel de cavalerie. Quand ils l'ont vue en simple costume noir, ils ont été un peu déçus. Cependant ils ont été très heureux des marques d'attention qui leur ont été prodiguées. Les voilà maintenant tout joyeux. Beaucoup d'eux passeront, ce soir, une nuit moins agitée.

***

UN SOCIALISTE BULGARE PARLE DE LA GUERRE

Interview de M. Yanouloff.

Sofia, 20 novembre.

L'un des résultats les plus curieux de la guerre actuelle c'est d'avoir en Bulgarie effacé, pour le moment du moins, toutes les différences qui existaient entre les divers partis politiques, dont l'antagonisme est en temps ordinaire si acharné, et d'avoir uni tous les citoyens dans le même esprit de sacrifice et dans le même idéal. Le miracle qui s'est produit dans les Balkans et qui a provoqué l'union de peuples aussi différents que les Grecs, les Serbes et les Bulgares, divisés cependant par des inimitiés séculaires, s'est produit aussi au sein de chacun de ces divers États, et maintenant, on peut voir dans les cafés de Sofia un leader républicain assis à côté d'un chef du parti libéral ou d'un membre influent du parti nationaliste, pour commenter les victoires de l'armée bulgare, chose qui, il y a quelques semaines, aurait été purement inconcevable.

Cette union de tous les Bulgares dans la crise terrible que traverse leur pays, les membres du gouvernement actuel de Sofia ont été les premiers à en donner l'exemple. On me dit qu'au moment où la guerre éclata, M. Théodoroff, ministre des Finances, fut le premier à exiger que le commandement suprême fût confié à côté du tsar au général Savoff, qu'il avait le plus combattu pour des raisons politiques, mais dont il reconnaissait la haute valeur militaire. En présence de l'ennemi, il n'y a plus eu en Bulgarie ni jalousie, ni ressentiment, ni rancunes : il n'y a eu que des frères qui, tous, ont rivalisé de zèle et d'abnégation pour assurer le triomphe de la cause commune. C'est là un bel exemple de solidarité sociale qui honore le peuple au milieu duquel il a pu se produire.

Cette communauté de sentiments de tous les Bulgares à l'heure actuelle, je viens encore d'en avoir aujourd'hui une preuve éclatante qui donnera sans doute à réfléchir à ceux qui, comme M. Jaurès et bien d'autres hommes politiques français, n'ont pas compris dès le début le véritable caractère de la guerre d'Orient et ce qu'il y avait de justifié dans la levée en masse de tous les peuples balkaniques, pour la suppression d'un état de choses pourri et injuste, qui n'était maintenu que par l'égoïsme des puissances.

Le jour même où à Bâle les chefs les plus respectés de l'Internationale font entendre leur voix devant les masses ouvrières pour protester contre toute possibilité de guerre européenne, il m'a paru intéressant de recueillir les impressions d'un leader socialiste bulgare sur la guerre actuelle. Et je suis allé interroger un blessé, un homme qui avait fait son devoir sur le champ de bataille, un homme qui avait vu toutes les horreurs de la guerre, qui en avait terriblement souffert, et qui, par conséquent, avait le droit de me dire franchement toute ce qu'il pensait. Je suis allé interroger le jeune leader, unanimement aimé et respecté de tous en Bulgarie, Ilsa Yanouloff, qui gît, la jambe fracassée, à l'hôpital Clémentine.

Le 24 août dernier, Ilsa Yanouloff était encore à Paris, où il causait sans doute avec ses amis Lagardelle, Longuet et les autres, de paix perpétuelle et de fraternité universelle. Rappelé pour faire les grandes manœuvres, il était déjà à la frontière au moment de la déclaration de guerre. Et il a pris part en qualité de sous-lieutenant à trois grandes batailles : à Kirk-Kilissé, à Bounar-Hissar et à Viza. C'est là qu'il eut la jambe broyée par un éclat d'obus. Le choc fut tellement violent que la moitié de son corps en est restée quelques jours paralysée, maintenant il commence à se remettre. Après m'avoir serré affectueusement la main, il me montre pour s'excuser de ne pas me parler couramment en français l'écriteau qui est au-dessus de sa tête et sur lequel je lis ces mots : « Commotion cérébrale ». Le coup qui l'a frappé l'a tellement ébranlé qu'il a perdu pour le moment la facilité avec laquelle il parlait le français et l'allemand. Il aime mieux s'exprimer en bulgare.

« Si vous écrivez sur notre armée, me dit-il, ne manquez pas de rendre justice au sang-froid, au courage, à l'endurance, à l'esprit d'initiative, à l'intelligence de nos soldats et de nos officiers, car ce sont toutes ces qualités qui nous ont donné la victoire. Quand je suis tombé blessé, le 29 octobre, à Viza, ma compagnie était flanc-garde de l'aile gauche, qu'essayait de déborder et de tourner Mouktar-Pacha, dont le plan était de couper la ligne de retraite de notre armée vers Kirk-Kilissé. C'était le premier jour de la bataille, qui dura trois journées entières. Nous ne nous attendions pas à trouver devant nous une grande résistance. Nous étions à peu près 1.500 hommes contre 20.000 et nous avions à peine avec nous une batterie d'artillerie contre trois ou quatre. Depuis trois jours nos soldats n'avaient pas mangé une miette de pain, mais ils savaient que le gros de notre armée arriverait le lendemain et ils se sont battus comme des lions. Presque tous sont tombés, mais l'armée a été sauvée.

« Si nous n'avions pas eu en Bulgarie le suffrage universel et l'instruction primaire obligatoire, croyez bien que la guerre n'aurait pas suscité de tels dévouements et provoqué de tels enthousiasmes. L'école a éveillé chez notre peuple la conscience nationale et a été la cause de nos succès. Le patriotisme de nos paysans est un patriotisme raisonné, exempt de chauvinisme et de fanatisme. Jamais nos soldats n'ont eu un moment d'exaltation. Tous ont fait preuve de patience, d'intelligence et, surtout, d'une admirable présence d'esprit. »

Devant cet enthousiasme, je ne pus m'empêcher de poser au blessé la question qui me brûlait les lèvres :

— Bien que socialiste, vous croyez donc à la nécessité de cette guerre ?

Il me répondit franchement :

— J'ai toujours été un apôtre de la Confédération

balkanique et j'ai toujours lutté pour la liberté de nos frères de Macédoine. Pendant quelque temps, mon ami le docteur Rakovski et moi, nous avons eu quelque espoir dans les Jeunes-Turcs, mais, depuis un an environ, nous avons compris, et tous les socialistes de Bulgarie ont compris avec nous que la guerre était inévitable. Il ne nous restait plus qu'à accomplir notre devoir. Certes la guerre est une chose affreuse. Il faut avoir été transporté blessé comme je l'ai été pendant sept jours sur un chariot traîné par des buffles à travers des chemins défoncés et sous une pluie battante, pour savoir les souffrances inouïes qu'on est obligé d'y endurer. Je ne souhaite pas aux grands pays d'Europe de tels malheurs, qui, d'ailleurs, ne seraient justifiés par rien. Mais ce que nous faisons n'est pas une guerre, c'est une révolution. Il faut voir ce que mes yeux ont vu pour se rendre compte de la cruauté avec laquelle les paysans bulgares ont été traités par les Turcs en Macédoine. Je me souviendrai toujours qu'en arrivant à Kirk-Kilissé nous avons vu sur le bord du chemin un spectacle horrible : un vieillard gisait dans le fossé, la gorge coupée, et affreusement mutilé. A ses côtés, deux jeunes filles échevelées pleuraient silencieusement. Elles avaient été violées sous les yeux de leur père mourant. Partout où nous sommes passés les paysans nous ont raconté que les Turcs, en se retirant, avaient enlevé les plus belles jeunes filles pour les emmener dans leur harem.

Aussi partout où nous arrivions étions-nous salués comme des libérateurs et à chaque pas les paysans en armes se joignaient à nous, soit pour combattre à nos côtés, soit pour nous aider à nous ravitailler, soit pour soigner les blessés. Si jamais guerre fut nécessaire, c'est bien celle que nous avons entreprise.

Espérons que ce sera la dernière et que partout où il y a encore des peuples opprimés en Europe les gouvernements seront assez sages pour leur donner la justice et la liberté qu'ils méritent.

Avant de quitter M. Yanouloff, je le remercie de ses belles paroles, que non seulement nos antimilitaristes, mais encore nos socialistes et nos pacifistes feraient bien de méditer, et je lui annonce qu'au dernier congrès de l'Union interparlementaire de Genève, auquel j'ai eu le plaisir d'assister le mois dernier, le député belge Huysmanns, secrétaire général de l'Internationale ouvrière, avait exprimé des sentiments analogues aux siens et s'était hautement déclaré contre la proposition du sénateur américain Barthodt tendant à garantir à chaque État européen l'intégrité de son territoire, parce que, disait-il, ce serait consacrer l'oppression des Macédoniens, des Polonais, des Croates, des Ruthènes et de tous les peuples opprimés.

M. Yanouloff manifesta une grande joie en apprenant cette nouvelle et me serra cordialement la main en me priant de revenir.

*
* *

L'AUTRICHE ET LA SERBIE

Sofia, 24 novembre.

Par suite de l'entêtement de l'Autriche-Hongrie a vouloir obtenir de la Serbie, avant toute discussion européenne, la déclaration formelle qu'elle respectera l'intégrité territoriale et l'indépendance absolue de l'Albanie, la situation politique est de nouveau très tendue, et je puis vous affirmer qu'elle inspire ici, en haut lieu, de sérieuses inquiétudes.

Dans son inconscience véritablement inqualifiable, le comte Berchtold ne tient aucun compte des protestations de tous les chefs des partis slaves au Parlement autrichien et de tous les hommes politiques du parti libéral au Parlement hongrois, tous partisans d'une entente sincère de la monarchie des Habsbourg avec les peuples balkaniques. Il ferme l'oreille aux manifestations spontanées de sympathie qui se produisent en ce moment un peu partout en Dalmatie, en Bosnie-Herzégovine et en Bohême. Il néglige les conseils de prudence des grandes puissances comme la Russie, la France et l'Angleterre, qui l'invitent à ne pas faire de démarche précipitée et soutiennent la thèse que l'ensemble des questions balkaniques doit être traité en même temps et que l'Autriche-Hongrie doit éviter de mettre le feu aux poudres en essayant de régler tout de suite, et seule à seule avec la Serbie, une question particulière comme celle de l'Albanie ou du port sur l'Adriatique. Il ne fait qu'à sa tête. Il poursuit aveuglément et sans scrupules, au risque de mettre le feu à toute l'Europe, la réalisation d'une politique d'asservissement de la Serbie, dont il rêve de faire une dépendance économique de l'Autriche-Hongrie. Et il lui pose même, si l'on en croit les journaux de Vienne, une sorte d'ultimatum qu'il appuie d'une menace formelle de démonstration militaire. C'est la répétition du coup du baron d'Æhrenthal en 1909.

Combien, en ce moment-là, nous avons été près de la guerre, on ne l'a, en France, jamais bien su, et, pour vous montrer cependant combien le danger était alors imminent, je veux me permettre de vous raconter un souvenir personnel. La situation était celle-ci :

l'Autriche-Hongrie ayant annexé la Bosnie et l'Herzégovine, le cœur de l'ancienne Serbie, le foyer de la vieille poésie populaire serbe, et ayant fermé au royaume de Serbie, par cet acte de rapine et de violence, tout espoir d'accès à la mer, le gouvernement du roi Pierre demandait des compensations. Il désirait obtenir, avec l'assentiment de l'Autriche, au sud du Monténégro — tout comme aujourd'hui d'ailleurs — un port à San Giovanni di Medua ou à Durazzo avec une bande de terre qui relierait ce port au royaume et permettrait de construire un chemin de fer devenu indispensable.

Le baron d'Æhrenthal, qui rêvait, comme aujourd'hui le comte Berchtold, d'étrangler la puissance serbe renaissante et la priver des moyens de reconquérir son entière indépendance, ne voulut même point admettre la discussion sur les demandes de compensation de la Serbie. Après une campagne d'injures et de calomnies, qui dura près d'un mois dans la presse autrichienne et hongroise, le baron d'Æhrenthal demanda à M. Milovan Milovanovitch, alors président du Conseil et ministre des Affaires étrangères de Serbie, de déclarer purement et simplement que la question de l'annexion de la Bosnie et de l'Herzégovine ne regardait pas la Serbie et que celle-ci ne faisait aucune demande de compensation. C'était un samedi soir vers neuf heures, le dernier jour du délai imparti à la Serbie pour donner sa réponse.

Personne, dans les milieux officiels de Vienne, ne croyait à la possibilité d'éviter la guerre. A la Ballplatz toutes les portes du ministère des Affaires étrangères étaient ouvertes. Hommes politiques et journalistes entraient et sortaient pour demander des nouvelles, en proie à la plus grande excitation. Je me promenais avec un de mes confrères hongrois d'une salle à l'autre, lorsque le hasard nous amena jusqu'au cabinet du baron d'Æhrenthal et voici ce que cet homme disait à l'un de ses collaborateurs au moment même :

« J'avais espéré que les ministres de France et de Russie feraient comprendre à la Serbie qu'elle doit nous donner satisfaction. Il semble qu'il n'en a rien été. Nous ne pouvons pas attendre le bon vouloir de ces messieurs. Si à minuit nous n'avons pas reçu de Belgrade une réponse satisfaisante, l'ordre sera donné à notre ministre le comte Forgasch de présenter au gouvernement serbe notre ultimatum. S'il n'obtient pas satisfaction, il réclamera ses passeports et nos troupes franchiront la frontière. »

A onze heures du soir, le télégramme annonçant le désintéressement de la Serbie arrivait de Belgrade.

Au mois de mai dernier, comme je racontais à M. Milovanovitch cette scène historique et que je le félicitais du tact et de l'énergie avec lesquels il avait défendu à cette époque les intérêts de la Serbie, il répondit :

« J'ai fait ce que j'ai pu et j'ai résisté jusqu'à la dernière minute. Tant que j'ai conservé l'espoir qu'il me serait possible d'entraîner la Russie et la France à la guerre j'ai gardé ma réponse dans ma poche. Mais quand j'ai vu que tout était perdu, que voulez-vous que fît la petite Serbie ? Il ne lui restait qu'à capituler. »

Voilà donc établi, d'une façon historique, que l'Europe à cette époque l'échappa belle.

Toutes les personnes qui connaissent vraiment la politique balkanique estiment que la situation en ce moment n'est pas moins grave, qu'elle est absolument la même. La Serbie réclame toujours une sortie vers la mer Adriatique. L'Autriche-Hongrie, pour maintenir ce pays sous sa dépendance, la lui refuse et exige de lui une déclaration de désintéressement territorial en Albanie. Mais la Serbie, fière de ses dernières victoires, renoncera-t-elle à la réalisation de son rêve séculaire et capitulera-t-elle comme en 1909 ? De la réponse qu'elle donnera à cette question dépend la paix de l'Europe.

***

INTERVIEW DE M. SPALAIKOVITCH [1]

J'ai eu, à ce sujet, une longue conversation avec M. Spalaïkovitch, ministre de Serbie à Sofia, et l'un des partisans les plus fervents de l'Union balkanique. A l'encontre de la plupart des hommes politiques avec qui j'ai pu causer ces jours derniers, il était très optimiste.

« L'Autriche-Hongrie, me dit-il, comprendra qu'elle n'a aucun intérêt à nous pousser au désespoir. Mais je ne vous cache pas, cependant, que la Serbie est bien décidée à obtenir coûte que coûte un port sur l'Adriatique. C'est là, pour nous, une question d'intérêt vital. Lorsque la Serbie, la Bulgarie, la Grèce et le Monténégro ont conclu leur union, elles ont mis à la base la promesse de s'assurer le minimum de conditions nécessaires pour garantir à chacune d'elles son indépendance. Or ces conditions étaient réalisées depuis longtemps pour les autres pays. Pour la Serbie, la condition essentielle manquait encore, c'està-dire une voie d'accès à la mer. Cette voie d'accès nous en avons besoin, non seulement pour pouvoir

---

1. M. Spalaïkovitch a été membre de la Conférence de la paix à Bucarest.

exporter librement nos marchandises, mais surtout pour pouvoir assurer notre défense nationale.

« Songez, mon cher ami, que depuis des années l'Autriche-Hongrie n'a pas permis à un seul canon et à un seul obus à destination de la Serbie de passer par son territoire. Tout notre armement, venant du Creusot, a dû nous être expédié par Salonique et nous est parvenu par la Turquie, à laquelle nous avons dû accorder la réciprocité. Tous les canons Krupp qui passaient par notre territoire, nous savions qu'ils étaient dirigés contre nous. Mais nous avons dû accepter cette situation humiliante. C'est pourquoi la possession d'un port est une question de vie ou de mort pour notre pays et pourquoi nous sommes décidés à aller jusqu'au bout pour l'obtenir. Ce port, il faut qu'il soit sur l'Adriatique et relié à la Serbie par un territoire serbe. C'est en vain que l'Autriche-Hongrie nous invite à aller vers Salonique. Nous entrerions là-bas en conflit avec les Bulgares et les Grecs. Il nous faut un port dont l'hinterland soit serbe.

« Nous ne pouvons pas non plus accepter les propositions de l'Autriche-Hongrie de diriger notre commerce vers un port de la Dalmatie, pas plus que nous ne pourrions accepter un port sur l'Adriatique, qui serait relié à la Serbie par un chemin de fer international. La volonté de la Serbie d'avoir son port à elle, relié au royaume par un chemin de fer à elle, n'est pas dictée par un caprice, mais par le souci d'assurer notre indépendance nationale. C'est ce qui fait la gravité de la question et c'est ce qui ne nous permet pas, sur ce point, de transiger. L'Autriche-Hongrie invoque les droits des Albanais. Mais je vous ferai remarquer, tout d'abord, que les ports de San Giovanni di Medua et de Durazzo que nous revendiquons, ont fait partie pendant le moyen âge du grand

Empire de Serbie, noyé par le flot de l'invasion musulmane. Nous ne réclamons donc que ce qui nous a été dérobé.

« D'autre part, l'Albanie n'a jamais été qu'une expression géographique et n'a jamais formé un seul corps de nation jouissant de l'indépendance. Jusqu'à ce que ces clans, divisés par la religion, les traditions, les mœurs, l'écriture, soient mûrs pour une vie nationale, qu'on nous les confie à nous, qui sommes leurs voisins et qui avons le plus grand intérêt à leur progrès matériel et à leur développement intellectuel et moral. C'est la seule solution raisonnable. Car jamais l'Union balkanique ne pourra souffrir plus longtemps l'existence à ses portes d'un foyer de désordre, comme l'Albanie, qui servirait de prétexte à l'intrusion de puissances étrangères, comme l'Autriche-Hongrie et l'Italie et leur permettrait de porter atteinte au principe : « les Balkans aux peuples balkaniques ».

DEUXIÈME PARTIE

DU PREMIER ARMISTICE A LA REPRISE DES HOSTILITÉS

CHAPITRE PREMIER

EN ROUMANIE

Après la signature de l'armistice, en décembre, je me rendis à Bucarest pour essayer de comprendre pourquoi la Roumanie demandait à la Bulgarie des compensations territoriales.

Dès mon arrivée, le jour même du passage de M. Daneff dans cette ville, je remarquai qu'une notable évolution s'était produite depuis le mois de mai dans l'esprit public de la Roumanie.

Chose assez nouvelle, dans la société on prenait plaisir à discuter des questions de politique extérieure.

« Nous avons été jusqu'à ce jour, me disait-on, la première nation de l'Orient européen. Aucun changement ne doit survenir dans les Balkans sans notre permission. Si nous avions mobilisé au début de la guerre, la Bulgarie n'aurait pu jeter toutes ses forces contre la Turquie et remporter la victoire. Pour notre neutralité la Bulgarie nous doit de la reconnaissance. Le meilleur moyen qu'elle a de montrer ses bons sentiments à notre égard c'est de nous donner Silistrie, qui nous avait été promise par le traité de Berlin. »

A Sofia on parlait de faire la guerre à la Roumanie plutôt que de lui céder Silistrie.

A Bucarest, par contre, personne ne croyait que les Bulgares feraient une objection sérieuse à cette revendication. Tous les Roumains avec qui j'avais l'occasion de causer étaient intimement persuadés, sur la foi de leurs journaux, que les Bulgares étaient complètement épuisés et absolument incapables d'un nouvel effort.

Aussi l'étonnement fut-il profond à Bucarest lorsqu'on apprit que M. Daneff était parti sans faire de promesses au sujet de Silistrie au gouvernement roumain.

On commençait déjà à Bucarest à soupçonner l'Autriche-Hongrie de jouer un double jeu et d'encourager secrètement la Bulgarie à la résistance après avoir poussé la Roumanie à exiger des compensations. On voyait dans l'affaire Prochaska, inventée par le bureau de la presse de Vienne pour avoir un prétexte d'attaquer la Serbie, une nouvelle preuve de la mauvaise foi de l'Autriche. Des voix s'élevaient aussi contre la Hongrie qui avait trouvé dans la création d'une Église magyare unie un nouveau moyen d'affaiblir et d'opprimer en Transylvanie l'élément roumain. « Ah! si nous pouvions nous rapprocher de la France et de la Russie! » Tel est le vœu que j'entendais exprimer de toutes parts. Le grand-duc Nicolas chargé de porter au roi Nicolas les insignes de feld-maréchal de l'armée russe, à l'occasion de l'anniversaire de la bataille de Plevna, fut reçu avec plus d'éclat et de sympathie que l'ancien chef de l'état-major général austro-hongrois, Conrad Hetzendorf.

ROUMANIE ET BULGARIE

Bucarest, 14 décembre.

La Roumanie ressemble maintenant à une jeune fille qui fait son entrée dans le monde et à qui chacun fait la cour. Les journaux illustrés la représentent volontiers ici entourée d'un cercle d'adorateurs : l'Autriche-Hongrie, la Russie, la France, la Bulgarie, qui lui demandent de leur accorder un tour de valse. Il y a là de quoi rendre fier ce vaillant petit peuple, mais il n'en perdra pas pour cela la tête. L'amour-propre des Roumains a été tout particulièrement flatté ces jours derniers par la visite du grand-duc Nicolas, qui est venu à Bucarest à l'occasion de l'anniversaire de la bataille de Plévna, remettre au roi Carol le bâton de feld-maréchal de l'armée russe, que le tsar Nicolas II lui avait conféré il y a quelques semaines, et aussi par celle de M. Daneff, président du Sobranié bulgare, et l'un des négociateurs de la paix avec la Turquie. Naturellement, ces deux visites sont très commentées et, dans les milieux bien informés, on leur attribue avec juste raison une très grande importance politique.

En particulier sur la mission de M. Daneff à Bucarest, je suis en mesure de vous donner quelques renseignements très précis. Le président du Sobranié bulgare n'est pas venu ici, comme certains grands journaux l'ont annoncé et comme les Roumains eux-mêmes l'avaient espéré, pour régler définitivement la question des rapports de la Bulgarie et de la Roumanie et offrir des compensations en échange de la neutralité bienveillante observée par la Roumanie pendant la dernière guerre. Ce voyage était plutôt une visite de courtoisie et l'occasion pour le grand homme d'État bulgare de sonder l'opinion publique roumaine et de voir quelles pouvaient être ses exigences.

Pendant son séjour ici, M. Daneff n'a fait à aucun journaliste aucune déclaration d'aucune sorte. Les longues interviews de lui que publient tous les journaux roumains sont absolument apocryphes. Je sais cependant de source certaine que M. Daneff a remis au roi Carol une lettre autographe du tsar Ferdinand et que dans les conversations qu'il a eues avec MM. Majoresco, président du Conseil, Bratiano, chef du parti libéral, et un grand nombre d'hommes politiques, il a remercié la Roumanie de son attitude si correcte pendant la guerre et exprimé le vœu de tous les Bulgares d'entretenir des relations de cordiale amitié avec les Roumains. Mais il n'a pas caché à ses hôtes qu'une telle amitié ne serait guère possible si la Roumanie, cédant aux observations de l'Autriche-Hongrie, qui a tout intérêt à brouiller les cartes dans les Balkans, demandait des compensations territoriales. Le peuple bulgare, qui vient de faire de si lourds sacrifices dans la guerre, admettrait difficilement le principe de ces compensations, et même, s'il était obligé de les subir, il en garderait au cœur une profonde amertume qui gâterait à jamais les rapports des deux pays.

Le gouvernement roumain s'est hâté de rassurer M. Daneff et de lui affirmer que la Roumanie considérerait comme indigne d'elle de demander des compensations. Elle aussi désire une amitié solide avec la Bulgarie. Elle n'exigera donc pas, comme certains exaltés le demandent, la cession à la Roumanie par la Bulgarie du fameux quadrilatère Roustchouk-Varna. Mais, comme gage des bonnes intentions de la Bulgarie, elle désirerait, du côté de Silistrie, une simple rectification de frontière, qui avait d'ailleurs été déjà accordée par le traité de Berlin. La Roumanie demande aussi pour ses nationaux de Bulgarie, ainsi que pour les Roumains ou Koutzo-Valaques de Macédoine, des avantages spéciaux, comme celui de conserver leur langue et d'avoir des prêtres et des évêques de l'Église orthodoxe roumaine.

M. Daneff a assuré le gouvernement roumain que ce dernier desideratum ne rencontrerait, en Bulgarie, aucune espèce d'opposition. La question de Silistrie est plus délicate, mais le président du Sobranié bulgare a quitté Bucarest avec l'impression que le point de vue roumain et le point de vue bulgare sont très rapprochés l'un de l'autre et qu'aucune nouvelle complication ne surgira de ce côté.

Dans les milieux politiques roumains, où le mot d'ordre avait été, tout d'abord, de recevoir M. Daneff, avec une certaine réserve, on s'est montré très satisfait des dispositions bienveillantes du pays qu'il représentait et on lui a donné les témoignages de la plus profonde sympathie.

*
* *

L'OLIGARCHIE MAGYARE

Bucarest, 17 décembre.

L'un des plus grands journaux de Bucarest, *Adeverul (la Vérité)*, a reproduit intégralement l'interview du chef du parti socialiste autrichien Adler, publiée par *la Dépêche* à l'occasion du congrès de Bâle.

Dans cette interview, le député Adler avait noté, d'une façon très claire, la raison pour laquelle les gouvernements de Vienne et de Budapest veulent faire la guerre à la Serbie. C'est que ces gouvernements, qui sont à la dévotion parfaite de l'archiduc François-Ferdinand et de l'aristocratie magyare, sont animés d'une haine profonde pour un pays démocratique comme la Serbie, dont ils croient la prompte destruction absolument nécessaire, car son exemple pourrait inciter les nationalités opprimées de la monarchie austro-hongroise à la révolte et amener, dans un avenir plus ou moins rapproché, la chute du vieux régime féodal sur lequel repose encore, presque uniquement, ce vaste Empire. L'oligarchie magyare, surtout de Budapest, poursuit les Serbes de sa haine, car, plus encore que les Turcs, elle a une horreur profonde de tout ce qui est revendication nationale, et elle s'oppose, dans un entêtement farouche, à l'établissement en Hongrie du suffrage universel qui permettrait aux Croates, aux Serbes, aux Slovaques et aux Roumains de Hongrie de sortir enfin de l'état de misère morale et intellectuelle dans lequel ils sont maintenus depuis des siècles. La situation des Roumains de Transylvanie surtout est particulièrement malheureuse, et quand on connaît le long martyrologe qu'est l'histoire de cette nation, on a bien de la peine à comprendre comment l'État roumain peut encore se dire l'ami de la Hongrie et de l'Autriche. La politique a de ces aspects qui sont parfois étonnants et de ces situations qui frisent le paradoxe.

J'ai eu ces jours derniers, avant de quitter Bucarest, plusieurs conversations avec l'homme qui connaît certainement le mieux ici la question nationale roumaine en Transylvanie, M. Alexandre D. Floresco, l'ardent patriote unanimement aimé et respecté, qui

a consacré le meilleur de sa vie à la défense de ses frères. Il faudrait des volumes pour vous rapporter tout ce qu'il m'a raconté de choses énervantes, pour vous énumérer tous les procédés plus ou moins machiavéliques employés par le gouvernement hongrois pour annihiler toute une nation de plus de 3 millions et demi d'habitants et lui ravir son âme, ce qui est, à mes yeux, un crime encore plus effroyable que de la détruire complètement.

Je me contenterai de vous en citer quelques-uns, pour vous montrer que tout n'est pas pour le mieux dans cet Empire de François-Joseph, le vieux monarque que certains panégyristes béats se plaisent à représenter comme un père très bon et très juste, entouré de l'adoration et du dévouement inébranlables de tous ses peuples.

Prenons le domaine de la politique. Les Roumains de Hongrie, qui sont près de 4 millions répartis dans les provinces de Transylvanie, de Maramourech, de Temechana et du Banat, auraient droit, selon toute justice, à cinquante députés environ au Parlement de Budapest. Or, ils n'en ont que cinq. Les autres députés de ces provinces où les Roumains sont l'énorme majorité sont presque tous des Magyars. Comment est-ce possible ? Tout d'abord, les sujets roumains, pour voter, sont strictement soumis à l'obligation du cens. Ils ne peuvent être électeurs que s'ils payent un chiffre d'impôts très élevé.

Par contre les sujets magyars, commerçants, fonctionnaires, et même simples ouvriers sont considérés par le gouvernement comme nobles et, comme tels, sont dispensés du cens. De plus, le vote est parlé et public. Tous les électeurs d'un même village doivent se présenter, en même temps, au bureau du vote, le maire en tête, et déclarer, à haute voix, pour qui ils entendent voter. Il faut pour cela un réel courage. Le président du bureau de vote sait, à chaque instant, d'après les listes de pointage qu'il a sous les yeux, quel est l'état du vote et, si le candidat roumain menace de l'emporter, la police peut, séance tenante, user, dans la coulisse, de tous les procédés de pression et d'intimidation dont elle dispose, pour rétablir l'équilibre en faveur du candidat gouvernemental.

Dans une circonstance mémorable, les Magyars sont allés jusqu'à mettre le feu aux quatre coins de la ville de Beyouch pour distraire l'attention des électeurs roumains, les affoler et les empêcher d'aller au vote en rangs serrés. Le gouvernement hongrois a encore imaginé de diviser les circonscriptions électorales, de telle sorte que les paysans roumains sont, parfois, obligés de faire un voyage de 300 kilomètres pour se rendre au lieu du vote. Naturellement, les électeurs magyars sont transportés gratuitement. Si l'on ajoute à cela que, pour rendre la propagande électorale plus difficile, le gouvernement de Budapest a dissous, il y a quelques années, le parti national roumain qui avait des ramifications dans tout le pays et a interdit, sous peine d'une amende de 300 couronnes, de convoquer les électeurs à des réunions publiques, en tant que peuple roumain, on comprendra que l'élection d'un député roumain au Parlement hongrois devienne un véritable prodige.

Passons aux écoles. Il y a quelques années, il y avait, dans les pays roumains de Hongrie, 3.600 écoles de langue roumaine, toutes créées par l'initiative privée et soutenues par les dons volontaires des particuliers. L'État magyar, pour empêcher les Roumains de se cultiver dans leur langue, a trouvé le moyen de supprimer presque toutes ces écoles. Et voici la façon machiavélique dont il s'y est pris. Au lieu d'en décréter brutalement la fermeture, il a fait semblant de les prendre sous sa protection. Sur la proposition de M. de Berzeviczy, le Parlement hongrois discuta une loi, déclarant qu'une école ne pourrait être ouverte que si elle remplissait certaines conditions hygiéniques très rigoureuses et, de plus, si chaque instituteur n'avait pas, dès le début, un traitement d'au moins 1.000 couronnes qui devait s'élever deux ans plus tard à 1.200 couronnes. Comme toutes les écoles roumaines existantes étaient fondées sur le sacrifice et que la plupart des maîtres, par patriotisme, se contentaient de traitements qui ne s'élevaient guère au-dessus de 400 couronnes, 3.000 écoles environ furent exposées à être fermées d'un seul coup. Cela provoqua dans le pays une telle agitation que le vote de la loi fut suspendu.

Mais le comte Apponyi, le même qui se trouve aujourd'hui dans l'opposition libérale, la reprit bientôt et elle fut votée. Le peuple roumain s'est imposé, cependant, de nouveaux sacrifices et la plupart des écoles supprimées ont pu être rouvertes. Comme jusqu'à ce jour les paysans roumains n'ont jamais voulu se résigner à envoyer leurs enfants à l'école magyare, le gouvernement a inventé quelque chose de nouveau. Il s'est mis à créer partout des *Kindergarten*, des jardins d'enfants, dans l'espoir que les bébés qui y seraient mis en garde par les mères roumaines, pendant les heures du travail aux champs, apprendraient tout naturellement le magyar et se révolteraient plus tard contre leurs parents. N'est-ce pas le comble de l'odieux ?

Jusqu'à ce jour, le gouvernement hongrois n'avait guère osé s'attaquer à l'Église roumaine. Mais voici que depuis quelque temps il fait tout son possible pour mettre la main sur elle. Les Roumains de Hongrie ont une organisation religieuse très originale et assez peu connue. A l'origine, ils étaient orthodoxes, comme leurs frères de la Valachie et de la Moldavie. Mais, il y a deux cents ans environ, 1 million 500.000 d'entre eux, espérant trouver dans le pape un appui contre l'oppression magyare, décidèrent de passer au catholicisme et de former ce qu'on a appelé « l'Église unie ». La liturgie de cette Église est en langue roumaine. Les prêtres ne sont pas obligés de rester célibataires ; ils ont même le devoir d'être mariés. Jusqu'à ces temps derniers, ils étaient entretenus uniquement par les fidèles. L'Etat hongrois n'avait aucune autorité sur eux.

Pour essayer d'en faire ses créatures, le gouvernement magyar a affecté, suivant sa tactique, de les prendre sous sa protection et a fait voter une loi leur accordant un traitement, qui varie de 60 à 1.200 couronnes par an. C'est au préfet qu'appartient le droit de fixer, selon les cas, le montant de l'indemnité. Mais ce moyen de corruption n'a pas suffi au gouvernement hongrois. Pour pouvoir détacher du bloc de la nation roumaine un certain nombre de paroisses, il n'a pas eu de repos jusqu'à ce qu'il ait obtenu, lui aussi, du pape, un évêché magyar uni.

Cet évêché n'avait absolument aucune raison d'être, car, à aucune époque de leur histoire, les Magyars n'ont été orthodoxes. Mais il y avait là-bas, dans le Nord de la Hongrie, environ 4.000 Ruthènes magyarisés, qui avaient été autrefois orthodoxes. C'est pour ces 4.000 Ruthènes que le gouvernement hongrois a demandé au Vatican la création d'un évêché magyar uni afin de pouvoir leur adjoindre vingt-deux paroisses roumaines, qui comptent une population de 80.000 habitants.

Pendant longtemps, le pape s'est opposé à cette prétention, mais, il y a quelques semaines à peine, sur les instances de son secrétaire d'Etat Merry del Val, et après avoir reçu une lettre de l'empereur François-Joseph, qui le priait de lui faire, avant sa mort, cette grâce, le pape Pie X a fini par consentir. Voilà donc 80.000 Roumains qui vont avoir pour évêque un Ruthène magyarisé, un renégat. Les esprits sont très alarmés et nos frères d'au delà des Carpathes sont prêts à tous les sacrifices pour défendre le droit à leur langue dans l'exercice du culte. Je ne serais pas étonné si c'était là le germe d'une petite révolution.

Les Hongrois auront-ils donc l'inconscience de provoquer chez eux, par leur politique injuste et intransigeante à l'égard des nationalités de leur royaume, des résultats semblables à ceux auxquels est arrivé l'Empire ottoman ? Ne voient-ils donc pas que le souffle d'indépendance et de liberté qui passe par les Balkans pourrait déchaîner, chez eux, un ouragan terrible, capable de tout emporter ?

CHAPITRE II

EN AUTRICHE

J'ai passé à Vienne les derniers jours du mois de décembre et les premières semaines du mois de janvier.

Le général Conrad Hetzendorf, *persona grata* de l'archiduc héritier François-Ferdinand, venait d'être replacé à la tête de l'état-major général, qu'il avait dû quitter sur la volonté du comte d'Æhrenthal. Le parti militaire réclamait encore à grands cris la guerre contre la Serbie et la constitution d'une Albanie autonome sous le protectorat de l'Autriche.

Mais le peuple viennois était indigné du cynisme avec lequel le bureau officiel de la presse au ministère des Affaires étrangères l'avait abusé en lui faisant croire que le consul Prochaska avait été honteusement mutilé par les Serbes, tâchant ainsi d'exploiter son patriotisme et sa fidélité à l'empereur. Les Slaves surtout protestaient hautement.

La politique de casse-cou du comte Berchtold avait déjà coûté des centaines de millions à l'Autriche. Les faillites succédaient aux faillites. Chaque jour augmentait le nombre des sans-travail. Jamais je n'ai vu à Vienne des fêtes de Noël aussi tristes.

Les organes gouvernementaux s'employèrent à cette époque à rassurer l'opinion publique, à lui dire que la crise était conjurée, que la guerre avec la Russie et la Serbie n'éclaterait pas et qu'il fallait comme d'habitude acheter des cadeaux de Noël et du premier de l'An... Affaires et patriotisme, telle était leur leitmotiv.

Cependant le gouvernement austro-hongrois ne se décidait pas à signer le décret de démobilisation. Le comte Berchtold parlait toujours des *intérêts vitaux* de la monarchie. Mais ce qu'il entendait par *intérêts vitaux*, il ne le disait pas. Le sphinx du Ballplatz gardait son énigme.

*
* *

LES RUINES DE LA PAIX ARMÉE

Vienne, 4 janvier.

La *Neue Freie Presse* vient de publier une revue économique de l'année 1912.

Les statistiques que contient ce travail, dans leur sécheresse et leur brutalité, nous montrent tout le mal causé à l'Autriche et à la Hongrie par la politique du comte Berchtold et de l'archiduc héritier François-Ferdinand. Depuis le mois d'octobre dernier, par suite de la baisse des cours de toutes les valeurs, à la Bourse de Vienne, la richesse nationale a subi une perte de 2 milliards 200 millions de couronnes (la couronne vaut un peu plus d'un franc). L'exportation de la monarchie, dans les Balkans, a baissé environ de 60 millions de couronnes. La monarchie a encore perdu dans les Balkans environ 75 millions de couronnes, par suite du moratorium qui permet aux alliés balkaniques de ne pas payer leurs créances avant la fin de la guerre. Un grand nombre de commandes ont été annulées, principalement dans les fabriques de machines et c'est encore pour la grande industrie une perte d'environ 10 millions de francs. Enfin, en octobre et en novembre, 52 millions de francs environ ont été retirés de douze grandes caisses d'épargne.

L'argent est donc devenu très rare et l'esprit d'entreprise, si hardi et si audacieux, principalement dans des pays neufs, comme la Bohême et la Galicie, est pour ainsi dire mort. On ne crée pas d'affaires nouvelles. Les affaires existantes subsistent à peine. Le nombre de faillites a considérablement augmenté et l'Autriche-Hongrie a encore perdu de ce fait 200 millions de couronnes de plus que les autres années.

Dans la seule industrie du papier, par exemple, alors que le bilan des fabriques déclarées en faillite s'élevait, en 1911, à 800.000 francs, il s'élève, cette année, à 7 millions 200.000 francs.

Si de tels désastres ont pu se produire, en temps de paix, que serait-ce en temps de guerre?

Une guerre sérieuse — comme le serait inévitablement une guerre contre les alliés balkaniques — coûterait à l'Autriche-Hongrie une somme d'au moins 2 milliards 200 millions de couronnes.

Pour trouver cette somme, le gouvernement ne pourrait guère compter sur un emprunt à l'étranger. Le dernier emprunt de 250 millions, que l'Autriche-Hongrie a tenté vainement de placer en France, vient de le prouver. Il ne pourrait pas non plus songer à contracter un emprunt à l'intérieur, car en temps de guerre chacun garde jalousement son argent pardevers soi, surtout dans un pays comme l'Autriche-Hongrie, où il n'existe pas vraiment de patriotisme austro-hongrois et où l'intérêt de chaque nationalité semble être en contradiction avec l'intérêt de toutes les autres. Force serait donc au gouvernement d'émettre de nouveaux billets de banque et d'en déclarer le cours forcé. Mais, comme l'encaisse métallique de la Banque austro-hongroise serait considérablement diminuée, par suite de la nécessité où se trouverait la monarchie de payer en argent comptant ses commandes à l'étranger, la somme totale des billets émis ne pourrait guère s'élever au-dessus de 1 milliard 150 millions de couronnes, c'est-à-dire à peine la moitié de ce dont le gouvernement aurait besoin pour faire la guerre.

L'auteur de cette statistique lugubre ne songe d'ailleurs guère à en déduire que cette folle politique est une erreur lamentable, un crime impardonnable contre la nation. Il se console d'une boutade en rappelant ce mot de l'historien allemand Lamprecht, que le manque d'argent n'a jamais empêché un peuple de faire une guerre.

Mon excellent ami Alfred-H. Fried, le dernier lauréat du prix Nobel de la paix, avec qui je causais aujourd'hui de ces choses, m'a dit :

« Les partisans de la guerre nous font le reproche de méconnaître les réalités ; mais, en vérité, c'est nous qui sommes les réalistes. Nous dressons des statistiques, nous énumérons des chiffres, nous évaluons d'une façon rigoureuse tous les risques et nous déclarons que tout bien pesé, la guerre est encore et toujours la façon la plus mauvaise de résoudre les difficultés. Ces gens-là s'imaginent, bien à tort, que, pour ouvrir à notre commerce et à notre industrie de nouveaux débouchés dans les Balkans, il leur faut conquérir ces pays ou leur faire violence. Le seul moyen de faire de son voisin un client, c'est de le traiter en ami. Par la légèreté avec laquelle nos diplomates refusent, dans les questions de la paix ou de la guerre, de tenir compte du facteur économique, de beaucoup le plus important, ils ruinent le pays. Mais les catastrophes financières qui se succèdent sans interruption depuis plusieurs semaines les forceront bien à ouvrir les yeux, et alors ils seront bien obligés de reconnaître que c'est eux qui se perdent dans les nuages et que c'est nous qui sommes toujours restés sur le terrain solide de la réalité. »

Ces paroles d'un pacifiste célèbre, tout le monde les pense ici ; mais « tout le monde » n'a ici aucun moyen de faire triompher ses idées. Voilà pourquoi beaucoup de bons esprits voient encore ici l'avenir sous les couleurs les plus noires.

* * *

DUALISME OU TRIALISME ?

Vienne, 9 janvier.

Il existe encore à Vienne et à Budapest, malgré le degré d'avilissement où est tombée la presse d'Autriche-Hongrie, quelques rares journaux qui ne se contentent pas de développer à l'infini, comme des écoliers, le thème que le gouvernement ne manque pas chaque jour de leur donner et qui ont le courage de penser par eux-mêmes, de comprendre qu'après Koumanovo et Kirk-Kilissé, les temps sont changés et qu'à une situation nouvelle, il faut pour l'Autriche-Hongrie une politique nouvelle.

Jusqu'ici, en théorie, les douze ou treize nationalités qui composent l'Autriche-Hongrie, Allemands, Tchèques, Ruthènes, Roumains de Bukovine et Roumains de Transylvanie, Italiens, Magyars, Croates, Slovènes, Slovaques, Saxons de Transylvanie, Serbes du Banat et de Dalmatie, Serbes orthodoxes et mahométans de Bosnie et d'Herzégovine, sans compter les juifs, devaient jouir de droits égaux à leur développement national et à leur culture nationale, aucun ne devant d'ailleurs empiéter sur les droits des autres. Ils sont, aux yeux du souverain, comme les membres d'une même famille, dont aucun ne doit être avantagé au détriment des autres, et le vieil empereur François-Joseph, pour ne pas faire de jaloux, se fait aussi appeler roi de Bohême, de Galicie, d'Illyrie, de Hongrie, etc. On n'a qu'à voir, à ce sujet, les pièces de monnaie. Mais, dans la pratique, il en va tout autrement, et le vieil empire des Habsbourg, au lieu de former, comme cela devrait être, une confédération harmonieuse de peuples frères, repose, en réalité, depuis le compromis de 1867, sur le régime du dualisme qui a partagé l'empire en deux États quasi-indépendants, l'Autriche et la Hongrie, et qui assure la prédominance politique, en Autriche, à la nation allemande, et, en Hongrie, à la nation magyare. Aux yeux de ces deux nationalités privilégiées, qui ne justifient leur position que par la raison du plus fort, les droits des autres nationalités n'existent pas et, depuis près d'un siècle, toute l'histoire de l'Autriche et de la Hongrie est remplie des efforts héroïques des diverses nationalités opprimées pour reconquérir leur liberté et défendre leur existence nationale.

Mais voilà que la guerre balkanique, dont les résultats merveilleux ont dérouté les sphères officielles de Vienne et de Budapest, lesquelles s'étaient longtemps bercées dans cette douce illusion que les Slaves du Sud étaient une masse amorphe, incapable d'organisation et par suite souverainement méprisable, voilà, dis-je, que la guerre est venue réveiller l'enthousiasme de tous les jugo-slaves et accroître leur force de résistance. Devant cette situation nouvelle que devait faire le gouvernement impérial? Dans un article récent, qui est bien ce qui a été écrit de plus intelligent depuis des mois dans la presse autrichienne, la *Zeit* a très honnêtement répondu à la question.

L'un des premiers enseignements de la guerre balkanique, dit-elle, c'est que l'attitude du gouvernement austro-hongrois, à l'égard des Slaves du Sud de la monarchie et des populations de la Croatie, de la Dalmatie et de la Bosnie-Herzégovine, doit être radicalement changée. En quoi doit consister cette évolution? La réponse que fait la *Zeit* à cette question montre toute sa clairvoyance. Le gouvernement impérial, dit-elle, doit-il se contenter d'améliorer la situation économique et les conditions matérielles de ces populations encore misérables? Doit-il se contenter de leur donner des routes, des chemins de fer, des écoles, une meilleure administration? Non, cela ne suffit pas; cela n'est même pas l'essentiel. Pour se concilier définitivement ces populations maltraitées, pour pouvoir compter sur leur loyalisme, il faut pratiquer à leur égard une politique plus démocratique. Voilà, en effet, la seule solution. Qu'est ce qui fait qu'en dépit des avantages matériels dont ils jouissent dans la monarchie des Habsbourg, les Serbes de Bosnie, d'Herzégovine et de Dalmatie tournent maintenant leurs yeux vers un pays pauvre comme la Serbie et considèrent leur réunion avec ce petit État comme leur idéal? La raison en est dans ce fait que la Serbie est peut-être la nation la plus démocratique du monde. Dans ce pays, les distinctions sociales sont à peu près inconnues. Tous les citoyens, depuis le roi jusqu'au dernier des paysans, se considèrent presque comme des égaux. « Les Serbes, disent-ils avec fierté, n'ont pas d'aristocratie, car nous sommes tous nobles. »

Par contre, l'Empire d'Autriche-Hongrie, malgré les apparences d'un régime constitutionnel et parlementaire, est encore le pays par excellence de l'absolutisme. Les Chambres ne sont là que pour la forme. Le pouvoir est en réalité aux mains d'une camarilla féodale et cléricale, dont les créatures occupent toutes les fonctions de l'État, depuis le poste de gouverneur de province (une sorte de vice-roi souvent plus capricieux et plus autoritaire que le prince) jusqu'au dernier des cantonniers et des agents de police.

Personne ne peut songer à entrer dans les cadres de cette terrible et toute-puissante administration, s'il ne montre patte blanche, c'est-à-dire s'il ne donne pas des garanties de cléricalisme et s'il ne promet pas de défendre, au besoin contre ses propres frères de race, les intérêts de l'une des deux nationalités dominantes, allemande ou magyare. Encore se méfie-t-on des fonctionnaires qui appartiennent par leurs origines à l'une de ces nationalités opprimées.

La *Zeit* le fait remarquer avec juste raison. Tandis qu'en Serbie chaque fils du peuple, s'il a pour cela le talent et l'intelligence suffisants, peut aspirer à devenir premier ministre, en Bosnie et en Herzégovine un fonctionnaire de nationalité serbe n'a pas le droit d'arriver au grade de chef de bureau dans une préfecture. Aurait-il l'intelligence de Pachitch ou de Milovanovitch, il doit toute sa vie moisir dans les emplois inférieurs.

Un tel état de choses ne peut pas durer. Il faut que la monarchie des Habsbourg change radicalement sa politique à l'égard des Slaves du Sud, sinon elle se retrouvera bientôt en Croatie, en Dalmatie, en Bosnie-Herzégovine, en présence d'un nouvel irrédentisme à côté duquel l'irrédentisme des Italiens de Trente et de Trieste, pourtant si redoutable, ne serait qu'un danger insignifiant.

CHAPITRE III

EN ITALIE

Quand arriva la dénonciation de l'armistice je me trouvais à Rome, où de grands hommes politiques tels que MM. Luzzati, Barzilaï, Enrico Ferri m'exprimèrent leur vive sympathie pour la cause des peuples balkaniques et en même temps toute la joie que leur causait la création d'un comité France-Italie, dont l'initiative était due à MM. Stéphen Pichon et Barthou.

Une partie de l'opinion publique blâmait le gouvernement d'avoir accepté longtemps avant l'échéance le renouvellement de la Triplice et de faire de l'Italie le trop fidèle satellite de l'Autriche dans la question d'Albanie.

Après avoir longuement causé avec le ministre de Bulgarie à Rome M. Rizoff, qui m'exprima son espoir de voir l'Union balkanique subsister après la guerre, je me rendis à Naples, où je m'embarquai à destination de Constantinople sur un bateau des Messageries maritimes.

L'IDÉAL ET LE CRÉDIT

*Interview de M. Luzzati,
ancien président du Conseil des ministres.*

Rome, 1ᵉʳ février.

J'ai eu la bonne fortune de rencontrer aujourd'hui M. Luzzati, député au Parlement italien, chef du parti libéral et prédécesseur de M. Giolitti à la présidence du Conseil. Bien que l'éminent homme d'Etat, qui jouit en France et dans l'Europe entière d'une si grande réputation, non seulement comme homme politique, mais encore comme savant et comme économiste, ait pris pour règle, ces temps derniers, de se refuser à toute interview, je n'ai pu résister à la tentation de lui demander son opinion sur la situation internationale actuelle.

Voici ce que, très aimablement, il a bien voulu m'autoriser à publier :

« La diplomatie européenne, me dit-il, fait preuve de plus de sagesse qu'on ne l'aurait crue capable et, heureusement, elle met tout en œuvre pour empêcher un conflit d'éclater entre les puissances. Celles-ci auraient bien l'intention de se diviser mais, au moment de la rupture, un rayon de sagesse les illumine et elles sentent la nécessité de se remettre d'accord.

« Les Jeunes-Turcs auraient tort, je crois, de spéculer sur la possibilité d'un désaccord entre les puissances. J'ai la conviction que, quoi qu'il arrive, celles-ci resteront unies, et c'est pourquoi je vois l'avenir sans pessimisme. »

Je demandai alors à M. Luzzati, qui a tant d'amis en France parmi les hommes d'État et de science et qui a été, avec M. Visconti-Venosta et M. Barrère, le véritable artisan du rapprochement franco-italien, ce qu'il pensait des rapports actuels de l'Italie et de la France.

« Il vaut mieux, me dit-il, ne pas en parler. La situation est trop délicate. Il y a un an encore, l'accord parfait régnait entre nos deux pays.

« Lorsque M. Jean Carrère fut légèrement blessé à Tripoli, toute l'Italie, de Palerme à Venise, se rappelant ses correspondances favorables à l'Italie publiées dans un grand journal parisien, a tressailli, et lorsqu'il est arrivé à Rome, il a été salué par les acclamations de plus de 30.000 personnes. Pétrarque lui-même, lorsqu'il vint au Capitole pour recevoir sa couronne de lauriers, ne fut pas l'objet d'une reception plus enthousiaste.

« Pourquoi, depuis, la situation a-t-elle changé ? Il faudrait tout un volume pour l'expliquer. Je crois que le mieux est de se taire. Le temps est le grand médecin qui guérit chez les nations faites pour s'entendre et pour s'aimer toutes les blessures d'amour-propre et de dignité froissée. Nous attendons maintenant l'occasion favorable pour faire fonctionner le Comité italo-français qui complétera l'œuvre si utile du Comité France-Italie, présidé par mon excellent ami M. Pichon, et j'espère que d'ici peu, le nuage qui a obscurci quelque temps le ciel de nos relations aura complètement disparu. »

Comme M. Luzzati refusait énergiquement de s'aventurer plus avant sur le terrain de la politique, j'essayai de l'attirer sur le terrain de l'économie politique et je lui demandai quelle leçon on pouvait tirer, selon lui, au point de vue économique et financier, de la guerre balkanique actuelle.

« Cette guerre, me répondit-il, nous a démontré une fois de plus ce qu'avait déjà merveilleusement prouvé la guerre de Tripolitaine, c'est-à-dire l'énorme puissance de crédit de l'idéal. Voyez, ajouta-t-il d'une voix toute vibrante du plus pur accent patriotique, ce que nous avons fait, nous, Italiens. Nous avons émis dernièrement pour plus de 700 millions de bons du Trésor, remboursables dans cinq ans, et nous avons aussi augmenté la somme des bons ordinaires dont l'émission est autorisée par la loi; de sorte qu'il s'est agi d'un emprunt de près de 800 millions en une année et demie.

« Pour couvrir cet emprunt nous avons fait appel uniquement au marché intérieur, laissant aussi surpris et, j'espère, aussi dépités, tous les prophètes de malheur qui annonçaient que nous serions bientôt obligés de faire appel à la grande puissance des banques étrangères et de nous soumettre à toutes leurs conditions. Nous avons fait notre emprunt au taux de 4 p. 100 bien inférieur aux conditions exigées dernièrement de l'Autriche et de la Hongrie par certaines banques étrangères et je ne crois pas que les banques françaises feraient des conditions meilleures à leur gouvernement s'il leur demandait une somme aussi élevée.

« Vous voyez qu'aussi, en matière financière, *l'Italia fa da se*. Elle ne compte que sur elle-même. Cet effort n'aurait pas été possible sans une grande puissance d'idéal.

« La conduite du Trésor italien dans la dernière guerre a, d'ailleurs, été exceptionnellement prudente et habile. Une grande partie des 800 millions empruntés a été employée aux dépenses ordinaires pour la construction de chemins de fer et les frais de guerre ont été pour plus de 200 millions jusqu'à ce jour couverts par les excédents des recettes ordinaires du budget.

« C'est aussi l'idéal qui a augmenté et augmentera encore d'une façon considérable le crédit des États balkaniques. Ce qui m'a le plus frappé dans la situation financière et économique de ces États, c'est de voir comment la Grèce, en dépit de la guerre, a pu soutenir la parité de son change et la solidité de sa circulation monétaire, de telle sorte que la drachme en papier garde la même valeur que la drachme en or. La chose est d'autant plus étonnante, qu'en 1895 le papier grec perdait 1,90 p. 100 et qu'en 1903 il perdait encore 1,30 p. 100.

« Ce fait serait inexplicable si l'on ne comprenait quelle est la grande puissance de crédit de l'idéal. »

Voilà la belle conclusion à laquelle était arrivé l'un des économistes dont l'opinion a le plus de poids dans l'Europe entière. Je dois vous avouer que, malgré les excuses que je lui adresse de m'être montré si pressant, je n'ai pas la force de regretter mon instance. Il me semble, en effet, qu'il se dégage de ces paroles un magnifique enseignement. Elles doivent nous être, selon moi, un avertissement d'entretenir soigneusement chez nous, comme l'ont fait les Italiens et les peuples balkaniques, le culte de l'enthousiasme et le souci de la dignité morale, car, même du point de vue le plus terre à terre, c'est encore le meilleur placement.

TROISIÈME PARTIE

DE LA REPRISE DES HOSTILITÉS AU SECOND ARMISTICE

CHAPITRE PREMIER

EN TURQUIE

Le 14 février, après un voyage de huit jours sur la Méditerranée, je débarquais à Constantinople. Je devais y rester plus de deux mois.

J'avais cru arriver dans une cité affolée par le danger et le désespoir, je tombai dans une ville très calme et qui paraissait totalement indifférente au drame, qui achevait de se dérouler à quelques kilomètres de là, à Boulayr et à Tchataldja.

Péra riait et dansait comme de coutume. A Stamboul les Turcs gardaient toujours le même masque d'impassibilité et d'indifférence.

Le Comité de défense nationale, qui siégeait en permanence, faisait de vains efforts pour galvaniser le peuple.

Le gouvernement était à bout de ressources et réduit à vivre d'expédients. Les querelles politiques entre Jeunes-Turcs et Ententistes affaiblissaient encore le pouvoir et, dès le 11 mars, j'étais à même d'annoncer le danger qui menaçait Mahmoud Chevket-Pacha. Les luttes intestines, le manque d'argent et de soldats exercés, l'absence de sentiment national, tout semblait rendre la résistance de la Turquie impossible. Au café Tokatlian les correspondants de guerre passaient leurs journées à attendre la conclusion de la paix en faisant des paris.

Cependant de nouvelles recrues arrivaient sans cesse d'Asie.

Les Bulgares stationnaient devant Boulayr et reculaient devant Tchataldja. L'armée ottomane réoccupait les positions abandonnées par l'ennemi.

La chute de Janina et celle d'Andrinople n'arrivaient pas à plier l'orgueil ottoman. Un moment, vers le milieu du mois d'avril, lorsqu'à la fonte des neiges les Bulgares reprirent l'offensive devant Tchataldja, on crut à Constantinople que l'entêtement des Jeunes-Turcs à vouloir continuer la guerre, consommerait la ruine de la Turquie et que l'ennemi, après avoir forcé les lignes de Tchataldja, célébrerait les Pâques orthodoxes dans Sainte-Sophie rendue au culte chrétien.

Pourtant le miracle inattendu se produisit. L'intervention de la Russie et la difficulté de vaincre les Turcs à Tchataldja arrêtèrent les Bulgares sur le chemin de Byzance.

A la guerre contre l'Empire ottoman allait succéder la querelle entre les alliés. La Turquie devait en profiter pour réoccuper Andrinople. L'entêtement des Jeunes-Turcs ne serait-il pas une preuve que dans la vie il ne faut jamais s'avouer vaincu et qu'il est sage de s'obstiner à espérer contre toute espérance ?

LA TORPEUR ORIENTALE

Constantinople, 16 février.

J'avais emporté de la Bulgarie comme de la Serbie le souvenir d'une nation en armes. Là-bas, tous les citoyens, hommes et femmes, vieillards et enfants n'ont, en ce moment, qu'une pensée, qu'un souci : la défense de la patrie. Pendant que les hommes valides sont presque tous sur le champ de bataille et les femmes dans les hôpitaux, les vieillards de 60 ans eux aussi montent la garde dans les rues des villes ou le long des lignes de chemin de fer et les enfants eux-mêmes sont employés à conduire les convois de vivres et de munitions traînés par des buffles.

Une nation, un homme, une volonté, un cœur : voilà comment on pourrait résumer, depuis le début de la guerre, l'attitude des pays alliés.

Le contraste est saisissant quand on arrive ici. Presque rien à Péra, à Galata, ni même à Stamboul ne rappelle l'image de la guerre. Presque personne n'a l'air de se préoccuper du grand drame qui se joue à quelques kilomètres à peine de la capitale et dans lequel menace de sombrer un empire plusieurs fois séculaire.

Pendant mon dernier voyage, dans les ports où nous faisions escale, il nous arrivait toutes sortes de bruits fantastiques : de grands massacres ont eu lieu à Gallipoli, Constantinople est prise de panique, tout un quartier de Stamboul est en flammes et certains d'entre nous prédisaient que nous assisterions, lors de notre arrivée à la Corne-d'Or, à un embrasement général de la Rome musulmane.

Fantaisies que tout cela ! Produit de l'imagination surexcitée par l'anxiété et par la distance.

La vérité est que la population est ici très calme et ne semble même pas se rendre compte de la gravité de la situation actuelle. Je ne parle pas seulement de Péra, la ville européenne où l'élément turc semble être à peu près absent et où les étrangers et les raïas grecs, arméniens, syriens, juifs, etc., vaquent à leurs occupations et à leurs plaisirs avec la même indifférence pour le sort de la Turquie hospitalière et le même sentiment de sécurité que s'ils se trouvaient à Paris ou à Londres. Mais même à Stamboul, aux alentours de Sainte-Sophie et de la Sublime Porte, presque rien ne rappelle l'image de la guerre. On rencontre bien de loin en loin quelque soldat à barbe hirsute qui, vu de dos, avec sa capote grise et son capuchon, a l'air d'une sorte de moine coiffé d'une cagoule. Mais ce fantôme dont la présence étonne quelque peu une fois disparu, il ne reste qu'une foule grouillante et silencieuse de gens parfaitement détachés, au moins en apparence, des choses de ce monde, qui ont l'air d'attendre et d'accepter l'arrêt du destin avec une résignation fataliste.

Tout cela n'est peut-être qu'une apparence. Les Musulmans savent peut-être cacher sous le masque de l'impassibilité la douleur profonde qui torture leur cœur. N'empêche que lorsqu'on s'est promené toute une journée comme je l'ai fait aujourd'hui à travers toute la ville de Stamboul sans noter un regard méchant et l'expression d'une profonde douleur, on finit par se laisser gagner insensiblement par l'impression de sécurité, de fausse sécurité peut-être, répandue sur tous les visages. On se demande pourquoi ces cuirassés étrangers que l'on voit orgueilleusement ancrés au delà de la Corne-d'Or, et l'on a toutes les peines du monde à se rappeler que l'on a vu, la veille encore, tout le long des Dardanelles, sur la côte de la presqu'île de Gallipoli, des patrouilles attentives de fantassins et de cavaliers occupées à la chasse à l'homme, des tentes plantées dans un repli de terrain dans la neige et la boue dont la toile était mélancoliquement fripée par le vent, des convois de l'intendance, des bateaux destinés au transport des troupes d'Asie Mineure, des cuirassés à l'affût dans une anse, des projecteurs dont les yeux puissants fouillaient les secrets de l'horizon, tout ce qui donne un avant-goût des horreurs de la guerre.

* *

VERRONS-NOUS A CONSTANTINOPLE UN NOUVEAU COUP DE FORCE ?

Péra, 11 mars.

A propos du complot contre le gouvernement jeune-turc découvert, il y a quelques jours, par le grand vizir, il importe de signaler que l'esprit de mutinerie et de révolte existe dans les sphères politiques de l'Empire à l'état latent et que le régime des coups d'État et des pronunciamientos ne semble pas près de prendre fin en Turquie.

Je suis en mesure, à ce sujet, de vous donner aujourd'hui quelques renseignements très précis dont l'extrême importance ne vous échappera pas. D'après des nouvelles que je tiens de la meilleure source, je crois d'abord pouvoir vous affirmer que la Ligue militaire est de nouveau constituée ; que 70 p. 100 des officiers de l'armée ottomane lui ont apporté leur adhésion et promis leur appui.

La Ligue militaire, vous le savez, n'a pas de programme politique précis. Elle se rallie à tous les programmes libéraux et elle prête son concours aussi bien aux ententistes qui veulent une politique d'entente entre les diverses nationalités de l'Empire qu'au parti décentralisateur du prince Sabah-Eddine qui veut l'autonomie absolue des diverses nationalités et des différentes provinces de l'Empire. Mais il y a un parti auquel la Ligue militaire est nettement hostile, un parti qu'elle veut tâcher d'annihiler à tout prix : c'est celui qui est actuellement au pouvoir, le parti Union et Progrès. C'est la Ligue militaire, on s'en souvient, qui, fatiguée de voir le pays gouverné par un pouvoir occulte, un comité secret et irresponsable, chassa l'an passé du pouvoir le parti jeune-turc et appela au grand vizirat Mahmoud-Mouktar-Pacha.

Au commencement de la guerre balkanique, les membres de la Ligue militaire, estimant à juste titre qu'il aurait été criminel de leur part de faire de la politique quand la patrie était en danger, déclarèrent leur ligue dissoute. Mais lorsque tout récemment les Jeunes-Turcs, après l'assassinat du généralissime de l'armée ottomane Nazim-Pacha, eurent repris le pouvoir et rendu la reprise des hostilités inévitable, un vif mécontentement se manifesta parmi le corps des officiers de l'armée de Tchataldja et il est exact, m'affirme-t-on, que quelques-uns d'entre eux songèrent à marcher sur Constantinople. Cependant le sentiment du devoir envers la patrie l'emporta sur leurs rancunes personnelles et sauf quelques rares exceptions, la plupart restèrent à leur poste.

Le grand vizir Mahmoud-Chevket-Pacha prenait,

entre temps, des mesures pour éloigner de l'armée les officiers dont il connaissait les opinions nettement hostiles à son égard, particulièrement Djémil-Bey, fils de l'ancien ambassadeur à Paris, Munir-Pacha. C'est de lui, paraît-il, que serait partie l'initiative de reconstituer la Ligue militaire, reconstitution qui est, en ce moment, un fait accompli. De Constantinople, où il se trouvait en congé depuis la bataille de Viza, à laquelle il avait pris une part héroïque, Djémil-Bey envoya des circulaires à ses amis. Plusieurs lui firent parvenir des réponses encourageantes. L'effervescence s'empara peu à peu de tout le corps des officiers et bientôt, je le répète, 70 p. 100 d'entre eux — le chiffre m'a été donné par un général — promirent leur adhésion et leur appui à la Ligue. Le chef de la Ligue militaire ainsi reconstituée ne serait autre que le colonel Sadik, l'un des fondateurs du comité Union et Progrès, qui se détourna de son œuvre quand il la vit s'engager dans des voies, selon lui, dangereuses pour le salut de la patrie ottomane, et qui jouit parmi ses frères d'armes d'une immense popularité. Le but de la Ligue est de renverser le gouvernement jeune-turc. Pour cette tâche, il est tout naturel qu'il marche la main dans la main avec les ententistes.

On me dit aussi que, de son côté, le prince Sabah-Eddine, bien qu'il aille plus loin que les ententistes dans la voie de la décentralisation, leur aurait promis l'appui de son parti pour la lutte contre le parti Union et Progrès. En réalité, on ne peut pas affirmer qu'il y ait là un complot contre le gouvernement actuel; mais il y a contre lui une union, une coalition de tous ses adversaires.

Le danger est connu de Mahmoud-Chevket-Pacha. Lui sera-t-il possible de le détourner? La haute personnalité qui me donne ces renseignements en doute, car le gouvernement se trouve en face d'une opposition et d'une résistance légales.

Au dire de mon interlocuteur le complot récemment éventé par Mahmoud-Chevket-Pacha aurait été inventé par le gouvernement qui aurait été heureux de saisir cette occasion pour coffrer tous les ententistes. Il n'a pu faire arrêter que six personnages de second plan, dont un portefaix, lesquels avaient été dénoncés à la Sublime Porte par un certain Moustapha, que les ententistes employaient à porter des lettres. Il semble, d'ailleurs, que le gouvernement soit assez embarrassé de cette maigre capture.

Je suis en mesure de vous affirmer qu'avant de déférer les inculpés à la cour martiale, le grand vizir a pris conseil du chef du contentieux du ministère des Affaires étrangères et que celui-ci a répondu : « L'intention n'est pas punissable. » Or, s'il y a peut-être eu intention de complot, il n'y a pas eu commencement d'exécution. Il est probable que le gouvernement, par mesure de sécurité publique, se contentera d'exiler les prisonniers sans leur faire plus grand mal. Pour le moment, il n'y a donc pas de complot ou s'il y en a un, le gouvernement ignore où en sont les membres.

Mais il y a une Ligue militaire reconstituée et une union de la Ligue avec les ententistes et le parti décentralisateur du prince Sabah-Eddine. Ces partis n'useront-ils que des moyens légaux pour reprendre le pouvoir ? Ils le disent. Il se pourrait cependant qu'ils eussent autre chose en tête.

Un des chefs du parti ententiste m'a affirmé : « Nous avons 800 fédaïs à notre service. »

Les fédaïs sont des gens qui ont juré de sacrifier leur vie pour une cause. Cela ne laisse pas d'être grave, surtout si l'on songe qu'il a suffi aux Jeunes-Turcs de quelques centaines d'hodjas et d'ulémas pour faire leur dernier coup d'État et s'emparer du pouvoir.

Quant aux chefs de la Ligue militaire, d'accord avec les ententistes, ils ont écrit à Kiamil-Pacha pour le prier de retourner à Constantinople dans l'intérêt de la patrie et ils lui ont offert de constituer un cabinet libéral avec Choukri-Pacha, l'héroïque défenseur d'Andrinople, ou Omer-Yaver-Pacha comme ministre de la Guerre. En tout cas, quelle que soit la réponse du vieux Kiamil, les adversaires du nouveau gouvernement jeune-turc n'agiront qu'après la guerre. Il est probable qu'à ce moment la Ligue militaire invitera purement et simplement le gouvernement à quitter le pouvoir et comme la majorité des officiers est opposée au gouvernement actuel, on espère dans les milieux ententistes que les Jeunes-Turcs s'en iront sans opposer de résistance. Tout se passerait sans secousse.

Mon intention n'est pas de jouer au prophète ni de prendre parti dans les querelles intérieures de la Turquie. Je me borne à vous transmettre sur la situation actuelle des renseignements dont la plupart sont encore inédits et que je tiens de la meilleure source. Et l'avenir nous prouvera si les ententistes ne sont pas trop optimistes [1].

***

LES RÉFUGIÉS DE TOP-HANÉ

Péra, 16 mars.

Ce matin, passant devant l'École d'arts et métiers de Top-Hané, je vis, arrêtée devant la porte, la voiture

---

[1] Le 11 juin 1913, le grand vizir Mahmoud-Chevket-Pacha fut objet d'un attentat. Il succomba à ses blessures.

de l'ambassade de France. Je savais que la caserne contenait plusieurs centaines de réfugiés de Thrace et Macédoine qui avaient fui à l'approche des armées grecques, serbes, bulgares.

Le cocher me dit que Mme Bompard était venue pour visiter et consoler ces malheureux à l'installation desquels elle porte un intérêt tout particulier. Je montai sur la terrasse et je découvris un spectacle touchant : l'ambassadrice, en blouse blanche, au milieu d'une nuée d'enfants en guenilles qui jetaient vers elle des regards suppliants.

« Je les ai rassemblés, me dit-elle en me tendant la main, pour voir ceux qui ont le plus besoin de nouveaux vêtements, mais hélas ! Ils sont tous également misérables. »

Nous entrâmes dans la caserne, pour visiter le campement. Ce que je vis dépasse en horreur tout ce qu'il est possible d'imaginer.

Dans un dortoir immense, divisé en deux rangées séparées par un couloir central, une centaines d'émigrants, vieillards cacochymes, enfants au maillot, femmes en couches, jeunes gens et jeunes filles émaciés par les privations et dévorés par la fièvre, gisaient pêle-mêle sur de simples nattes dans la promiscuité la plus écœurante. Les plus cossus se sont fait avec des toiles d'emballage une espèce de tente qui les sépare du voisin et leur donne la sensation d'avoir un chez soi. Mais tous les membres de la même famille, souvent huit ou dix personnes, vivent les uns sur les autres dans un espace de quelques mètres carrés à peine. Ils sont couchés ou accroupis à la mode arabe et leur face camarde présente l'expression du parfait hébétement. L'atmosphère est empuantie.

« Ces malheureux, me dit le docteur de Kergos,

directeur de l'hôpital de la Paix, qui nous accompagnait, ne sont guère à leur aise, mais il était impossible de faire pour eux davantage. Les réfugiés sont trop nombreux dans la capitale. Songez qu'il en est passé de 300.000 à 400.000 à Constantinople depuis le début de la guerre et qu'en ce moment il y en a bien encore une centaine de mille qui sont répartis dans les casernes et les mosquées de la capitale. Encore ceux d'ici sont bien heureux d'avoir un toit en comparaison de ceux qui sont campés en plein air au delà de la grande muraille, dans la boue et dans la neige. La municipalité leur fournit tous les jours du pain et du pétrole pour s'éclairer jusqu'à neuf heures du soir.

« De plus, Mme Bompard leur fait distribuer tous les soirs un repas chaud, leur donne des vêtements et du linge et leur assure des soins médicaux. Les maladies infectieuses, surtout la fièvre typhoïde et la variole, font sur ces malheureux épuisés par les privations beaucoup de ravages. Dès qu'un cas se déclare, le patient est immédiatement isolé et transporté dans l'un des hôpitaux organisés par la France. Malheureusement, vu l'état de promiscuité dans lequel vivent ces pauvres diables, il est impossible de prendre les mesures prophylactiques qui empêcheraient radicalement le fléau de s'étendre. Aussi, n'y a-t-il guère de famille qui, depuis son arrivée ici, n'ait quelque perte à déplorer. »

Pendant que j'écoutais ces choses attristantes, Mme Bompard allait de famille en famille, s'enquérant de la santé, des besoins et des soucis de chacun. Une vieille femme, à la peau ridée et ratatinée, au nez crochu, le vrai type de ces sorcières du moyen âge qui, la nuit, s'envolaient à cheval sur un balai pour assister au Sabbat, lui prend la main et la baise dévotement. Le kavas de l'ambassade, un Albanais qui parle toutes les langues de la Macédoine, traduit les remerciements que cette vieille exprime dans un style imagé et lyrique pour une robe que Mme Bompard a bien voulu lui apporter. Un vieillard à barbe blanche exprime aussi la joyeuse surprise qu'une « si noble dame » ait daigné se déranger pour aller le voir lorsqu'il était malade à l'hôpital et jure qu'il lui en gardera une éternelle reconnaissance.

Plus loin, un paysan robuste, à l'air très doux, remercie l'ambassadrice des soins qu'elle a donnés à son enfant qui vient de mourir et dont la perte le laisse inconsolable.

De tous les grabats grouillant de monde s'élève un concert de remerciements et de louanges.

Avant de quitter cette salle, j'interroge un paysan musulman, qui est debout au milieu de sa famille. Il est originaire de Koumanovo. Blond, avec les yeux bleus, assez élégant, le pardessus dont il s'est affublé lui donne plutôt l'air d'un bourgeois que d'un paysan. Il me dit qu'il possédait une grande ferme avec plusieurs charrettes, plusieurs paires de bœufs, des cochons, un troupeau de moutons et une grande volière. A l'approche des Serbes, il a pris peur, et, pour échapper au massacre qu'il croyait inévitable, il a tout abandonné et il est parti sans ressources, droit devant lui, avec toute sa famille, et, me désignant un petit homme chauve à la face blafarde d'eunuque accroupi à côté d'une femme encore jeune, qui s'était précipitamment voilée à notre approche et qui berçait dans ses bras un paquet de linges informes au milieu duquel vagissait un enfant, il me dit : « C'est mon beau-frère. Cette dame à côté est la femme d'un voisin qui a perdu son mari à Uskub. Elle ne sait comment le retrouver. »

Et comme l'ambassadrice lui demandait s'il n'avait besoin de rien, le chef de famille répondit qu'il voudrait bien partir pour l'Asie. « Un de nos parents, dit-il, nous a écrit d'aller le voir dans les environs de Smyrne, et il a loué deux chambres pour nous. »

Mme Bompard lui dit qu'il pourrait partir le lendemain et qu'elle lui donnerait un billet de chemin de fer et quelque argent pour lui et tous les membres de sa famille.

Au premier étage, même spectacle lamentable. Ces pauvres diables, me dit-on, sont tellement ahuris et désemparés qu'ils ne font plus leurs ablutions, ni leurs prières aux heures prescrites. Jamais peut-être misère humaine ne m'avait aussi profondément ému. Jamais je n'avais compris comme en ce moment tout ce qu'il y a d'horrible et de cruel dans la guerre, qui ne se contente pas de frapper les combattants, mais qui plonge encore dans la détresse et le désespoir un tas de pauvres êtres sans défense.

Heureusement, me dit-on, que tous ces fugitifs n'ont pas conscience de leur affreuse misère et qu'ils en souffrent bien moins que ne feraient des Occidentaux. Les Turcs n'ont pris racine nulle part. C'est sans regret qu'ils abandonnent les champs qu'ils cultivent depuis des siècles et qu'ils retournent à la vie nomade, et puis leur calme imperturbable, leur inaltérable patience qui n'est qu'une forme de leur fatalisme, de leur résignation à la volonté d'Allah, leur fait supporter les plus douloureuses épreuves sans qu'ils aient l'idée de se révolter ou de se plaindre. Ce sont des sages.

En sortant, Mme Bompard me montre, dans un coin de la cour, deux personnages étranges qui me semblent pousser jusqu'à ses extrêmes limites cette sagesse. Ce sont deux Boukkhariotes, deux frères aux yeux brillants et à la barbe en pointe. Depuis leur arrivée ici, il y a quelques semaines, ils se sont installés au bout de la terrasse, derrière une toile qui les dérobe à la vue des autres fugitifs, et ils n'en ont pas bougé. Je m'approche pour voir ces créatures si bizarres. L'un est en train de dormir, l'autre, accroupi sur ses talons, pique comme un oiseau, avec un bec formé du pouce et de l'index, dans un pain de munition placé devant lui et qu'il mettra ainsi toute la journée à dévorer. Ma curiosité l'incommode. Il me regarde d'un œil courroucé, et je m'en vais pour ne pas troubler plus longtemps sa quiétude.

* * *

AU CAMP DE SAN STEFANO

Péra, 24 mars.

Un étranger qui tomberait de la lune ou de la planète Mars à Constantinople, sans rien savoir de nos affaires terrestres, pourrait se promener des semaines entières à Péra, Stamboul et Scutari, les trois grands quartiers de la capitale ottomane, sans s'apercevoir le moins du monde que la Turquie soutient depuis cinq mois une terrible guerre dans laquelle elle joue son existence entière. La vie se poursuit ici d'une façon tout à fait normale, trop normale même serait-on tenté de dire parfois, et il est bien rare que de loin en loin, dans cette cité de plus d'un million et demi d'habitants, on aperçoive quelque militaire.

Pour avoir quelque image de la guerre, il faut se rendre dans la direction de Tchataldja à San Stefano.

Le chemin de fer qui part de Stamboul suit une voie admirable. Il contourne la pointe du Sérail sur laquelle s'élève le mystérieux palais de Top-Capou où se déroulèrent tant de sinistres drames de sang, de volupté et de mort, et il suit, tout le long de la mer de Marmara, une des plus belles corniches qui soient au monde. Sur la mer unie et lisse comme un miroir on voit fuir les vapeurs et les bateaux de plaisance qui portent une foule affamée de plaisir vers les îles des Princes. Au delà de cet archipel, véritable semis de pierres précieuses, se dessine la courbe harmonieuse de la côte d'Asie avec la riante ville de Scutari qui se détache toute blanche sur un fond de cyprès, et, comme pour ajouter à ce spectacle ravissant la poésie du passé, le train court le long des murailles maritimes, qui protégeaient l'antique Byzance contre les incursions des pirates, jusqu'aux ruines du sinistre château des sept tours où les murailles maritimes rejoignent les murailles terrestres. Dès que l'on a franchi cette enceinte, on a une vue admirable sur la rade qui, avec la silhouette de Stamboul dans le fond, m'a paru aussi belle que celle de Naples.

A Makri-Keuy, on me montre, tout près de la voie, un arsenal où l'on travaille avec une activité fébrile. C'est là que l'on fabrique les cartouches et les fusils pour l'armée ottomane.

Sur une hauteur, nous voyons un petit camp formé d'une centaine de tentes toutes blanches qui resplendissent au soleil. Dans les champs, on aperçoit des rédifs qui font du service en campagne.

Quelques instants après nous voilà à San Stefano. Toute la cité est transformée en un vaste camp. On s'en aperçoit tout de suite en descendant à la gare où l'on remarque un perpétuel va-et-vient de soldats. Les uns malades, éclopés, la capote en lambeaux et couverte de boue, les souliers éculés et traînés parfois comme des savates, le capuchon enroulé autour de la tête en forme de turban, la barbe hirsute, se hissent péniblement en s'aidant les uns les autres dans les wagons qui vont les ramener à Constantinople où ils verront la fin de leur horrible cauchemar. D'autres bien nourris, rayonnants de santé, s'entassent sans bruit et sans hâte dans les fourgons qui vont les amener à Tchataldja.

D'autres chargent d'interminables wagons de marchandises, de sacs de biscuits, de sacs de paille, de bestiaux, de munitions, de toutes les denrées nécessaires pour nourrir le ventre de l'armée et celui des canons.

On m'indique sur le bord de la voie le vaste champ défoncé où furent parqués plus de 5.000 cholériques après la déroute de Lule-Bourgas et où 1.500 hommes moururent en une nuit.

Mon ami Bareille, le distingué sous-chef du service des contentieux à la Dette publique ottomane, qui m'accompagne, a vu ce spectacle. Il me dit qu'il s'élevait de ce camp de la mort un concert de plaintes si lugubre et si lamentable, que l'on aurait cru à quelque récit de Dante, et qu'après avoir entendu cela il lui fut impossible de dormir pendant trois jours.

En ville, on trouve des tentes à chaque pas, dans les jardins, sur les terrains vagues et sur les places publiques.

Comme la plupart des habitants se sont enfuis à Makri-Keuy et à Constantinople, les soldats se sont aussi logés dans la plupart des coquettes villas dont se compose cette station de repos et de plaisir. Par les grandes fenêtres ouvertes on voit des fusils, des bidons et des godillots pendus aux murs des salles à manger et des salons où resplendissaient autrefois des panoplies, des portraits de famille ou des tableaux de maîtres.

Un drapeau qui flotte à la fenêtre du premier étage indique les maisons ainsi occupées. Dans les jardins, les pelouses ont été arrachées; les arbres ont été coupés pour faire du feu. Seuls, les parterres des villas occupées par des officiers ont été respectés, et on voit encore intactes les bordures de buis.

Le long d'un mur sont attachés une cinquantaine de mulets. Je n'en ai jamais vu d'aussi lamentables. Depuis le début de la guerre, il n'ont jamais dû être étrillés et ils ont sur les flancs une épaisse couche de crotte, sorte de carapace qui cache leurs poils. Sur leur dos, qui pendant des semaines porta sans cesse le bât chargé de munitions de guerre, la peau a été enlevée et elle saigne. C'est écœurant.

Plus loin, à un carrefour, un cuisinier coupe de la viande à coups de hache, tandis que ses camarades allument du feu ou versent un sac de haricots dans une énorme marmite. Plus loin, sur un terrain vague, des élèves ambulanciers apprennent à ramasser les blessés sous le feu et à les transporter sur des brancards. Sur une place, le cordonnier de la compagnie arrache avec de grosses tenailles les clous qui traversent les savates d'un camarade.

Dans les rues, les soldats qui ne sont pas de service se promènent deux à deux, se tenant par la main en signe d'amitié. C'est la façon dont les amoureux, dans certains villages des Pyrénées, reviennent de la foire. D'autres égrènent, en guise de passetemps, une espèce de chapelet à cent grains qui rappelle les cent épithètes d'Allah. D'autres, enfin, font leurs ablutions à la fontaine.

Sans cesse on entend tirer des coups de fusil. Ce sont les recrues qui font des exercices de tir.

En dehors de la ville, nous apercevons de jolis baraquements et nous nous dirigeons de ce côté.

Nous rencontrons le docteur égyptien Samy Kamal, directeur de l'hôpital du Croissant rouge égyptien.

« Vous allez à l'ambulance ? nous dit-il, en nous serrant la main. Inutile de vous déranger, elle est consignée à cause de quelques cas de maladies infectieuses. Je le regrette, je vous aurais fait voir un cas de dysenterie intéressant, un pauvre diable, auquel j'ai injecté du sérum, ce matin, au moment où il était presque à l'agonie. Je l'ai photographié. Son corps paraissait complètement vide et, de ses yeux on ne voyait plus que le blanc. Je vais voir comment il va avant de rentrer à Constantinople. »

Nous rebroussons chemin et nous rentrons à petits pas vers la gare, nous attardant au spectacle navrant et pittoresque des soldats vaquant à leurs occupations dans les rues et les maisons de San Stefano qu'ils traitent comme une ville conquise. Nulle part cependant nous n'entendons un cri, nous ne voyons ni un geste violent et désordonné, ni un regard farouche. Au milieu de ces hommes qui, demain, vont peut-être mourir, nous circulons librement sans que personne ait l'air de s'en étonner. Tous ces soldats ont l'air vraiment de braves gens. Leur calme, leur insouciance, leur fatalisme, leur résignation à la volonté d'Allah sont véritablement impressionnants.

*
* *

L'ÉTAT D'AME DES OTTOMANS

Péra, 2 avril.

Le soir même du jour où l'on apprit ici la chute d'Andrinople, la seconde capitale de l'Empire ottomane, on inaugurait à Péra un nouveau beuglant :

le Cristal-Concert. Ce fait seul suffit à démontrer la cruelle indifférence et le profond sentiment de sécurité qui animent cette population levantine à laquelle aucune constitution du monde ne pourrait donner une âme ottomane et qui reste parfaitement insensible au plus grand des désastres qui ait jamais frappé la Turquie.

Au Corso, très animé comme d'habitude, je remarquai même, à mon grand étonnement, des officiers ottomans qui flânaient nonchalamment et dont la figure était souriante comme si rien ne s'était passé. Étaient-ce des Turcs, des Grecs ou des Arméniens ? Je ne sais.

Les gens qui allaient à leurs plaisirs croisaient pour la première fois, dans la grande rue de Péra, des troupeaux interminables de rédifs que l'on avait fait venir en toute hâte des côtes d'Asie et que l'on amenait à la caserne du Taxim pour les équiper. Ils allaient sans ordre, parfois se tenant par la main, en signe d'amitié, jeunes gens imberbes et vieillards à barbe grise, citadins à la peau blanche et fine et paysans des montagnes de l'Anatolie à la face tannée, tous les âges et toutes les tailles, tous les teints et tous les costumes de l'Empire, la plupart en haillons, pâles, hâves, lamentables, formant une indescriptible cohue, horde véritable vouée à toutes les défaites, qui se laissait tranquillement mener à l'abattoir sans même avoir l'air de se demander le pourquoi de son inévitable *kismet*.

Quelles tristes réflexions, quelle émotion respectueuse, un pareil spectacle n'aurait-il pas dû provoquer ? Eh bien ! j'avais beau tourner les yeux de tous côtés, personne n'avait l'air péniblement impressionné. J'en voyais qui riaient des accoutrements parfois bizarres des Kurdes, des Lazes ou des Turcs de l'Anatolie. Nul ne songeait à s'apitoyer. Parfois même, je percevais un rire haineux, un regard méchant et j'entendais ricaner : « C'est déjà la déroute ! »

Les Turcs eux-mêmes ont appris la chute d'Andrinople avec assez de philosophie. Sans doute, la perte d'une ville, qui était déjà musulmane bien avant la prise de Constantinople et qui renferme les tombeaux des premiers sultans et quelques-unes des plus saintes mosquées, cause aux Turcs une douleur profonde. Mais ils se consolent à la pensée que le général Choukri-Pacha, dont l'héroïque résistance est digne de l'admiration universelle, a su inscrire son nom à côté de ceux des héros dont s'enorgueillit l'humanité et qu'il a ajouté une page glorieuse aux annales du peuple ottoman.

Ce qui les humiliait le plus dans les désastres de la première partie de la guerre, c'était moins la douleur de perdre d'immenses territoires que la honte de passer aux yeux de l'Europe pour des fuyards, des lâches et des dégénérés.

Les exploits de Choukri-Pacha, la merveilleuse défense d'Andrinople, de Janina et de Scutari et les raids fantastiques de l'*Hamidieh* les vengent du mépris dont on commençait injustement à les accabler.

Maintenant, ils sont contents. Ils peuvent tout perdre, ils peuvent mourir : l'honneur est sauf. Cet orgueil est en soi une chose belle et louable, bien faite pour leur attirer la sympathie de toute l'Europe. Mais certains le poussent si loin qu'ils ne peuvent accepter d'avoir été battus par leur raïas d'hier et qu'ils nient que leur dernier désastre soit une victoire bulgare. Ils prétendent que, derrière la petite Bulgarie, il y avait un adversaire invisible, la Russie, sans l'appui matériel duquel les alliés n'auraient pu continuer leurs hostilités. D'ailleurs, en dépit des nouvelles alarmantes qui viennent de Derkos, ils n'en continuent pas moins à être très optimistes et à prétendre que les lignes de Tchataldja sont complètement inexpugnables et que tous les efforts des Bulgares viendront s'y briser.

J'ai cependant rencontré un membre du comité Union et Progrès qui, à ma grande surprise, a jugé sans optimisme la situation actuelle et a su rendre justice à ses ennemis.

Voici ce qu'il m'a dit avec l'accent d'une profonde tristesse :

« Cette guerre est la victoire de la science contre l'ignorance. Quatre millions de Bulgares ont battu dix millions de Turcs. Cela prouve que les Bulgares travaillaient pendant que nous continuions à ne rien faire et à goûter les douceurs du kief.

« Le réveil est rude, mais peut-être cette leçon pourra-t-elle nous sauver. Si nous nous mettons résolument à l'ouvrage, si nous adoptons enfin les fécondes disciplines de la science moderne, si nous affirmons véritablement notre volonté de nous réformer, alors seulement nous pourrons nous régénérer. Sinon, nous sommes appelés fatalement à disparaître. Notre race est foncièrement honnête, bonne, brave et généreuse, mais, qu'on le déplore ou non, ce ne sont là, dans la lutte moderne pour l'existence, que des qualités négatives. Si nous n'apprenons pas à travailler d'une façon sérieuse, régulière et méthodique, si nous restons encroûtés dans la paresse habituelle et dans la routine, rien ne pourra nous sauver. »

Je serrai avec émotion la main de mon interlocuteur sans avoir le courage de le contredire, ne fût-ce que par courtoisie ; car je sentais trop toute la vérité de ce qu'il me disait.

* * *

CHEZ LE PATRIARCHE DE CONSTANTINOPLE

Péra, 5 avril.

Sa Sainteté Germanos V, patriarche œcuménique de Constantinople, se fera un plaisir de vous recevoir en audience privée dans son palais du Phanar, entre deux heures et trois heures.

En lisant ces lignes, je fus, je l'avoue, très flatté dans mon amour-propre de journaliste. J'allais donc avoir le grand honneur d'approcher pendant quelques instants le chef spirituel de 90 millions de chrétiens orthodoxes, le chef politique de 2 millions de chrétiens orthodoxes de l'Empire ottoman, le successeur de saint Jean Chrysostome, l'héritier des traditions religieuses de l'ancienne Byzance, le représentant de l'Idée hellénique, le continuateur du patriarche, qui refusa en 1453, après la prise de Byzance par les Turcs, d'abandonner la capitale de l'Empire chrétien d'Orient pour affirmer le droit imprescriptible de sa nationalité contre les conquêtes de la force brutale.

Le patriarche habite, au delà de la Corne-d'Or, un quartier tranquille et recueilli, le Phanar, ainsi appelé, dit-on, à cause de lanternes (en grec : *Phanari*), à la lueur desquelles ce quartier fut fortifié un jour de blocus. Les rues désertes et silencieuses, les hautes façades des maisons qui furent longtemps habitées par l'aristocratie byzantine et les descendants des Comnènes et des Paléologues me rappelèrent le calme et la paix du Vatican. Les restes d'antiques murailles byzantines et l'aqueduc de Valens, dont j'avais vu, en face du vieux pont, se dresser là-bas sur la hauteur, dans l'azur du ciel, la fière silhouette, achevaient de compléter l'illusion. Si mes yeux ne s'étaient tournés à gauche vers le quartier de Stamboul, hérissé de dômes et de minarets, j'aurais pu facilement m'imaginer que j'étais à cent lieues de la capitale musulmane, dans quelque Rome orientale, ou que cinq siècles de conquête étaient abolis.

Le siège patriarcal, situé non loin du rivage, au pied de la colline que dominent les bâtiments rouges de l'école patriarcale, est un palais de modeste apparence, où tout respire la simplicité.

Le secrétaire général du conseil mixte, M. le docteur Nicolopoulo, auquel me présente M. Fourtouniadès, secrétaire du patriarcat, me souhaite la bienvenue et m'offre un café à la turque. C'est un homme d'une quarantaine d'années, coiffé du fez et vêtu d'une redingote noire. Dans un excellent français, il me parle avec admiration de ce Paris, où il a fait ses études de droit. Et, comme je lui exprime la satisfaction que j'éprouve de pouvoir approcher le patriarche, il me dit :

« Sa Sainteté elle aussi sera heureuse de vous voir. Elle ne reçoit généralement pas de journalistes et surtout elle n'accorde pas d'interview, car, vous le comprenez, sa situation en ce moment-ci est infiniment délicate et un mot du chef spirituel de l'Église orthodoxe, surtout s'il est mal interprété, peut avoir de très graves conséquences. Mais le patriarche a bien voulu faire une exception pour vous et il aura grand plaisir à vous recevoir parce que vous êtes le promoteur et le secrétaire général de l'Union des nationalités, une belle œuvre dont on ne peut que vous féliciter d'avoir pris l'initiative. Vous voulez que les différentes nationalités apprennent à se connaître pour pouvoir s'estimer, se respecter et s'unir. Il n'y a rien dans vos efforts que de très louable et rien qui ne mérite d'être encouragé.

« Sa Sainteté a confiance en vous. Elle sait que vous représentez *la Dépêche*, un journal qui s'est toujours distingué dans ses articles sur les affaires d'Orient par sa bonne foi et son impartialité. Vous pourrez lui poser les questions que vous voudrez. Elle vous répondra. »

Je remerciai, un peu confus de cet éloge, et, comme nous étions en avance, M. Fourtouniadès me fit visiter la demeure patriarcale, la petite et simple église patriarcale où l'on voit encore le trône de saint Jean Chrysostome, la chapelle privée où le patriarche fait tous les jours ses dévotions, les salles de travail d'été et d'hiver du Saint-Synode, celle du conseil mixte, enfin la grande salle d'honneur où le patriarche reçoit en audience solennelle les grands dignitaires et les souverains. Toutes ces salles, situées au premier étage, sont très modestement meublées, comme il convient au ministre d'un Dieu qui fit vœu de pauvreté. Mais par les grandes fenêtres, on avait sur la Corne-d'Or et sur l'amphithéâtre des maisons de Péra, baignées de lumière, une vue admirable. J'éprouvais la sensation de me trouver dans l'un des plus beaux sites du monde.

Le docteur Nicolopoulo, qui nous avait rejoints, m'introduit enfin dans le cabinet du patriarche et me présente à Sa Sainteté.

Le patriarche Germanos est un beau vieillard de 77 ans, à la grande barbe blanche, au sourire bienveillant, aux yeux scrutateurs et tout illuminés d'intelligence. Il est vêtu d'une simple robe noire comme le plus humble des prêtres de son Église, mais sur sa poitrine brille « un bijou incomparable, un joyau sans prix : l'Aigle d'or aux ailes éployées, le symbole de l'Empire chrétien d'Orient, transmis de siècle en siècle par une tradition ininterrompue et que chaque titulaire du siège patriarcal œcuménique transmet à son successeur comme le gage inaliénable d'un tragique souvenir et d'une magnifique espérance ».

Le vénérable vieillard se lève, me tend la main et, d'un geste aimable, me fait signe de m'asseoir.

Suivant la charmante et antique coutume qui s'est conservée depuis des siècles parmi tous les chrétiens d'Orient, je prends une cuillerée de confiture qu'un domestique apporte sur un plateau d'argent et j'avale une gorgée d'une eau limpide et fraîche. Pendant que j'allume une cigarette et que j'avale à petites gorgées un excellent café à la turque, le patriarche, qui roule dans ses doigts un chapelet à gros grains, me souhaite la bienvenue en langue grecque ; puis il ajoute, avec un accent de profonde tristesse :

« Vous trouvez la nation grecque dans une situation bien malheureuse. »

Et comme je réponds :

« Il me semble au contraire que... »

Sa Sainteté esquisse un geste de surprise, me regarde fixement, puis, après un instant, elle répond :

« Il y a un proverbe grec qui dit que pour gagner une ville, il faut voir mourir beaucoup de ses habitants. »

Malgré plusieurs années d'études classiques, il m'est malheureusement impossible de parler grec, car nos maîtres ne nous apprennent que la prononciation érasmienne qui rend inintelligible cette belle langue.

Mais le docteur Nicolopoulo sert d'interprète. Je dis au patriarche :

— Les journaux annoncent que le gouvernement grec demande à la Turquie, avant de conclure la paix, des privilèges d'ordre national pour les chrétiens d'Orient. Espérez-vous donc une amélioration du sort des chrétiens orthodoxes et des Grecs ottomans après la cessation de la guerre ?

— Il est toujours permis d'espérer, mais j'ignore si l'on voudra reconnaître nos droits.

— Quels sont les vœux que vous faites pour les Grecs de l'Empire, et, en général, pour les orthodoxes ottomans ?

— Il faut distinguer. Je souhaite que les chrétiens orthodoxes qui, après la guerre, seront détachés de l'Empire ottoman aient dans les nouveaux États dont ils feront partie le droit de conserver leur religion et leur culture nationale.

[En disant cela, le patriarche, qui ne s'expliqua pas plus longuement sur ce point si important, voulait apparemment affirmer que les Grecs qui seront rattachés à la Bulgarie ou à la Serbie ne doivent pas se trouver menacés de devenir un jour Serbes ou Bulgares.]

— Quant à nous, ajouta-t-il, qui restons dans l'Empire ottoman, nous voulons pouvoir vivre en hommes et, pour cela, il nous faut notre autonomie. Et, par autonomie, j'entends le droit de conserver notre religion, notre langue, notre culture, nos traditions nationales, d'avoir nos écoles et nos tribunaux, en un mot, de nous administrer nous-mêmes suivant notre propre loi.

— Mais n'avez-vous pas déjà, depuis la conquête de Byzance, une autonomie de ce genre ?

— Les droits sont souvent écrits sur le papier. Cela ne veut pas dire qu'ils soient toujours respectés.

— Mais si vos droits, comme il faut l'espérer, sont de nouveau solennellement reconnus après la guerre, est-ce la Grèce qui se chargera de la protection des orthodoxes ottomans, à l'exemple de ce que font ici les grandes puissances comme la France, l'Allemagne, l'Angleterre, l'Autriche et l'Italie pour leurs nationaux ou leurs protégés, ou bien Sa Sainteté se réserve-t-elle, en tant que chef politique des chrétiens orthodoxes ottomans, de faire respecter elle-même leurs droits ?

— Autre chose, dit le patriarche après un court instant de réflexion, est la reconnaissance de nos droits et autre chose la question de la garantie de ces droits.

[Par là, il m'a semblé que le patriarche voulait dire que, si l'Europe ou les alliés balkaniques s'entendaient pour imposer au gouvernement ottoman le respect des droits des chrétiens d'Orient, il n'en serait pas fâché.]

Craignant d'abuser de la courtoisie du patriarche, je le remerciai de son accueil bienveillant, et je pris congé de lui en lui promettant de vous transmettre fidèlement ses déclarations, dont la grande importance ne vous échappera pas, et je lui promis également de faire toujours tout ce qui sera en mon pouvoir pour la défense de la cause de l'hellénisme, auquel nous devons, en France, le meilleur de notre culture.

*
* *

LES REVENDICATIONS DES GRECS OTTOMANS

Péra, 6 avril.

Au sortir de l'audience privée que S. S. Germanos, patriarche œcuménique de Constantinople, m'a fait l'honneur de m'accorder, un haut personnage touchant de très près au patriarcat a bien voulu m'exposer les privilèges dont les Grecs jouissent, en théorie, dans l'Empire ottoman et les principales modifications qu'ils désirent, après la guerre, voir apporter à leur statut.

« Les privilèges des Grecs ottomans, me dit-il, sont fixes et reconnus par l'Encyclique de 1891. C'est un acte officiel qui a été sanctionné par le gouvernement, à la suite de la fermeture des églises grecques par le patriarche œcuménique.

« Quelle était la raison de cette fermeture ? Il faut savoir que la nation grecque, que les musulmans n'ont jamais réussi à assimiler, jouissait de privilèges séculaires qui remontent à l'époque de la conquête de Byzance par les Turcs. Mais comme le gouvernement ottoman essayait sans cesse de diminuer ces privilèges, le patriarcat décida, en 1891, de fermer ses églises, en déclarant que son existence n'était pas possible sans ces privilèges.

« Du coup, les 2 millions de Grecs de l'Empire devenaient hostiles à l'État. Une discussion s'engagea entre le gouvernement et le patriarcat, et l'on aboutit, d'un commun accord, à l'Encyclique de 1891, qui, revêtue de la sanction impériale, a force de loi dans tout l'Empire.

« Il ne faut pas oublier non plus que les privilèges des chrétiens de l'Empire ottoman se trouvent mentionnés et garantis dans une foule de traités internationaux, notamment le traité de Berlin. Il y a aussi un article dans la Constitution, tant celle de 1875 que celle de 1908, qui dit que les privilèges religieux des différentes nationalités seront respectés. Parmi ces privilèges il faut compter :

« 1° Le droit d'avoir des tribunaux grecs au siège

du patriarcat œcuménique et de chaque métropole, qui jugent contradictoirement toutes les questions concernant les testaments des Grecs orthodoxes, les questions de dot, les questions de divorce, de séparation de corps, etc.;

« 2° Le droit d'administrer des églises et des écoles relevant du patriarcat œcuménique;

« 3° Le droit de créer des hôpitaux et de les administrer par leurs propres moyens.

« Tout cela est fort bien, et nous pourrions être satisfaits si ces privilèges étaient respectés. Malheureusement, comme le patriarche vous l'a dit : « Les « droits sont souvent écrits sur le papier; cela ne « veut pas dire qu'ils soient toujours respectés. »

« Le gouvernement ottoman, sans attenter ouvertement à nos droits, peut, à chaque instant, commencer mille chicanes qui rendent l'exercice de nos privilèges illusoire. Et il n'y manque pas.

« C'est ainsi que les sentences rendues par les tribunaux grecs doivent être exécutées par les bureaux d'exécution du gouvernement ottoman. Or, ces bureaux nous créent toutes sortes de difficultés, ce qui occasionne à nos plaideurs des pertes de temps et d'argent considérables.

« Nous rencontrons les mêmes difficultés lorsque nous voulons créer des écoles, pour l'entretien desquelles nous ne demandons cependant aucun subside au gouvernement. On nous refuse aussi le droit de gérer les successions *ab intestat*, et nous réclamons ce droit. Ce que nous voulons, en somme, c'est le droit de former une communauté absolument séparée de la communauté musulmane, avoir nos juges, nos bureaux d'exécution, nos hôpitaux, nos établissements de bienfaisance, nos écoles, notre langue à nous. Nous voulons bien payer l'impôt, comme tous les autres sujets ottomans, mais nous voulons, une fois pour toutes, être garantis contre l'arbitraire et la violence.

« Toutes les fois qu'il s'agit pour un Grec d'un droit personnel, nous voulons que le patriarcat ait le pouvoir absolu de prendre une décision sans l'immixtion d'une autre autorité que la sienne.

« Ainsi, c'est bien clair. Ce que veulent les Grecs de Turquie, c'est l'autonomie absolue de leur nationalité dans l'Empire ottoman, et il semble, en effet, qu'un tel régime, dont vous ne sauriez vous faire une idée dans votre République centraliste, soit le seul qui permette l'établissement d'un accord définitif entre les diverses nationalités de l'Empire des sultans.

« Les Jeunes-Turcs, en 1908, ont pensé qu'il suffisait d'un décret pour abolir en Turquie toutes les différences de nationalités et créer l'égalité civile et politique de tous les citoyens. Ce miracle a pu s'accomplir en France, où les diverses provinces renoncèrent à leurs privilèges, voire à leur langue, parce que Paris leur apportait un idéal de civilisation supérieure. Mais un tel miracle ne se renouvelle pas deux fois. En Turquie, notamment, il devait lamentablement échouer, car les civilisations grecque, arménienne, serbe, bulgare n'ont rien à envier à la civilisation turque, bien au contraire. Le seul moyen pour la Turquie de conserver la Macédoine aurait été de pratiquer sincèrement dans ce pays un large régime de décentralisation et d'autonomie. »

La Turquie comprendra-t-elle enfin qu'une politique d'autonomie est le seul moyen pour elle de satisfaire les nationalités non-turques et de sauver de la débâcle finale ce qui reste de l'Empire ottoman ?

Nous, Français, nous devons le souhaiter sincèrement, car s'il se reproduisait en Asie Mineure ce qui s'est passé en Macédoine, les puissances d'Europe, ce n'est un mystère pour personne, se hâteraient d'intervenir. La Russie prendrait l'Arménie; l'Angleterre, la Syrie; l'Allemagne essayerait de mettre la main sur l'Anatolie. Quant à nous, nous serions obligés d'envoyer une cinquantaine de mille hommes dans le Liban, et cela, comme le disait récemment Victor Bérard dans une conférence remarquable que les journaux ottomans ont reproduite, serait peut-être pour nous le commencement de la fin.

*
* *

LE PATRIOTISME OTTOMAN

Péra, 6 avril.

Les Grecs et les Bulgares de Constantinople, même ceux qui sont des sujets ottomans mais dont le cœur cependant est avec les alliés, ne cachent pas leur vif mécontentement de voir que les puissances ne font pas même mention dans leurs propositions pour servir de base à un traité de paix, des privilèges d'ordre national que la Turquie devrait accorder aux chrétiens d'Orient.

Depuis les premiers temps de la conquête turque, en effet, tout l'effort des diverses nationalités chrétiennes de l'Empire, que les conquérants n'ont jamais pu détruire ni assimiler, a toujours été tendu vers ce but : arriver à former une communauté absolument séparée de la communauté musulmane, conquérir son autonomie, obtenir le droit de s'administrer suivant sa propre loi.

Le patriarche Germanos, il y a quelques jours à peine, m'exprimait encore ce vœu d'une façon très claire. Ce vœu est aussi celui du patriarche arménien et de l'exarque bulgare.

Tandis que les Jeunes-Turcs s'épuisent en vains efforts pour arriver à créer une patrie ottomane, les chefs des diverses communautés chrétiennes de l'Empire veulent arriver à obtenir d'une façon définitive, pour leurs fidèles, des privilèges qui leur permettront de conserver intact le caractère national et à créer pour ainsi dire de véritables États dans l'État.

La prétention des chrétiens ottomans serait absolument incompréhensible et paraîtrait même monstrueuse dans un État laïque comme le nôtre. Pour nous, Français, il nous serait bien difficile de concevoir que le primat des Gaules, par exemple, revendiquât, au nom de la liberté de conscience ou de tout autre principe, le privilège d'administrer la justice aux catholiques qui se réclameraient de son obédience, d'ouvrir, en dehors de tout contrôle gouvernemental, des écoles publiques où l'enseignement se ferait en langue italienne ou en langue latine, de prélever des impôts spéciaux sur ses fidèles, etc.,etc.

De tels privilèges sont incompatibles avec l'existence d'une société laïque et d'un État centralisateur et unitaire comme le nôtre, dont tous les citoyens sont libres et égaux en droits. Aussi aurions-nous torts pour comprendre l'Orient et la crise actuelle que traverse la patrie ottomane, de comparer sans cesse ce qui se passe en Turquie à ce qui se passe chez nous. Ici la situation est tout autre.

— Nous ne pouvons pas, me disait aujourd'hui encore une très haute personnalité grecque ottomane de Constantinople, nous soumettre sans restriction à la loi ottomane, parce que l'État ottoman, en dépit de la révolution jeune-turque et de la Constitution de 1908, qui proclame l'égalité des religions et des nationalités, n'est pas un État laïque. C'est un État théocratique régi encore par le droit musulman. Le sultan n'est pas seulement le « padischah », le chef politique de l'Empire, il en est aussi le khalife, le chef religieux. La loi sur laquelle repose tout l'édifice de l'Empire, c'est la loi du Chéri, émanation du Coran. Toutes les lois nouvelles, si bonnes soient-elles, ne sont pas applicables si elles sont en contradiction avec la loi du Chéri et tant qu'elles n'ont pas revêtu le sceau du Scheik-ul-Islam. Tant que le sultan sera khalife, l'Empire ottoman sera donc une société théocratique. Vous ne concevez pas, par exemple, que l'État pontifical, s'il existait encore, puisse être un Etat laïque?

Les choses étant ainsi, l'égalité des nationalités et des religions, inscrite par les Jeunes-Turcs dans la Constitution de 1908, n'existe que sur le papier. C'est pourquoi un État laïque, une loi commune, une égalité civile, politique et religieuse étant ici impossibles, les chrétiens de l'Empire, et en particulier les Grecs orthodoxes, demandent un statut particulier qui les sépare complètement des musulmans. La guerre qui se termine était une bonne occasion pour régler d'une façon définitive la situation des communautés chrétiennes de l'Empire ottoman. Grecs, Arméniens et Bulgares s'attendaient à ce que l'Europe, pour en finir une fois pour toutes avec cette énervante question d'Orient, écouterait leurs doléances, ferait droit à leurs revendications et s'engagerait à garantir leurs privilèges que les Turcs ne respecteront jamais s'ils ne sont retenus par la force.

L'Europe nous abandonne. Elle détourne les yeux de nous. Elle nous trouve importuns et gênants. Elle a peur que nous la troublions dans ses affaires.

Avec le gouvernement turc, notre martyre national qui dure depuis des siècles, continuera. Vous avez vu ce qu'a amené cet égoïsme de l'Europe. C'est lui qui a poussé les peuples balkaniques à se défendre eux-mêmes dans un accès de désespoir et à rendre la guerre inévitable. Faudra-t-il donc attendre de nouveaux massacres, comme ceux des Arméniens en 1895, pour que l'Europe s'intéresse à nous ?

— Puisque vous ne reconnaissez pas la loi ottomane, comme entachée de mahométisme, et que vous acceptez seulement la loi du patriarcat, vous voulez donc créer un État dans l'État, un État théocratique et absolu dont les privilèges seraient garantis soit par les alliés balkaniques, soit par les puissances ?

— Nous autres, Grecs orthodoxes, me répondit avec fierté mon interlocuteur, nous n'avons rien à craindre de l'absolutisme. Nous avons déjà, en effet, un régime constitutionnel pour l'administration de notre communauté. Nos écoles sont administrées par des éphores et nos églises par des épitropes qui sont élus chaque année au suffrage universel par les habitants des paroisses où se trouvent ces églises et ces écoles. Le patriarche lui-même est élu par le peuple et voici comment :

Les prélats du Saint-Synode, composé de treize métropolitains du Trône œcuménique, les membres du conseil mixte, élus par le peuple et les représentants de 28 diocèses envoyés à Constantinople, participent à l'élection. A eux viennent se joindre, en outre, les représentants des corporations, les représentants du monde savant, les représentants des hauts dignitaires grecs ottomans, les représentants des fonctionnaires grecs ottomans et les représentants des fonctionnaires du patriarcat. Toutes ces personnes forment un collège électoral qui dresse une liste de candidats de la façon suivante : En présence de l'assemblée, on ouvre les plis cachetés contenant les bulletins recueillis par tous les métropolitains relevant du patriarcat œcuménique, bulletins portant le nom du candidat que chaque fidèle croit digne d'être élevé à la dignité patriarcale. Chaque membre de l'assemblée peut, en outre, proposer un candidat. Mais celui-ci ne peut être inscrit sur la liste que s'il a recueilli les deux tiers des voix de l'assemblée.

Une fois la liste dressée, elle est envoyée au gouvernement, qui a le droit d'éliminer tel ou tel candidat dont l'élévation à la dignité de patriarche aurait des inconvénients au point de vue politique. C'est ainsi que le nom de Mgr Germanos, le patriarche actuel, a été rayé pendant vingt-deux ans. Le gouvernement est obligé de retourner la liste à l'assemblée électorale dans les quarante-huit heures, conformément au règlement du patriarcat, qui est sanctionné par un iradé impérial et qui est une loi de l'Empire. L'assemblée électorale se réunit de nouveau et choisit sur la liste qui lui a été retournée trois nouveaux candidats. Les membres du Saint-Synode, ainsi que les autres prélats présents à Constantinople, avec l'autorisation du patriarcat et prenant part aux travaux de l'assemblée, descendent alors dans l'église patriarcale et votent sur ces trois noms. Le candidat qui a recueilli la majorité des suffrages est déclaré élu patriarche.

En somme, vous le voyez, c'est du peuple que le

chef spirituel de l'Église orthodoxe et le chef national des Grecs ottomans tient toute son autorité. C'est un véritable monarque constitutionnel.

Les Turcs lui reconnaissent le titre de roi de la nation grecque. Mais ce n'est là qu'un titre. En réalité, ils le considèrent comme un fonctionnaire ottoman.

Conquérir la liberté absolue du patriarcat, symbole de l'indépendance nationale, tel est le but, que l'Europe le veuille ou non, que ne cesseront de poursuivre les Grecs et les chrétiens de l'Empire !

LES MOHADJIRS ET LA QUESTION D'ARMÉNIE

Péra, 12 avril.

D'après des calculs approximatifs, le nombre des mohadjirs, émigrants musulmans, qui ont fui précipitamment, à l'approche des armées alliées, de la vieille Serbie, de la Macédoine et de la Thrace, s'élève à environ 300.000. Plus de 200.000 venant de Roumélie sont déjà passés par Constantinople. La plupart de ces malheureux, dont j'ai eu l'occasion à plusieurs reprises de vous décrire la misère poignante, ont quitté sans esprit de retour le sol que leurs pères cultivaient depuis cinq cents ans. Ils sont trop fiers pour continuer à habiter un pays qui sera maintenant gouverné par les giaours et ils préfèrent toutes les misères plutôt que l'humiliation de se soumettre aux mêmes lois civiles et politiques que les raïas devant lesquels ils ne passaient pas autrefois sans cracher en signe de mépris. L'esprit nomade s'est réveillé en eux et c'est avec une résignation et un fatalisme déconcertants qu'ils acceptent la nécessité du retour vers l'Asie ancestrale.

Vers quelle partie de l'Anatolie ces pauvres diables seront-ils dirigés ? Quels secours leur accordera-t-on ? Comment seront-ils distribués dans les divers vilayets de façon à éviter les frottements avec les populations qui vivent déjà dans le pays ? Voilà l'un des plus graves problèmes qui s'impose dès maintenant, avant même la fin de la guerre, à l'attention du gouvernement jeune-turc.

Depuis quelques jours, en effet, une commission siège continuellement au ministère de l'Intérieur pour s'occuper de l'installation des mohadjirs dans les vilayets d'Anatolie. Cette commission, considérant que cette question est d'un intérêt vital pour la Turquie, l'examine d'une façon approfondie; c'est ainsi qu'on cherche à bien établir les endroits où les émigrés seront installés, suivant les climats qui peuvent leur convenir et suivant leurs aptitudes à la culture des différentes qualités de terres.

J'apprends également que la commission a décidé de donner aux émigrés un secours annuel de 100.000 livres pour leurs frais d'installation. Le gouvernement obtiendra de la Banque agricole un emprunt de 2 millions et demi de livres pour faire face à ces frais.

Le gouvernement impérial s'occupe aussi de la question des fonctionnaires de Roumélie et de Macédoine. Le nombre de ceux-ci dépasserait 6.000. Ceux qui appartiennent à la gendarmerie et à la justice seront presque tous réintégrés. D'autres, qui ne pourront pas obtenir un poste, recevront des lots de terre dans les différents vilayets d'Asie. De ce fait, le gouvernement les mettra en état de pouvoir subvenir aux besoins de leurs familles.

Ainsi, le côté économique de ce grave problème semble devoir être facilement résolu. Mais il est un autre côté de la question, un côté politique que le gouvernement ottoman devra aussi sérieusement envisager s'il veut vraiment travailler à la régénération de la Turquie et épargner à ce pays déjà si cruellement éprouvé la possibilité de sérieuses complications pour l'avenir. A plusieurs reprises, le patriarche arménien de Constantinople a fait de pressantes démarches auprès de la Sublime Porte pour obtenir du gouvernement turc la promesse formelle qu'aucun mohadjir ne sera installé sur les territoires déjà occupés en Asie par les communautés arméniennes. Jusqu'ici le patriarche arménien n'a pas encore obtenu, du moins que je sache, une réponse satisfaisante.

C'est par la manière dont ils résoudront cette question que les Jeunes-Turcs montreront s'ils sont revenus de leurs anciens errements, et si les leçons de la guerre leur ont donné cette clairvoyance et cette sagesse politique qui, malheureusement, leur ont fait défaut jusqu'à ce jour.

La révolution jeune-turque de 1908, il ne faut pas se lasser de le dire, n'était pas une révolution libérale, comme beaucoup de nos hommes politiques, à leur habitude, hélas! très mal informés des réalités extérieures, se sont plu à le répéter. C'était une révolution nationaliste turque, dont le but était de débarrasser l'Empire ottoman de la tutelle des puissances.

Pour créer, avec la mosaïque de l'Empire, une nationalité ottomane, les Jeunes-Turcs ont voulu turquifier toutes les nationalités. Pour y parvenir, ils imaginèrent de faire en Macédoine de la colonisation intérieure et d'installer des familles musulmanes dans des villages et des contrées qui, de tout temps, avaient été uniquement peuplés de chrétiens, serbes, bulgares ou grecs. C'est le procédé que les Prussiens emploient pour germaniser la Pologne et diluer l'élément polonais.

Ce système odieux, maladroitement appliqué par les Jeunes-Turcs, n'a pas eu d'autre résultat que d'augmenter en Macédoine le gâchis dans lequel se trouvait ce pays, par suite du mélange des races, et d'exaspérer les chrétiens, qui n'ont plus eu aucune foi dans les promesses faites par les Jeunes-Turcs de respecter leurs nationalités et qui ont jugé le recours aux armes nécessaire pour faire respecter leur existence nationale menacée.

La faute qu'ils ont commise en Macédoine, les Jeunes-Turcs vont-ils la renouveler en Arménie ? La question arménienne, le chancre qui menace de ronger et de détruire la Turquie d'Asie, est déjà maintenant terriblement compliquée et très difficile à résoudre, parce que la politique hamidienne a favorisé l'irruption et l'installation des Kurdes, peuplade montagnarde et pillarde, dans les riches plaines de l'Arménie historique, et que les Arméniens vivent maintenant disséminés par petits groupes, dans leur propre pays, au milieu des parasites kurdes qui forment des masses compactes toujours menaçantes.

Le gouvernement ottoman aura-t-il la sagesse de ne pas compliquer encore cette lamentable situation en évitant d'installer des milliers d'émigrants musulmans au milieu des communautés arméniennes ? Ceux qui, comme nous, veulent sincèrement la régénération de la Turquie d'Asie doivent ardemment le souhaiter. Car les Jeunes-Turcs ne l'ignorent pas : le jour où des troubles se produiraient en Arménie, le jour où nous assisterions à la réédition des horribles massacres de 1898 et 1909, ce jour-là, la Russie ne manquerait pas d'intervenir pour rétablir l'ordre et l'Europe n'aurait rien à lui dire.

* * *

LE ZÈLE EST FORT LOUABLE, MAIS DURERA-T-IL ?

Péra, 26 avril.

Mauvaise administration, désordres, intervention étrangère, réformes, depuis plus d'un siècle, c'est ainsi que l'on pourrait résumer toute l'histoire de la Turquie. Toutes les fois qu'Abdul-Hamid se sentait menacé d'être mis sous tutelle par les grandes puissances, il était soudain pris d'un beau zèle réformateur et il promettait d'instaurer l'âge d'or dans les provinces de son Empire, la Macédoine surtout, qui était sans cesse la proie du pillage, du meurtre et de l'incendie.

C'est ainsi, pour ne citer qu'un exemple entre mille, qu'en 1876, le sultan joua un bon tour aux puissances dont les représentants s'étaient réunis en congrès au palais de l'amirauté, en proclamant la Constitution qui ôtait tout prétexte d'intervention à l'Europe, Constitution dont il devait, d'ailleurs, souverainement se moquer quelques jours après.

Les Jeunes-Turcs renouvellent en ce moment le jeu d'Abdul-Hamid, mais probablement avec beaucoup plus de sincérité. Ils savent bien que, tôt ou tard, leurs ennemis politiques leur demanderont des comptes pour leur dernier coup d'État et la prolongation de la guerre absolument inutile, puisque leur nouveau gouvernement, après s'être vanté de délivrer Andrinople, est obligé de subir des conditions de paix encore plus rudes que celles qu'acceptait le ministère de Kiamil-Pacha. Ils savent aussi qu'ils n'ont plus de fautes à commettre et que les grandes puissances, tout en leur promettant hypocritement leur appui, surveillent, en effet, leurs défaillances d'un œil attentif, prêtes à se jeter à la curée de la Turquie d'Asie : la Russie en Arménie, les Allemands en Anatolie, les Anglais en Syrie et les Français au Liban. Ce serait la fin de l'Empire ottoman.

Aussi, pour se sauver et pour sauver leur pays, les Jeunes-Turcs ont-ils recours au procédé classique de la diplomatie ottomane : ils promettent des réformes, mais ce n'est probablement pas là une simple tactique. Il semble, cette fois, qu'ils soient décidés à tenir leurs promesses et, qu'ayant mesuré la profondeur de l'abîme, ils ne veuillent faire maintenant un vigoureux effort pour empêcher leur pays d'y tomber.

J'ai eu l'occasion de vous parler, lors de mon arrivée ici, des efforts louables faits par Djamil-Pacha, le nouveau préfet de Constantinople, pour transformer cette ville inorganique en une capitale vraiment moderne. Le nouveau préfet fait balayer les rues, il pourvoit à leur éclairage. Il oblige les commerçants à mettre à l'alignement leurs devantures et à ne pas s'installer jusqu'au beau milieu de la chaussée. Il interdit aux revendeurs de mou de trimballer au bout d'un bâton leurs viandes sanguinolentes. Il songe à faire construire des égouts et des abattoirs. Il prépare tout un plan grandiose d'assainissement et d'embellissement et, pour le beau jardin public qu'il fait aménager à la pointe du Sérail, il donne lui-même mille rosiers.

Tout cela, ne l'oublions pas, tandis que l'ennemi est à 40 kilomètres de la ville.

Mais le gouvernement jeune-turc a compris la nécessité de réformes beaucoup plus importantes et beaucoup plus radicales. Jusqu'ici, chose inouïe, cette capitale de 1 million et demi d'habitants n'avait pas de plan, n'avait pas de cadastre et n'avai pas de Crédit foncier : c'est une lacune à laquelle on va incessamment remédier. Le gouvernement vient d'accepter, dit-on, les offres d'une Société belge qui met à sa disposition une somme de 10 millions de francs pour la création du Crédit foncier.

Cette fondation s'imposait, car, grâce à elle, les milliers de petits bourgeois et de petits artisans dont les maisons en bois ont été détruites par les incendies, auront désormais les moyens de se faire construire une maison en briques ou en ciment armé où ils pourront dormir sans crainte du feu, le terrible fléau qui ne cesse de ravager Stamboul.

Mais ce n'est pas à Constantinople que se borne l'ardeur réformatrice des Jeunes-Turcs. Ceux-ci savent très bien que l'avenir de l'Empire ottoman est désormais en Asie et ils affirment d'ores et déjà leur volonté de développer la prospérité matérielle et morale de leurs provinces asiatiques pour ôter à l'Europe tout prétexte de continuer et d'achever son œuvre d'asservissement politique de la Turquie.

Dans ce but, ils ont fait une évolution qui fait honneur à leur sens politique. Les Jeunes-Turcs qui étaient des centralisateurs à outrance et qu'on accuse couramment d'avoir rendu la révolte des chrétiens de Macédoine et la guerre actuelle inévitables par leur manie de vouloir turquifier toutes les populations de l'Empire, viennent de se convertir à la politique de décentralisation prêchée par les ententistes. Avant même que la guerre soit terminée, le nouveau gouvernement a fait promulguer par le sultan une loi des vilayets qui donne à chaque province une véritable autonomie.

D'après la nouvelle loi, le chef de la province, le vali, un véritable vice-roi, aura non seulement pour mission d'assurer la sécurité publique, d'empêcher les sujets de différentes nationalités de se massacrer, de veiller sans porter atteinte à la liberté des tribunaux à ce que la justice soit rendue d'une façon égale pour tous, mais encore il devra activement s'employer à développer toutes les richesses morales et matérielles de sa province.

En premier lieu, il devra travailler à l'assainissement du pays, prévenir et combattre les épidémies, surtout le choléra et la peste.

Il devra ensuite créer des routes, des écoles, favoriser les exploitations agricoles, les nouvelles industries, la recherche des mines et des gisements pétrolifères, la confection du cadastre ; en un mot, rendre à ce pays d'Asie Mineure, qui était sous la domination grecque et romaine une vraie corne d'abondance, mais que l'incurie des Turcs a ravagé et presque changé en un désert, quelque chose de son antique splendeur.

***

CHEZ L'EXARQUE DES BULGARES

Constantinople, 29 avril.

A la veille de mon départ de Constantinople, Joseph Ier, exarque des Bulgares, a bien voulu me faire l'honneur de me recevoir en audience privée dans son palais de Chichli, où il venait d'arriver d'Ortakeuy, pour les fêtes de Pâques. C'est là, de la part du chef de l'Église bulgare, une marque de bienveillance dont j'ai été vivement touché, car l'exarque Joseph Ier représente un demi-siècle d'histoire, et nul plus que lui n'a contribué à la renaissance de ce valeureux peuple bulgare qui, après quatre-vingts ans de luttes acharnées pour se délivrer de toutes les oppressions, recueille maintenant les fruits de son effort.

Après que M. Ghéleff, l'aimable kapou-kéhaya de l'exarcat, m'eût présenté, et qu'un domestique eût apporté des cigarettes et le traditionnel café balkanique, l'exarque voulut bien m'entretenir, une heure durant, dans un excellent français, de ses efforts et de ses espérances. Ce beau vieillard à barbe blanche dont tout le monde à Constantinople vante la simplicité évangélique, la grande urbanité et le sens politique, m'a surtout séduit par deux grandes qualités : une sincérité absolue, doublée d'un sens aigu des réalités. Tandis qu'il me parlait, il me semblait lire au fond de son âme, qu'anime l'amour le plus ardent et le plus pur de sa nationalité et de sa patrie.

Tout d'abord, d'une voix grave, il me retraça à grands traits les efforts gigantesques que son peuple avait faits au cours du siècle dernier pour soulever la pierre du tombeau.

« Après la conquête de Byzance par les Turcs, me dit-il, les patriarches du Phanar, qui étaient les primats de l'Église orthodoxe et les défenseurs de l'Idée hellénique, n'eurent pas de repos qu'ils n'eussent détruit l'Eglise nationale bulgare, qui avait à Tirnovo son patriarche et un archevêque à Ochrida. Les patriarches du Phanar rêvaient de reconstituer un jour le Bas-Empire détruit par les Turcs au profit de la nationalité hellénique, et c'est pour cela qu'il leur convenait de supprimer dans les Balkans l'élément slave et la nationalité bulgare. Il faut dire qu'ils avaient l'avantage de représenter une civilisation supérieure : celle de Byzance. De plus, les Turcs les laissaient faire, car le patriarche œcuménique habitant au Phanar, ils croyaient le tenir sous leur dépendance.

« Après l'affranchissement de la Grèce, en 1825, les tentatives du patriarcat œcuménique pour dénaturer et helléniser l'élément slave des Balkans redoublèrent. Mais comme l'idée des nationalités leur était venue d'Europe, les Bulgares se réveillèrent bientôt et ils cherchèrent à constituer un clergé national, car en Turquie le clergé est le représentant de la nationalité. De là les luttes que nous avons soutenues contre les Grecs depuis quatre-vingts ans.

« Après maintes péripéties, les Turcs acceptèrent, il y a une quarantaine d'années, de donner aux populations bulgares de la Roumélie, de la Thrace et de la Macédoine, un clergé national qui aurait à sa tête un exarque. C'est ainsi que fut constitué l'exarcat.

« Mais le Patriarcat refusa de se soumettre à ce firman, car il ne renonçait pas à son idée de voir un jour les Grecs reprendre Constantinople et reconstituer le Bas-Empire, et pour cela il leur fallait empêcher que la Thrace retombât aux mains des Bulgares. C'est alors qu'ils inventèrent l'histoire du schisme. Ils nous déclarèrent schismatiques, alors que nous ne le sommes pas du tout et que nous sommes aussi bons orthodoxes que les Grecs, les Serbes, les Roumains ou les Russes ; nous avons seulement voulu fonder un clergé national pour garder notre nationalité, mais ce n'est pas là une faute contre la religion.

« Les Turcs, toujours habiles à profiter des rivalités qui divisaient les populations chrétiennes soumises à leur joug se refusèrent à appliquer le firman impérial qui nous permettait d'avoir des prêtres et des évêques dans toutes les éparchies dont la majorité de la population est bulgare. Il nous fallut leur arracher nos évêchés un à un, et la Thrace et la Macédoine devinrent ainsi un véritable champ de bataille pour l'influence grecque et l'influence bulgare.

« Après le traité de Berlin, quand le rêve d'une grande Bulgarie, dont les limites avaient été tracées au traité de San Stefano, eût été réduit à néant par la volonté de Bismarck, j'ai trouvé qu'il n'y avait pas d'autre moyen de lutte que d'éclairer en Thrace et en Macédoine les masses populaires, de les instruire de leurs propres origines et de les dégager ainsi peu à peu de l'Idée hellénique. A partir de la guerre russo-turque, je me suis mis à ouvrir des écoles et jusqu'à ce jour je n'ai fait à peu près que cela. Notre propagande a porté ses fruits, et nous sommes arrivés à faire comprendre aux populations chrétiennes de Thrace et de Macédoine qu'elles étaient bulgares, alors qu'elles se croyaient grecques. Cela n'a pas été toujours facile, parce que parmi les paysans slavophones, les uns se croyaient à tort schismatiques s'ils quittaient le Patriarcat pour passer à l'Éxarcat, et on avait fait croire aux autres qu'ils étaient des Grecs qui avaient perdu leur langue.

« Avec le développement de l'instruction, le mécontentement augmenta chez les populations de Macédoine qui avaient terriblement à souffrir des vexations sans nombre et de la mauvaise administration de la Turquie, et naturellement elles cherchèrent à améliorer leur sort. Ce fut l'origine des comités qui commencèrent une propagande révolutionnaire en Macédoine pour obliger la Turquie à réformer son administration. Leurs efforts furent vains. Tant que régna Abdul-Hamid, la Turquie ne voulait pas se réformer et les mesures prises en Macédoine sur le conseil des puissances, ainsi que la nomination de Hilmi-Pacha au poste d'inspecteur des réformes, n'étaient qu'un trompe-l'œil, une manière de passer le temps.

« Après la révolution de 1908, les Jeunes-Turcs ne firent qu'aggraver la situation. Ils ont commis beaucoup de fautes, les Jeunes-Turcs. Ils étaient trop chauvins ; ils ont frappé indifféremment sur les Bulgares, les Grecs, les Serbes et les Albanais, disant qu'il n'y avait plus que des Ottomans. Les Grecs, les Bulgares et les Serbes se sont retrouvés dans les mêmes prisons. Ils ont alors compris qu'ils avaient eu tort de se battre les uns les autres, qu'ils avaient un ennemi commun : le Turc, et l'idée a commencé alors à entrer dans leur esprit qu'ils devaient arriver à s'entendre pour se débarrasser du joug de cet ennemi.

« Pour ma part, quand j'ai vu se dessiner ce mouvement j'ai dit au Patriarche : « Oublions
« tout ce qui s'est passé. Nous nous sommes déga-
« gés de vous. Vous ne pouvez plus nous dominer.
« Il reste encore 150.000 Bulgares qui se disent
« Grécomanes ou Serbes. Ces 150.000 Bulgares, je
« peux vous les abandonner ; nous avons commencé
« la lutte pour 5 millions. Maintenant il faut
« nous entendre d'autant plus que les Jeunes-Turcs,
« sous prétexte de proclamer l'égalité de tous les
« sujets de l'Empire, menacent de nous enlever nos
« privilèges et de fermer nos écoles. »

« Ma voix fut écoutée, et depuis trois ans le Patriarcat et l'Exarcat entretiennent des relations courtoises.

« Ce rapprochement religieux a préparé et favorisé le rapprochement politique des Etats balkaniques dont la guerre actuelle est la conséquence.

« Cette guerre a donné des résultats magnifiques, puisqu'elle a amené la fin de la domination turque en Europe. »

Après ce coup d'œil sur le passé, l'exarque Joseph Ier me parla de l'avenir.

Je lui dis :

— Croyez-vous que l'union balkanique subsistera après la guerre ?

— Je le désire du fond du cœur, me répondit-il. Quand on songe que cette union a suffi pour mettre fin en quelques jours à cinq siècles d'esclavage, quels beaux résultats ne devrait-on pas en attendre dans l'avenir, si elle pouvait subsister ! Et pourquoi ne pourrait-elle pas subsister ? Je sais bien qu'il y a des frottements entre les alliés. Mais si les Grecs et les Serbes sont animés, comme les Bulgares, de l'esprit d'équité, ces frottements ne tarderont pas à disparaître. A côté des intérêts nationaux, il y a un autre intérêt : celui de la paix et de la concorde entre voisins, qui est énorme et que je place même avant tous les autres. J'ai l'espoir et la conviction que les alliés ne manqueront pas de le comprendre et élimineront de leurs rapports tout ce qui pourrait être un germe de haine et de discorde pour l'avenir.

— Est-il vrai qu'il soit question de lever le schisme bulgare ?

— Nous n'avons jamais reconnu le schisme. Nous avons toujours prétendu qu'il était illégal. Il y a dans l'Église catholique un principe canonique qui dit que là où il y a une autonomie politique, il doit y avoir une Église autocéphale. Or, la Bulgarie a conquis son indépendance. Elle englobe maintenant presque toutes les populations bulgares de la Macédoine. Il n'y a donc rien qui s'oppose à ce que le schisme soit levé par le Patriarche, et j'espère qu'il le sera prochainement. Le Patriarcat va peut-être soulever cette question : Que deviendront alors les Grecs qui resteront en Bulgarie ? Le Patriarcat cherchera peut-être à leur donner des évêques hellènes pour les aider à garder leur nationalité. Pour ma part, j'ai dit au Patriarche : « J'estime que la garantie des droits des minorités ethniques dans chacun des royaumes alliés est une question politique et non une question religieuse, qui regarde les gouvernements et non le Patriarcat ou l'Exarcat.

« Si nos pays veulent rester unis, il faut que les Grecs de Bulgarie soient soumis, au point de vue religieux, au Synode des Bulgares, comme les Bulgares de Grèce et de Serbie seront soumis au Synode grec ou serbe. De telles concessions réciproques sont nécessaires si l'on veut vivre en bonne harmonie.

« Je dirai même qu'au point de vue de l'entente entre les peuples balkaniques, et pour hâter l'unification de nos divers États, il est désirable que les Bulgares, les Grecs et les Serbes qui, après un partage aussi équitable que possible, resteront en Macédoine en dehors des limites de leur pays, se fondent dans le nouvel État dont ils feront partie. Les Grecs ou les Serbes, par exemple, pourront trouver le moyen d'amener les Bulgares qui resteront chez eux à parler grec ou serbe, sans les menacer, comme ils font déjà aujourd'hui, de leur couper la langue. Quant aux Grecs qui resteront en Bulgarie, je suis bien tranquille : ils ne tarderont pas à redevenir Bulgares. Presque tous, en effet, ont des origines bulgares. Pour ma part, quand j'étais métropolitain à Andrinople, j'ai fait près de 4.000 mariages de paysans bulgares. Quand je suis retourné les voir quelques années après, tous avaient appris le grec. Quand ils seront sous l'autorité bulgare, ils se rappelleront d'eux-mêmes qu'ils sont Bulgares, sans qu'on ait besoin de leur faire violence. Seuls, les Grecs des côtes, les Grecs authentiques descendants des Grecs d'il y a 2.000 ans, et qui sont tout aussi immuables que les juifs, garderaient leur nationalité. Mais, en règle générale, avec la paix et la sécurité, je crois que les races vont se tasser dans les Balkans, suivant leur affinités, et c'est là une loi de nature qu'il ne serait pas bon de contrarier si l'on veut avoir la paix. »

— Une dernière question : Le Patriarcat prétend qu'il lui est impossible de lever le schisme tant que l'exarque des Bulgares restera à Constantinople.

— Le siège de l'Exarcat sera transporté après la guerre à Sofia. Il restera ici une petite communauté bulgare. Je laisserai à sa tête un vicaire et je m'entendrai à ce sujet avec le Patriarcat. Je ne puis donc que vous répéter : Il n'y a aucune raison pour que le schisme ne soit pas levé, et j'espère qu'il le sera prochainement.

Après avoir remercié l'exarque Joseph Ier de ses déclarations si loyales qui revêtent, en raison des événements actuels, une importance historique, je pris congé de lui en lui promettant de me faire le messager de ses paroles auprès de ses compatriotes, lors de mon premier passage à Sofia.

* *

VEILLE DE DÉPART

Constantinople, 30 avril.

Depuis que l'armistice a été renouvelé, nous assistons tous les jours au spectacle inattendu de troupes ottomanes défilant, musique en tête, dans la Grand'Rue de Péra. Cela semble indiquer que les Turcs considèrent la guerre comme terminée et que la démobilisation générale n'est plus qu'une affaire de jours.

Jamais je ne me serais figuré que le retour des troupes de Tchataldja pût être ce qu'il est. Les Turcs reviennent de la guerre comme d'une simple promenade militaire. L'ennemi les a refoulés jusqu'aux portes de leur capitale. Ils n'en défilent pas moins, calmes et fiers, au bruit des clairons, des fifres et des tambours, tout comme s'ils étaient victorieux.

Évidemment, il y a dans cette attitude beaucoup de crânerie. La façon héroïque dont les troupes ottomanes se sont défendues depuis cinq mois a fait d'ailleurs oublier les paniques de Koumanovo et de Kirk-Kilissé et leur permet de marcher la tête haute, et puis les vaincus ont raison de jeter des lis sur leurs blessures. Parce que le destin lui a été contraire, ce n'est pas une raison pour qu'un peuple s'abandonne au pessimisme et renonce à la volonté de vivre.

Le printemps, qui a fleuri les lilas et paré d'une tendre verdure les milliers d'arbres au milieu desquels sont délicieusement enfouies les maisons de Stamboul, enveloppe toute la ville d'une atmosphère de fête. Puisse-t-il, ce doux printemps, être, après tant de cruels désastres pour la Turquie amputée de ses membres gangrenés, le symbole d'un renouveau qui affirmera aux yeux du monde la vitalité de ses provinces asiatiques. C'est le vœu le plus sincère que je puisse faire avant de quitter cette ville où nous avons tous vécu pendant près de trois mois, depuis la reprise des hostilités, des heures si émouvantes, dominés et comme écrasés que nous étions par la grandeur du drame séculaire qui achevait de se dérouler autour ou tout près de nous.

L'attention de l'Europe se tourne maintenant vers les capitales des peuples balkaniques. Les alliés, qui furent grands pendant le combat, sauront-ils se montrer aussi grands après la victoire ? Sauront-ils montrer assez de prudence et assez de sagesse pour ne pas compromettre par leurs rivalités et leurs prétentions inconciliables les résultats acquis ? Au lieu de chercher à former en s'unissant d'une façon indissoluble un nouvel État, une nouvelle grande puissance qui sera un élément important de l'équilibre européen, vont-ils retourner aux vieux errements et par leur discorde perpétuer l'anarchie dans les Balkans ?

Voilà la question angoissante que l'Europe est en train de se poser.

Je m'embarquerai, demain, pour Constanza et je me rendrai successivement à Bucarest, Sofia, Salonique, Monastir, Uskub et Belgrade, et je demanderai aux hommes politiques les plus influents des États balkaniques de m'exposer pour les lecteurs de *la Dépêche* leurs desiderata et leur point de vue.

Ma plus vive espérance est que, malgré les bruits pessimistes que les fauteurs de désordre et pêcheurs en eau trouble, qu'ils soient autrichiens, allemands ou turcs, répandent dans la presse européenne, les alliés finiront bientôt par s'entendre. Ils en ont tous le désir et les Bulgares, que l'on accuse de vouloir jouer dans les Balkans le rôle d'une Prusse orientale, peut-être plus que tous les autres.

J'en ai une preuve bien convaincante. Je viens de recevoir l'invitation de faire, à l'occasion de mon prochain passage à Sofia, une conférence à l'Université de cette ville sur les leçons de la guerre balkanique et on me demande de flétrir comme il convient « les agissements de certaines puissances qui se sont attachées à mettre des bâtons dans les roues du char triomphant des alliés et qui se font un jeu infernal de semer la haine et la discorde parmi les Balkaniques ». Je crois donc sincèrement que la douleur de voir les frères balkaniques redevenir des frères ennemis après quelques mois seulement d'une entente qui leur fut pourtant si profitable et pour lesquels nous avons tous en France une égale estime, nous sera épargnée.

Inutile cependant de vous dire que mon optimisme ne saurait m'aveugler et que je me ferai, au cours de mon voyage, impartialement l'écho de toutes les opinions que j'aurai entendues, même si elles devaient être en contradiction flagrante avec mes espoirs les plus intimes.

Notre premier devoir de journalistes c'est de nous incliner sans idées préconçues devant la réalité. C'est surtout nous qui avons le devoir de dire : « Je veux vivre et mourir les yeux ouverts. »

Avant de quitter Constantinople, je suis allé une dernière fois faire un tour au délicieux jardin du Taxim, dont la location a été accordée par la municipalité à notre excellent compatriote Soulié, l'un des Toulousains les plus intelligents et les plus débrouillards, qui se trouvent ici. De la magnifique terrasse qui donne sur le Bosphore et la côte d'Asie le panorama est ravissant. On dirait un pastel aux couleurs si tendres et si claires qu'on les croirait frottées par une main de fée. A nos pieds, au fond du ravin, se mire dans le Bosphore le palais de Dolma-Bagtché, demeure du sultan Mahomet V qui, malgré les revers de la Turquie, reste le khalife vénéré vers lequel tournent les yeux 300 millions de musulmans et l'une des plus grandes puissances spirituelles qui soient au monde.

Presque en face, sur la côte d'Asie, se dressent les marbres du palais de Beylerbey, dont j'ai fait une fois curieusement le tour, car il sert de prison à Abdul-Hamid. C'est là que le sultan rouge — celui dont Gladstone disait du haut de la tribune : « Assassin, Hamid, tu n'es qu'un assassin ! » — expie ses crimes au milieu des fleurs en écrivant ses mémoires.

Pendant que des ouvriers achèvent d'installer le théâtre Printania, où débutera prochainement une troupe parisienne et que, sous les arbres verts, un excellent orchestre, comme tous les après-midi, joue des valses viennoises, je discute pour la millième fois avec des Européens, des Égyptiens et des Turcs le thème éternel :

— La Turquie pourra-t-elle se régénérer?

Mes amis n'ignorent pas les dangers nombreux qui guettent encore et menacent cet empire : la tutelle financière de l'Europe, la question des nationalités, les revendications des Grecs orthodoxes, les révoltes des Arméniens, les massacres des Kurdes, les aspirations autonomistes des Arabes du Yémen et de la Syrie, les tendances séparatistes des populations chrétiennes du Liban, la menace d'une intervention de la Russie toujours prête à fomenter des troubles dans l'Anatolie orientale pour avoir le prétexte de protéger les chrétiens menacés, les intrigues de l'Angleterre pour enlever le khalifat à la Turquie et le restituer aux Arabes qui, sous un protectorat, formeraient de nouveau un grand empire, dont le chef temporel et spirituel serait le khédive d'Egypte, enfin le danger non moins réel et plus éminent des haines irréconciliables qui divisent ententistes et Jeunes-Turcs et qui donnent à leurs luttes politiques un caractère de fureur et de fanatisme si préjudiciables au pays. Mais cependant presque tous sont optimistes, ils pensent que la Turquie conserve assez de vitalité pour triompher de tous ces dangers et ils rêvent encore pour elle en Asie d'un brillant avenir.

Illusions peut-être que tout cela! Mais dans un site si magnifique que peut-on faire de mieux que rêver?

QUATRIÈME PARTIE

DU SECOND ARMISTICE A L'ATTAQUE BRUSQUÉE.
ENQUÊTE SUR L'AVENIR DE L'UNION
BALKANIQUE

CHAPITRE PREMIER

EN ROUMANIE

La paix définitive n'était pas encore signée avec la Turquie et déjà commençaient entre les alliés les difficultés du partage.

Je pris le parti de visiter Bucarest, Sofia, Salonique, Monastir et Belgrade pour me rendre compte du véritable état d'esprit des Roumains, des Bulgares, des Grecs et des Serbes et tâcher de voir si entre eux un accord amiable était possible ou si la guerre était inévitable. Je ne fus pas long à m'apercevoir qu'une solution par les armes pourrait difficilement être conjurée, et je le dis comme je le pensais. Une fois de plus je ne trouvai qu'incrédulité chez les pacifistes et les diplomates. Mon enquête qui avait duré deux mois était terminée le 27 juin. Le 29 se produisit l'attaque brusquée des Bulgares contre les Grecs et les Serbes.

J'arrivai à Bucarest le dimanche de Pâques. Et tout de suite, après quelques conversations avec de très hautes personnalités politiques, je notai chez les Roumains un nouvel état d'âme.

Les Roumains n'étaient pas contents des conditions

dans lesquelles ils avaient obtenu Silistrie à la conférence de Saint-Pétersbourg.

Ils reconnaissaient que la politique d'entente avec l'Autriche avait fait faillite. Chez eux se manifestait un regain de sympathie pour la Russie et la volonté de ne plus garder la neutralité, mais d'intervenir dans les affaires balkaniques dès que l'occasion se présenterait.

Cet état d'esprit nouveau en Roumanie aurait dû rendre la Bulgarie plus prudente.

*
* *

L'ENTENTE ROUMANO-GRÉCO-SERBE

Bucarest, 7 mai.

Quelques instants avant mon départ pour Roustchouk et Sofia, j'ai pu m'entretenir avec M. Virgile Arion, député, professeur à l'Université, président de la Ligue de culture roumaine et frère de M. Constantin Arion, ministre actuel des Domaines. Son opinion a une grande importance, car c'est l'un des principaux artisans de l'agitation nationale roumaine dont le but est d'obtenir à la Roumanie des compensations territoriales pour les agrandissements des alliés balkaniques.

Depuis le commencement de la guerre, il a fait dans toutes les grandes villes de Roumanie, à Bucarest, à Jassy, à Galatz, à Ploesti, etc., de nombreuses conférences pour faire connaître aux Roumains la situation de leurs frères koutzo-valaques disséminés en Albanie et en Macédoine. Ces conférences, auxquelles assistaient chaque fois des milliers de personnes, ont eu un très grand succès. Quelques-unes ont donné lieu dans la rue, notamment à Bucarest, à des manifestations bruyantes. Et c'est surtout en présence de ce mouvement populaire que le gouvernement du roi Carol s'est vu obligé d'insister auprès de la Bulgarie pour obtenir Silistrie et une bande de terre jusqu'à la mer Noire, ainsi que l'autonomie religieuse et nationale des communautés koutzo-valaques de Macédoine.

M. Virgile Arion m'a confirmé ce que je vous ai déjà dit depuis mon arrivée ici : la Roumanie n'est pas contente. Quelle que soit la décision de la conférence de Saint-Pétersbourg, les Roumains jugent que l'accroissement de territoire qu'on leur accorde du côté de Silistrie n'est pas suffisant pour compenser la perte d'influence et de prestige que la Roumanie, du fait de la dernière guerre, subit dans les Balkans. Et il est aussi d'avis que la politique de la Roumanie doit subir un changement d'orientation radical et suivre une méthode d'action totalement différente de celle qui a été adoptée ici jusqu'à ce jour.

Son point de vue est le même que celui de la plupart des hautes personnalités politiques que j'ai interrogées depuis mon arrivée ici. La politique d'entente avec l'Autriche a fait fiasco. L'Autriche s'est toujours servi de la Roumanie comme d'une sentinelle avancée vers l'Orient pour intimider tantôt les Russes tantôt les Bulgares. Mais en échange de ce service elle ne lui a rien donné. La Roumanie, désormais, ne doit donc compter que sur elle-même et elle doit se décider à s'engager dans une politique active pour défendre ses intérêts dans les Balkans.

Je demandai à M. Virgile Arion ce qu'il pensait du bruit qui circule depuis quelques jours avec insistance, et d'après lequel une entente aurait été conclue entre la Grèce, la Serbie et la Roumanie, en cas d'une guerre avec la Bulgarie.

— Je ne crois pas, m'a-t-il dit, qu'une pareille entente existe encore. Mais on en parle et, pour ma part, j'en serais assez partisan. La Bulgarie mène une politique équivoque. Tantôt elle se dit l'amie de la Russie, tantôt elle coquette avec l'Autriche. Au fond, elle ne cherche qu'à exploiter les rivalités de ces deux puissances pour tâcher de jouer un rôle prépondérant dans les Balkans et nous refuser les compensations qui nous sont dues. Nous n'obtiendrons rien d'elle que par la force. C'est pourquoi nous devons nous allier à la Serbie, avec laquelle nous avons de nombreux intérêts communs et à laquelle nous unissent des liens étroits de sympathie.

— Vous ne pensez pourtant pas que la Roumanie doive faire la guerre pour obtenir des compensations ?

— Et pourquoi pas, si c'est nécessaire ? Sans doute, nous avons déjà une fois laissé passer le moment favorable. Au début de la guerre, il aurait suffi d'une simple mobilisation de notre part pour obtenir tout ce que nous aurions voulu de la Bulgarie, qui ne pouvait rien faire contre la Turquie sans notre neutralité. Mais l'occasion peut se présenter plus tôt qu'on ne pense. Une nouvelle guerre va peut-être éclater dans les Balkans, entre les alliés, pour le partage de leurs conquêtes. En ce cas, la Roumanie aura tout intérêt à marcher avec la Serbie et je crois qu'elle n'hésitera pas à le faire.

Cette union avec la Serbie aurait, d'ailleurs, le très grand avantage de nous mettre très bien avec la Russie.

Cet Empire commence, en effet, à se méfier de la Bulgarie. Elle craint les désirs d'expansion de ce petit État, qu'elle n'avait libéré que pour le garder sous sa dépendance. Elle craint qu'il ne veuille, un jour, s'installer à Constantinople, que la Russie, depuis Pierre le Grand, considère comme sa proie.

Par contre, elle voit dans la Serbie une alliée idéale, car elle ne peut se passer d'elle pour amener le démembrement de l'Autriche.

Si nous sommes avec la Serbie et la Grèce contre la Bulgarie, la Russie sera donc avec nous.

— Est-ce que le peuple roumain serait prêt à faire une guerre pour une question d'équilibre ou de prestige? N'est-il pas indifférent aux questions de politique extérieure?

— Le peuple roumain est très sensible à l'honneur national, et il est prêt à faire son devoir. J'en ai tous les jours des preuves touchantes. Aujourd'hui encore, j'ai reçu une lettre d'un homme du peuple qui me dit:

« Nous n'irons plus à vos conférences, non que nous ne comprenions pas vos idées et que nous ne partagions pas vos sentiments. Nous saisissons très bien ce que vous nous dites et nous l'approuvons entièrement; mais, voilà, après toutes vos conférences, vous nous recommandez le calme. Vous nous défendez de manifester dans la rue. Croyez-vous donc que des hommes qui seraient décidés, au besoin, à se faire tuer, en luttant au delà du Danube contre les Bulgares, ne seraient pas capables de tenir tête, dans la rue, à des gendarmes? »

Voilà l'état d'esprit nouveau de la Roumanie. Chez nous, le sentiment national se réveille, et c'est un élément qui sera d'une grande importance dans la politique balkanique et la politique européenne.

CHAPITRE II

EN BULGARIE

Quand j'arrivai à Sofia, dès les premiers jours du mois de mai, les Bulgares étaient mécontents de tout le monde. Mais l'expression de leur mépris et de leur haine contre leurs alliés serbes et grecs était particulièrement énergique.

Des amis de l'Office central des Nationalités, se souvenant que j'avais fait un an avant une conférence sur *l'Union balkanique* au siège de *l'Alliance française* me demandèrent de vouloir bien exposer dans le grand amphithéâtre de l'Université les impressions que j'avais recueillies pendant mon séjour dans les Balkans depuis le commencement de la guerre avec la Turquie, et ce que je pensais de la situation actuelle.

J'acceptai comme un devoir de faire entendre des paroles d'apaisement. Je conseillai aux Bulgares de chercher à se mettre d'accord avec leurs alliés par des moyens pacifiques et de ne pas faire le jeu de l'Autriche.

Le président du Conseil, M. Guéchoff, à qui M. Nat-

chévitch avait fait un compte rendu de cette conférence, eut l'amabilité de me remercier.

Je m'aperçus bientôt cependant que je n'avais convaincu personne. On m'avait demandé l'autorisation de reproduire ma conférence *in extenso* dans *l'Echo de Bulgarie*, un journal de combat en langue française, qui venait de se créer. J'acceptai. Quand je lus *l'Echo de Bulgarie*, quel ne fut pas mon étonnement de voir qu'on avait retranché tous les passages dans lesquels je critiquais les manœuvres obliques de l'Autriche ! L'opinion de tous les hommes politiques en vue que j'ai interviewés pourrait se résumer ainsi :

« Si les Grecs et les Serbes n'abandonnent pas volontairement les territoires indûment occupés par eux, nous les chasserons à la baïonnette. »

Après avoir visité le champ de bataille d'Andrinople je quittai la Bulgarie avec la conviction que le danger de guerre entre les alliés pourrait être difficilement conjuré.

*
* *

LES PLAINTES BULGARES

Sofia, 8 mai.

Il sera dit que cette maudite guerre balkanique aura mécontenté tout le monde, même les vainqueurs.

A Bucarest, je n'ai trouvé que désillusions parmi les hommes de tous les partis politiques.

A Sofia, je ne constate dans tous les milieux qu'un immense désenchantement et l'appréhension de complications nouvelles que l'on a peut-être une trop grande tendance à considérer comme inévitables.

J'ai eu, depuis ce matin, avec des amis dont quelques-uns occupent de très hautes situations dans la politique, la magistrature, l'armée ou l'Université, des palabres interminables. Ils sont unanimement mécontents de tout le monde.

Ils en veulent aux Turcs d'avoir usé de procédés dilatoires, d'avoir indéfiniment retardé la signature des préliminaires de paix, et enfin d'avoir rendu jusqu'à ce jour la démobilisation impossible.

Ils en veulent à la Russie d'avoir fait savoir d'une façon catégorique au gouvernement de Sofia qu'il serait désagréable au tsar Nicolas de voir les Bulgares forcer les lignes de Tchataldja et planter la croix orthodoxe sur le dôme de l'église de Sainte-Sophie à Constantinople.

Ils en veulent à la Grèce de ne pas renoncer en leur faveur à la ville de Salonique.

Ils en veulent à la Roumanie de les obliger sans coup férir à leur céder Silistrie.

Ils en veulent surtout à la Serbie de demander une revision en sa faveur du traité de partage de la Macédoine et d'affirmer, avant même la signature du traité de paix avec la Turquie, son intention de ne pas céder des villes comme Monastir, Prilep et Ochrida, occupées par elle et qui, d'après le traité de partage, devaient revenir à la Bulgarie.

Ils en veulent aussi à l'Autriche de n'avoir pas admis le principe de non-intervention et de désintéressement territorial dans les Balkans proposé au début de la guerre par M. Poincaré. Ils lui en veulent d'avoir en interdisant l'accès de la mer Adriatique à la Serbie, forcé ce pays à tourner les yeux vers la Macédoine et à chercher des compensations du côté de territoires auxquels elle avait renoncé tout d'abord.

Ils en veulent à l'Allemagne de soutenir aveuglément son alliée l'Autriche dans sa politique d'aventures dans les Balkans.

Ils en veulent à l'Italie de faire pièce à l'Autriche et de poursuivre l'établissement d'une sphère d'influence en Albanie.

Ils en veulent à l'Angleterre de ne pas se montrer assez ferme dans sa politique extérieure et de coqueter avec la Triple-Entente et la Triple-Alliance.

Il n'y a guère que de la France dont je n'entends pas dire grand mal. Encore lui reproche-t-on doucement de se laisser traîner dans sa politique orientale à la remorque de la Russie et de ne pas suffisamment user de son influence sur son alliée, pour lui recommander à l'égard des peuples balkaniques une politique moins égoïste.

C'est, en effet, la Russie que l'on rend ici particulièrement responsable de tous les orages qui obscurcissent en ce moment le ciel de l'Union balkanique et de toutes les complications qui menacent d'entortiller comme dans un filet l'indépendance bulgare. Contre le pays du tsar libérateur, le ressentiment du peuple bulgare est d'autant plus grand qu'on attendait de lui davantage.

A tort ou à raison, on reproche ici à la Russie d'encourager sous main les prétentions de la Serbie. Les russophiles les plus notoires eux-mêmes élèvent de sévères critiques contre le gouvernement de Nicolas, et les journaux de Sofia se livrent à de violentes attaques contre M. Sazonoff (ils l'appellent Sazanian), à qui ils reprochent d'être d'origine arménienne et qu'ils accusent de gouverner contre les véritables sentiments du peuple russe, de trahir la cause du panslavisme et les véritables intérêts de la sainte Russie.

Quant à la Serbie, je l'entends malheureusement

juger ici par tout le monde avec le même mépris et la même profondeur de haine qu'il y a quelques années aux temps héroïques de la lutte des comitadjis serbes et bulgares contre la Macédoine. Les Serbes, me dit-on, ne veulent pas faire honneur à leur signature. Notre gouvernement a eu grand tort de lier partie avec eux et d'introduire le loup dans la bergerie de la Macédoine. On les connaissait bien. Ce ne sont pas des gens sérieux. Ce sont des rêveurs. Ils se laissent emporter par leur imagination. Il leur semble qu'il suffit de désirer quelque chose pour, aussitôt, l'obtenir. Ce sont des bravaches emportés par le fanatisme national, des exaltés et des fous. Ce mot de folie revient à chaque instant dans la bouche des Bulgares pour caractériser l'état d'âme du peuple serbe. Et à ce qu'ils appellent un emballement irréfléchi, une pure démence de leurs alliés, les Bulgares aiment à opposer leur sang-froid imperturbable et leur calme inébranlable.

En effet, ils sont terriblement calmes. Ils n'élèvent pas la voix. Ils ne se dépensent pas en paroles, mais ils lancent des déclarations froides et tranchantes comme celle-ci : « Le peuple bulgare n'admettra pas de discussion sur le traité de partage. Dès la signature des préliminaires de paix, il exigera des Serbes et des Grecs la remise des territoires auxquels il a droit. Si les Serbes ne veulent pas faire honneur à leur signature, s'ils sont fous, que les destins s'accomplissent. »

Tout en eux respire l'entêtement farouche, la volonté inébranlable de reprendre s'il le faut, par le fer et par le feu, les territoires qu'ils croient leur appartenir par droit de conquête. Et je dois ajouter que personne ne doute ici de la facilité de la victoire.

Comme dans un cercle d'amis je disais : « Si la guerre éclate entre les alliés, ce sera le plus grand scandale du siècle. Ne craignez-vous pas que la conscience européenne ne finisse par se révolter ? » L'un d'eux me répondit avec hauteur : « En définitive tout se résoudra par une question de puissance. Nous sommes les plus forts et nous le montrerons. Peu nous importe ce qu'on pense à Paris, à Berlin ou à Londres. Tenez, il y a un mot de votre Baudelaire : « La « force est la suprême justice. » Il est de circonstance ! »

Bismarck n'aurait certes pas parlé autrement.

Un pareil état d'âme, ce regain de vieilles haines qui semblaient mortes à jamais, est pénible à constater surtout pour moi qui ai toujours cru à la nécessité de l'Union balkanique et qui persiste à penser que cette Union, en présence des rivalités grossières et des appétits sans scrupules des grandes puissances, est plus que jamais nécessaire pour permettre aux petits États balkaniques de garder leur indépendance.

Il serait puéril cependant de fermer les yeux à la réalité des faits. Un profond désaccord règne entre les alliés balkaniques et plus particulièrement entre les Serbes et les Bulgares. Les grandes puissances qui croient avoir intérêt à l'échec de la Confédération balkanique, c'est-à-dire la Russie d'un côté et de l'autre l'Autriche, n'hésitent pas à aviver cette querelle pour pouvoir poursuivre leur rêve de domination dans les Balkans.

Il faut espérer pour l'honneur de la France qu'elle les laissera pratiquer seules ce jeu diabolique. Chercher, au contraire, à aplanir ce différend et s'efforcer de ranimer la confiance mutuelle chez les alliés balkaniques, telle devrait être, dans l'intérêt de la paix générale, la tâche glorieuse de la diplomatie de la France.

* * *

DÉCLARATIONS DE M. THÉODOROFF,
MINISTRE DES FINANCES DE BULGARIE

Sofia, 10 mai.

Avant son départ de Paris, où il assistera à la conférence financière en qualité de représentant de la Bulgarie. M. Théodoroff, ministre des Finances, a bien voulu me faire l'honneur de m'accorder un entretien.

M. Théodoroff ne m'a pas caché qu'on commençait à être las en Bulgarie de la longueur désespérante d'une campagne que l'on considérait ici comme virtuellement terminée après le premier mois, et que la Bulgarie ne pouvait, en aucun cas, renoncer à une indemnité de guerre.

« Notre plus vif désir, m'a-t-il dit, c'est que les travaux de la Conférence de Paris ne traînent pas en longueur. Le programme français de la Conférence, vous le savez, est très précis et ne contient que trois points :

« 1° La part de la Dette publique ottomane qui retombera sur les alliés du fait de la conquête ;

« 2° La garantie des concessions accordées par l'Empire ottoman à des sociétés qui sont touchées par les changements territoriaux ;

« 3° La fixation de l'indemnité de guerre et la discussion des revendications financières ou économiques soulevées par les alliés.

« Nous espérons que ce programme ne sera pas élargi et que la Conférence ne se laissera pas entraîner à traiter d'autres questions.

« Les alliés et l'Europe ont un intérêt pressant à en finir rapidement avec la situation actuelle, si préjudiciable aux intérêts de tout le monde et d'où peuvent surgir à chaque instant des complications nouvelles.

« Il paraît, en effet, que, tant que la Conférence durera, la paix ne pourra pas être conclue. Les questions que la Conférence aura à traiter ne sont, d'ailleurs, pas très difficiles à résoudre. Nous avons admis le principe d'après lequel les alliés doivent se charger d'une partie de la Dette publique ottomane. Nous avons accepté cela, non pour rendre la Turquie plus riche et plus prospère, mais pour ne pas léser les intérêts des tierces personnes et ne pas diminuer les garanties des créanciers de la Turquie.

« Mais, d'un autre côté, nous voulons aussi qu'on tienne compte des intérêts de nos créanciers et qu'on ne laisse pas s'appauvrir les États victorieux pour le bon plaisir de la Turquie. Ce sont toujours les vaincus qui doivent supporter les frais de la guerre, et, dans les circonstances actuelles, si la guerre a coûté beaucoup et si elle a été si sanglante, cela est dû à la mauvaise foi de la Turquie, car, en novembre déjà, elle s'est reconnue vaincue et elle nous a demandé d'entrer directement en pourparlers avec elle. Depuis, elle a passé six mois à se moquer de nous et de l'Europe. Sa conduite à Londres fut particulièrement blâmable. Elle passa son temps à nous abandonner d'abord ville par ville, et finalement quartier par quartier.

« Quand l'Europe lui eût promis son aide, en décembre, pour qu'elle acceptât nos conditions, elle déclara qu'elle consentait à donner la moitié d'Andrinople, mais à condition qu'elle garderait les îles, que les puissances lèveraient les capitulations, renonceraient chez elle à leurs bureaux de postes, l'autoriseraient à augmenter ses droits de douane, etc. Bref, la tutelle qu'elle n'avait pu secouer pendant des siècles, alors même qu'elle était puissante et victorieuse, la Turquie voulait s'en débarrasser d'un coup une fois vaincue. Elle exigeait un emprunt. N'est-ce pas se moquer des gens ? Elle a dû se résigner à perdre Janina et Andrinople et à subir à Boulayr une terrible défaite qui lui a coûté au moins 10.000 victimes.

« Tout cela a demandé du temps, de nouveaux sacrifices en hommes et en argent.

« Peut-être est-ce une faute de l'Europe de n'avoir pas prévenu la Turquie, en présence de sa mauvaise foi, que toute prolongation des hostilités serait à sa charge, car alors nous aurions eu la paix trois mois plus tôt. Ce que voulait la Turquie, c'était nous exténuer, nous épuiser jusqu'à notre dernier souffle ou faire éclater un conflit général en Europe. Elle n'avait aucun espoir dans ses propres forces pour changer la fortune. Elle s'est jouée de nous et de l'Europe.

« Ce jeu est criminel et sans excuse. Qui s'est ainsi conduit n'a pas le droit de demander qu'on lui épargne les conséquences de ses fautes.

« D'un autre côté, nous ne pouvons pas cacher que cette guerre nous a coûté énormément. L'obstination de la Turquie à ne pas conclure la paix a occasionné tant de frais qu'il nous est impossible de renoncer à un dédommagement.

« Ce que nous voulons est régulier au point de vue du droit international et des pratiques universelles.

Au siècle dernier, il n'y a que quatre guerres qui se soient terminées sans le paiement d'une indemnité, et cela est dû à des causes spéciales, lorsque, par exemple, les deux adversaires, comme la Russie et le Japon, se trouvaient à peu près dans la même situation.

« La Turquie elle-même, en 1897, après une guerre victorieuse contre la Grèce, a obtenu de ce pays une indemnité. Nous n'avons qu'à lui appliquer le même principe. La reconnaissance du système du paiement des frais de guerre par les vaincus a du bon ; il rendra les guerres plus courtes.

« Quelques-uns prétendent qu'il ne faut pas que la Turquie s'épuise. Mais nous savons que la Turquie ne perd rien au point de vue financier en perdant une partie de son territoire. Les provinces qu'elle abandonne étaient pour elle une cause incessante de dépenses, de troubles, de désordres. Amputée de ses membres gangrenés, il lui reste en Asie un sol d'une fertilité proverbiale, le Paradis terrestre, qu'elle n'a qu'à remettre en valeur, et l'indemnité de guerre ne l'affaiblira pas au point qu'elle puisse refuser de payer le mal qu'elle nous a fait.

« Au contraire, si on nous oblige à renoncer à une indemnité, par suite de la misère que nous avons à secourir et des dépenses que nous devons faire immédiatement pour renouveler notre armement et payer nos dettes, on peut nous ruiner et nos créanciers pourront avoir à s'en plaindre amèrement.

« Les guerres sont devenues très chères. Songez que l'entretien de notre armée nous coûte encore de 2 millions et demi à 3 millions par jour. Nous avons eu, depuis le début des hostilités, 30.000 soldats tués ou morts d'épidémie et 60.000 blessés, ce qui fait en tout 90.000 familles à secourir. Le seul paiement des pensions aux familles des morts exigera de nous une rente annuelle de 10 millions de francs.

« Nous avons ensuite contracté des dettes pendant la guerre, fait des réquisitions qu'il faut payer. Nos fusils, nos canons, l'équipement de nos troupes sont usés. Nous devons les refaire. Notre bétail est à moitié perdu ; il nous faut reconstituer le troupeau national. Il nous faut encore soulager la misère affreuse des populations qui habitent sur le théâtre de la guerre. En outre, nous devons encore accepter une participation à la Dette de la Turquie.

« Si l'on songe à tout cela, on ne pourra plus se poser la question de savoir qui doit être ménagé, ou de la Turquie qui, par son entêtement, a prolongé inutilement la guerre pendant sept mois, ou des quatre États alliés qui se sont battus pour une œuvre humanitaire.

« Qu'on ne dise pas que les territoires annexés par nous sont une compensation suffisante, car nous n'avons pas fait une guerre de conquête, mais une guerre de délivrance. Nous avons libéré nos frères chrétiens, nos conationaux, d'un joug qui n'avait que trop duré.

« Notre révolution ne saurait être comparée à une guerre coloniale.

« Je conclus donc en disant que nous comprenons la Conférence de Paris comme un aéropage dans lequel on tâchera de sauvegarder les intérêts légitimes des tierces personnes, des créanciers des deux partis belligérants et de tenir compte en même temps du droit que les États alliés ont, vis-à-vis de la Turquie vaincue, à un dédommagement des frais dont la Turquie a été seule la cause. »

LE TRAITÉ OU LA GUERRE

Sofia, 11 mai.

J'ai eu l'occasion de m'entretenir avec M. le député Strachimiroff, leader du parti agrarien qui arrive de Tchataldja.

— Le moral de l'armée bulgare, me dit-il, est excellent ! Mais nos généraux sont un peu inquiets de cet armistice qui se renouvelle sans cesse et qui n'aboutit pas aussi rapidement qu'on l'espérait à un traité de paix.

Je suis d'avis qu'il faut en finir. Il faut absolument que notre armée soit libre de recommencer immédiatement les hostilités, si la Bulgarie s'aperçoit que les Turcs veulent faire traîner les choses en longueur et essayer d'obtenir par des procédés dilatoires des conditions de paix plus avantageuses que celles qui sont acceptées en principe par notre gouvernement.

— Et votre différend avec les Serbes et les Grecs, comment l'envisagez-vous ?

— Selon moi il est très grave. Je crois bien que déjà l'Alliance balkanique n'existe plus et qu'elle ne peut plus exister. Il n'y a, dans l'histoire, aucun précédent de deux peuples qui rompent leur alliance avant la fin de la guerre contre l'ennemi commun.

Or, c'est ce que font les Grecs et les Serbes. Ceux-ci surtout me paraissent en proie à une crise de fanatisme national des plus dangereuses. Soyez sûr que si les Serbes nous provoquent, ils seront écrasés comme en 1885.

— Mais ce que vous appelez ainsi un accès de fanatisme national, quelles en sont les causes ? Un peuple ne s'échauffe pas ainsi sans raison.

— C'est que les Serbes se sentent soutenus par la Russie. Officiellement, celle-ci les invite à respecter les clauses du traité d'alliance ; mais il paraît que, sous main, le ministre de Russie à Belgrade, M. Hartwig, leur conseille de ne pas nous abandonner les territoires qu'ils ont occupés et qui nous reviennent de droit comme ceux de Monastir et Ochrida.

Je suis un bon russophile, mais je trouve que la politique officielle russe est trop égoïste. La Russie ne veut plus faire de politique sentimentale et elle lance maintenant en avant l'idée de l'équilibre balkanique dont le but est de contrebalancer notre puissance et je dois avouer que, au point de vue russe, elle a raison.

Si la Bulgarie arrive à avoir une frontière commune avec l'Albanie nous pourrons permettre à l'Autriche d'avoir des relations directes avec nous par l'Albanie et le commerce autrichien n'aura plus besoin de passer par la Serbie.

D'autre part, si nous obtenons la Macédoine comme le veut le traité d'alliance et que les Grecs se résignent à nous abandonner Salonique, la Serbie, chassée déjà par l'Autriche de la côte de l'Adriatique, dépendra politiquement et économiquement de la Bulgarie.

Je reconnais donc très franchement qu'il y a dans l'agitation de la Serbie quelque chose de plus sérieux qu'un accès de fanatisme. C'est la crainte de perdre son indépendance politique et économique.

Les Russes soutiennent les Serbes parce qu'ils ont besoin d'eux contre l'Autriche et qu'ils n'espèrent pas obtenir quelque chose de nous, car notre peuple n'a pas fait la guerre pour être, comme d'aucuns l'ont prétendu, l'avant-garde de la Russie et pour aliéner son indépendance.

Même si les Serbes sont incorporés un jour à l'Autriche, la Russie les soutiendra toujours beaucoup plus que la Bulgarie et, de leur côté, les Serbes s'appuieront toujours sur la Russie parce qu'ils sont géographiquement éloignés de ce pays et qu'ils n'ont rien à craindre de lui.

C'est pourquoi je juge que la situation actuelle est extrêmement grave.

Bien que russophile, j'ai écrit dernièrement un article pour prévenir la Russie du danger qu'il y avait à trop exciter les Serbes, car, ayant fait assez de sacrifices, nous ne céderons rien de nos droits.

Les généraux de l'armée de Tchataldja et surtout le général Radko Dimitrieff, bien qu'amis de la Russie, m'ont dit : « C'est bien ! C'est ainsi qu'il faut parler. Si c'est nécessaire, nous sommes prêts à lutter. Il ne faut admettre aucun pourparler sur le traité de paix, aucun arbitrage. Monastir, Prilep, Ochrida doivent être remis par les Serbes entre nos mains. Sinon, c'est la guerre.

— Mais est ce que les prétentions nouvelles de la Serbie, en Macédoine, ne s'expliqueraient pas par le fait que vous n'aurez pas prêté à votre alliée un appui suffisant pour lui permettre d'obtenir un port sur l'Adriatique ? Pouvez-vous m'affirmer qu'il n'y a pas dans le traité d'alliance une clause qui obligeait la Bulgarie à aider la Serbie à s'étendre jusqu'à la côte de l'Adriatique ?

— Les chefs de l'opposition ont été dernièrement reçus par le président du Conseil, M. Guéchoff, et nous lui avons demandé qu'elles étaient nos obligations sur ce point.

M. Guéchoff nous a répondu que nous n'avions jamais pris d'engagement du genre de celui auquel vous faites allusion. C'est pourquoi le gouvernement bulgare invitera le gouvernement serbe à l'autoriser, pour couper court à toute discussion, à publier le texte intégral du traité d'alliance.

Cette publication aurait été faite déjà, mais il y a une clause du traité qui dit qu'elle ne peut avoir lieu qu'avec l'assentiment des deux parties.

Je me demande d'ailleurs, poursuivit mon interlocuteur, si tout ce que les Serbes ont fait contre nous jusqu'à ce jour ne suffit pas pour permettre de considérer le traité comme rompu et non existant.

Selon moi, que les Serbes le veuillent ou non, il faut que le traité soit publié. Cela amènera de nouvelles complications, mais elles seront inévitables.

Si, après cette publication, les Serbes continuent leur tapage et si la Russie continue à les exciter, alors nous serons obligés de chercher ailleurs de nouvelles alliances. Il y a la Roumanie, par exemple, qui brûle d'envie de conclure une alliance avec nous. Nous ne nous presserons pas de signer avec elle un tel pacte, car ce serait alors, pour toute notre politique étrangère, une orientation nouvelle. Nous avons commencé la guerre sous la protection de l'Entente cordiale. Ce ne serait pas joli de la terminer sous celle de la Triple-Alliance.

En résumé nous accusons la Russie de ne pas être sincère avec nous. C'est infiniment regrettable. Il vaut mille fois mieux avoir un ennemi loyal qu'un ami dont on ne connaît jamais les intentions véritables.

En tout cas si la Russie s'imagine qu'elle pourra faire agréer les prétentions de la Serbie par notre gouvernement, elle se trompe. L'armée ne le permettrait pas. Certes notre armée est disciplinée. Mais, songez qu'elle s'est battue pour la Macédoine. Elle ne pourra jamais souffrir que tant de sang ait été versé inutilement.

Voilà le son de cloche bulgare. C'est celui de toutes les personnalités de Sofia avec qui j'ai pu m'entretenir jusqu'à ce moment.

Au moment de clore cette lettre, on me raconte qu'au banquet offert, à Sofia, à M. Bachmakoff, directeur du *Journal officiel* de Saint-Pétersbourg, chargé, paraît-il, d'une mission spéciale dans les Balkans, M. Vasoff, le poète national bulgare, après avoir porté un toast au grand publiciste russe, ajouta ces paroles, qui provoquèrent une grande émotion :

« Dites à nos amis de Belgrade qu'ils exécutent le traité intégralement ou qu'ils nous déclarent la guerre. »

La situation n'est pas désespérée, mais elle est grave. Aussi, notre diplomatie doit-elle redoubler d'efforts pour tâcher d'aplanir rapidement ce différend.

LA MACÉDOINE INDIVISIBLE

Sofia, 11 mai.

J'espérais constater en arrivant ici que le dissentiment entre les Bulgares, les Grecs et les Serbes n'était que tout superficiel. Mais plus j'observe ce qui se passe autour de moi, plus j'étudie le nouvel état d'âme bulgare et plus je suis obligé de reconnaître que le danger d'une rupture est plus grave que je ne l'avais pensé tout d'abord.

Voici, par exemple, un petit fait caractéristique qui en dit long sur ce nouvel état d'âme des Bulgares et sur les sentiments de profonde défiance qu'ils nourrissent envers leurs alliés.

Hier soir, je me trouvais au cinématographe avec quelques amis. Suivant l'habitude, pendant que se déroulait un film représentant la vie de camp de l'armée bulgare, la musique se mit en devoir de jouer les hymnes nationaux des alliés et commença par l'hymne serbe. Aussitôt ce fut dans toute la salle une bordée de sifflets, un tonnerre de protestations, un vacarme assourdissant. Le public réclama la *Chouma Maritza* et d'autres airs populaires bulgares et l'orchestre dut s'exécuter.

Au début de la guerre, les hymnes des alliés étaient accueillis par de bruyants applaudissements. Ce contraste saisissant donne la mesure de l'évolution qui s'est produite dans l'âme bulgare. Chez toutes les personnes que j'approche je sens toujours cette préoccupation obsédante : la Serbie exécutera-t-elle le traité de partage de la Macédoine ? La Grèce consentira-t-elle à évacuer Salonique ? Ce sont là les seules questions que l'on se pose du matin au soir et autour desquelles tournent tous les commentaires. Et je suis bien obligé de constater que les commentaires sont de moins en moins favorables aux alliés.

J'ai passé aujourd'hui une grande partie de la journée avec M. Elie Bobtchev, député de Philippopoli, frère de M. Stephan Bobtchev, panslaviste convaincu et francophile notoire. Il m'a dit :

« J'ai toujours aimé profondément la Serbie comme un des membres les plus séduisants de la grande famille slave. Mais maintenant, je ne sais comment je pourrais la défendre. La lecture des journaux serbes m'agace. Je ne peux plus les parcourir de sang-froid.

« Il faut absolument que l'Union balkanique subsiste, car autrement ce serait un terrible malheur pour nos deux pays. La Serbie serait écrasée par nous et peut-être ceux de nos politiciens qui sont trop désenchantés de la Russie réussiraient-ils à nous pousser dans les bras de l'Autriche, ce qui serait aussi un terrible malheur pour nous.

L'Autriche, en effet, me rappelle le loup de la fable : elle ne veut nous embrasser que pour mieux nous étouffer.

« De la Russie, par contre, nous n'avons rien à craindre. Même si elle mettait un jour sa main sur nous, elle ne pourrait pas nous enlever notre autonomie et notre indépendance. Elle devrait auparavant mettre une cartouche de dynamite sous le monument du tsar libérateur qui s'élève au milieu de Sofia et la cathédrale Alexandre-Newsky qui a été construite en souvenir de la libération de la Bulgarie par les Russes.

« Il faut donc déjouer le jeu de l'Autriche qui travaille à nous diviser, et tromper son espérance de nous voir désunis. Il faut absolument que l'entente balkanique subsiste. Mais cela ne sera possible que si la Serbie se décide à faire loyalement honneur à sa signature, car nous ne pourrons jamais renoncer à la Macédoine.

« Ce que la Macédoine signifie pour nous, vous ne l'ignorez pas. C'est de la Macédoine que l'idée de la nationalité bulgare nous est venue. C'est elle qui nous a donné notre conscience nationale. C'est de la Macédoine que nous sont aussi venus le christianisme et la civilisation. Saint Cyrille et Méthode, les évangélisateurs de la Bulgarie, sont partis de la Macédoine. Saint Naoum, un autre des plus grands saints de notre Église, est particulièrement populaire en Macédoine, et beaucoup de Macédoniens portent son nom. Un roi de Macédoine, du nom de Samuel, sauva, au moyen âge, la Bulgarie des Byzantins, et il étendit son royaume jusqu'à Mostar, en Herzégovine.

« C'est au mont Athos, en 1762, l'année même de l'apparition de l'*Emile*, qu'un moine bulgare du couvent Zoograph écrivit la première histoire bulgare. C'est à Salonique que fut fondée la première imprimerie bulgare vers 1835. Ce fut la ville d'Uskub qui demanda la première un archevêque bulgare.

« La Macédoine nous a donné quelques-uns de nos plus grands poètes comme Gensikoff et les frères Miladinoff qui furent empoisonnés par les Grecs à Constantinople pour avoir publié un recueil de chansons nationales. C'est la Macédoine qui nous a donné aussi la plupart de nos grands voïevodes et une foule d'hommes politiques, de savants et d'officiers dont la Bulgarie s'honore.

« Loin de constituer, comme le prétendent les Serbes, une masse amorphe, de nationalité indécise et qui peut indifféremment devenir serbe ou bulgare, les Macédoniens ont donc une conscience nationale bulgare très marquée. Eux-mêmes ne s'appellent jamais des Macédoniens mais des Bulgares. C'est nous qui les appelions des Macédoniens pour les distinguer des Bulgares indépendants.

« La Macédoine forme donc un tout indivisible, et nous voudrions faire à la Serbie les concessions qu'elle nous demande que nous ne le pourrions pas. Je pense que nos amis les Serbes se rendront bientôt à l'évidence, qu'ils cesseront de demander une revision du traité de partage inacceptable et qu'alors nos relations deviendront aussi franches et aussi cordiales qu'auparavant. »

A peine M. Bobtchev avait prononcé ces mots que nous croisâmes un major bulgare, aide de camp de la reine. Je lui demandai :

« Que pensez-vous de votre différend avec les Grecs et les Serbes ? Ne pourrait-on le soumettre à l'arbitrage d'une grande puissance ? Ne pourrait-on organiser un plébiscite dans les territoires contestés ? »

Il me répondit alors avec un sourire qui contrastait étrangement avec la rude brutalité de ses paroles :

« Pourquoi perdre du temps à tergiverser ? Si les Grecs et les Serbes ne veulent pas se retirer, il faut les chasser à la pointe de la baïonnette. »

***

DÉCLARATION DE M. DANEFF

Sofia, 11 mai.

Malgré ses nombreuses occupations qui l'obligent à régler, minute par minute, l'emploi de ses journées, M. Daneff, président du Sobranié et le plénipotentiaire le plus en vue de la Bulgarie à la Conférence de la paix de Londres, a bien voulu me faire l'honneur de m'accorder aujourd'hui un long entretien.

— J'espère, me dit M. Daneff, que les préliminaires de paix pourront être signés peu de temps après mon arrivée à Londres. A mon avis, il importe de faire vite, car notre but est atteint et la guerre est maintenant devenue sans objet.

Les questions que les belligérants ont à résoudre sont de deux ordres : questions territoriales et question de l'indemnité de guerre.

Or, pour la question territoriale, l'accord est complet entre les alliés, la Turquie et les puissances, sur la ligne qui séparera la Bulgarie et la Turquie et qui partira de Midia à un point du golfe de Saros, à l'est d'Énos.

Il y a encore, il est vrai, un certain désaccord entre les alliés et les puissances, à propos des îles de la mer Égée, de la frontière méridionale de l'Albanie et du sort de Scutari. Mais ce sont là des questions dont la Turquie s'est désintéressée et dont elle a remis la solution aux mains de l'Europe.

En un mot, toutes les questions territoriales sont un différend entre les alliés et les puissances, et non un différend entre la Turquie et les alliés. J'ai donc raison de dire que la guerre est devenue sans objet et qu'il n'y a plus lieu de la continuer.

La question de l'indemnité de guerre sera réglée par une Conférence de spécialistes, qui se réunira le 2 mai (vieux style), à Paris. Mais c'est une question à part, qui n'est pas de nature à retarder la conclusion de la paix. Rien ne s'oppose donc à la signature des préliminaires de paix.

C'est à quoi tendent les puissances. Elles ont déjà élaboré un projet de préliminaires, dans lequel il est question de la frontière turco-bulgare, des îles et de l'Albanie; mais il serait désirable qu'on s'occupât aussi, dans ce projet, du sort des troupes qui sont en campagne.

Si les préliminaires sont signés, il ne s'ensuit pas, en effet, que la démobilisation doive se faire comme conséquence de la signature de ce traité. Il faut, à cet égard, une stipulation spéciale, d'autant plus qu'il serait intolérable d'être obligé d'entretenir des troupes sous les armes, puisque, je le répète encore, la guerre est désormais sans objet.

— J'ai entendu dire par certains hommes politiques bulgares qu'il était impossible de démobiliser tant qu'il existerait un désaccord au sujet du partage entre les alliés.

— Ce désaccord est une question à part, et ce n'est pas en maintenant les troupes sous les armes qu'on le résoudra. Il me semble, d'ailleurs, que, tant que la paix n'est pas faite il est encore trop tôt pour parler de partage.

Comme il se peut que nous rencontrions de nouvelles difficultés et qu'il se produise des surprises, nous ne devons avoir en vue, pour le moment, que la guerre avec les Turcs.

Comme d'ailleurs pour le partage entre la Bulgarie et la Grèce il n'y a pas d'accord précis et spécial, la ligne de démarcation entre les possessions des deux pays dépendra des résultats de la paix.

Nous ne connaissons pas la solution que l'Europe donnera à la question des îles et à celle des frontières méridionales de l'Albanie, mais la solution du problème de la frontière bulgaro-grecque dépendra de l'étendue du butin. Je crois qu'après la conclusion de la paix, les Bulgares et les Grecs tâcheront de rapprocher leur point de vue, de rétrécir dans des limites de plus en plus étroites la zone contestée. Il y aura alors possibilité de recourir à une autre solution.

Peut-être la médiation, les bons offices d'une grande puissance, éventuellement l'arbitrage, mettront-ils fin à la discussion au sujet de ces zones contestées que je voudrais, pour ma part, voir devenir aussi petites que possible.

Quant à nos rapports avec la Serbie, la question est tout autre. Les Serbes demandent une revision du traité de partage, mais nous disons que l'accord est formel et qu'il ne peut pas subir de changement. Et, au point de vue de l'équité, les faits nouveaux qu'invoquent les Serbes sont d'ailleurs sans importance.

« Nous sommes allés, disent-ils, jusqu'à l'Adriatique. L'Europe nous oblige à reculer. Nous subissons une perte. Vous devez, dans une certaine mesure, nous indemniser. »

A cela nous répondrons : « Il n'est pas dit dans le traité que vous irez jusqu'à l'Adriatique. Tout ce qui y est dit c'est que le pays situé au nord du Char est à vous. Mais jusqu'où pourrez-vous prétendre ? Cela n'est pas spécifié et cela dépendra des circonstances. »

Si nous considérons, d'ailleurs, la question au point de vue de l'équité, nous ferons remarquer que nous aussi nous avons été obligés de quitter la mer de Marmara et qu'on nous ampute de Silistrie, opération qui s'est faite non contre nous seulement, mais contre tous les alliés. Et ce que nous abandonnons a, au point de vue économique, une tout autre valeur que les montagnes de l'Albanie.

Mais voici l'argument essentiel qui nous oblige à ne rien changer à notre point de vue : la Macédoine n'a jamais été considérée comme un butin, comme un objet de partage. Avant la guerre il fallait déblayer le terrain qui nous séparait des Serbes. Indépendamment de toute autre considération, nous avons cherché à trancher le différend en mettant la main sur le cœur et en reconnaissant le caractère de ce pays.

Les Serbes ont reconnu franchement que les cinq sixièmes de la Macédoine sont bulgares. Sur une zone d'un sixième, nous n'avons malheureusement pas pu nous entendre et nous avons réservé cette question à l'arbitrage.

Vous voyez donc le principe conducteur de ce partage. Nous n'avons rien reconnu aux Serbes en Macédoine. C'est un pays qui a une âme, sa physionomie propre. Ce n'est pas un butin qui puisse être partagé. Nous n'avons pas voulu qu'un pays bulgare pût devenir serbe. Le pacte n'est donc pas revisable et tous les pays bulgares doivent faire retour à la Bulgarie indépendamment de toute autre considération.

Les Serbes, par exemple, disent que c'est eux qui ont écrasé les Turcs à Koumanovo. Nous prétendons, au contraire, que c'est nous qui avons écrasé la puissance turque à Lule-Bourgas. Mais, même en admettant que les Serbes aient raison, il ne s'ensuit pas qu'ils puissent demander une revision du traité de partage.

— Quel sera le sort de la zone contestée ?

— Le traité prévoit l'arbitrage de la Russie.

— Mais on dit, dans les milieux politiques de Sofia, que c'est la Russie qui pousse la Serbie à ne pas restituer à la Bulgarie les territoires de la Macédoine occupés par elle-même dans la zone non contestée.

— Vous ne devez accepter ces bruits que sous toute réserve. Ce qui a pu faire naître ici une opinion pareille c'est peut-être l'attitude du ministre de Russie à Belgrade, M. Hartwig, qui, dans des conversations privées, aurait, paraît-il, soutenu cette thèse que la malheureuse Serbie, si rudement éprouvée, a droit à des compensations de notre part.

Mais, si cela est vrai, ce n'est là, en tout cas pour l'instant, qu'une opinion personnelle de M. Hartwig qui n'engage pas son gouvernement. Tant que la Russie n'a pas fait connaître officiellement un point de vue de ce genre, il me semble impossible de suspecter sa bonne foi.

INTERVIEW DE M. MALINOFF, ANCIEN PRÉSIDENT DU CONSEIL, CHEF DU PARTI DÉMOCRATE

Sofia, 17 mai.

De retour à Sofia, je constate que le sentiment unanime de révolte contre les prétentions des alliés grecs et serbes ne fait que grandir et devenir de jour en jour plus menaçant.

D'autre part, on s'attendait ici déjà lundi dernier à la signature des préliminaires de paix. Mais cette espérance a été déçue et ce contretemps ne fait qu'augmenter l'angoisse générale et rendre les Sofiotes plus nerveux et plus irritables.

Pour plaider leur cause devant l'Europe, les Bulgares publient à Sofia depuis le 1er mai, vieux style (14 mai), un journal en langue française, *l'Écho de Bulgarie*, organe de combat, placé sous la direction d'un comité composé de quelques-uns des savants les plus éminents de la Bulgarie, tels que MM. Milétitch, Guéorgoff, Chichmanoff, Danaïloff, tous professeurs à l'Université de Sofia; Natchévitch, ancien ministre; Michel Veltcheff et Silianoff, publicistes.

Après s'être battus contre les Turcs à coups de shrapnells, les Bulgares se battent maintenant contre leurs alliés à coups de considérations historiques, juridiques et économiques. Le ton des premiers numéros, consacrés à dégonfler les points de vue grecs, serbes, est extrêmement énergique. Mais, tant qu'on ne se bat qu'avec la plume, il y a toujours grand espoir que les hommes d'Etat responsables des Balkans sauront finalement éviter un conflit armé, qui serait le plus grand scandale du siècle.

Je trouve d'ailleurs dans le premier numéro de *l'Écho de Bulgarie*, sous la signature de M. Cyrille Popoff, président de la Société des économistes bulgares, un passage d'une importance capitale, qui n'est pas fait pour déplaire aux Serbes et qui provoquera, j'en suis sûr, bien au delà des Balkans, par suite de la profonde vérité qu'il contient, des commentaires violents et passionnés. Le voici :

« L'union du royaume bulgare avec les pays bulgares de la Turquie, l'union de la Serbie avec la Vieille-Serbie et les territoires serbes de la monarchie des Habsbourg, l'union du Monténégro avec les pays apparentés qui l'avoisinent, l'union de la Roumanie — car bien que la Roumanie reste en dehors de la coalition elle est, dans la conception de celle-ci, toujours censée en faire partie — avec la Transylvanie, la Bukovine, la Bessarabie, tels sont les grands objectifs fondamentaux au delà desquels se laisse entrevoir la Confédération des Balkans.

« Une action concertée dans la paix en vue de l'indépendance politique et économique des alliés et de la résistance contre la pression de puissants voisins, tels sont les objectifs immédiats de l'alliance après la guerre. »

Peut-on dire plus clairement à la Serbie et à la Roumanie : « Ne nous prenez pas les territoires qui sont bulgares, laissez-nous faire, une fois pour toutes, notre unité, et nous vous aiderons à faire la vôtre aux dépens de l'Autriche, pour le bien commun de la Balkanie » ?

Voilà qui ne fera certainement pas plaisir à l'Autriche, dont la diplomatie entêtée et stupide livre une lutte stérile contre la fatalité de l'évolution historique ; mais voilà qui pourra contribuer à resserrer le lien devenu vraiment un peu trop lâche entre les alliés.

Avant de quitter Sofia, j'ai voulu compléter la série de mes enquêtes sur les rapports actuels de la Bulgarie avec la Serbie et la Grèce et l'avenir de l'Union balkanique. J'ai eu l'honneur d'avoir un long entretien avec M. Malinoff, ancien président du Conseil des ministres et chef du parti démocrate. C'est l'un des hommes politiques les plus sages et les plus pondérés dont s'honore la Bulgarie actuelle. Bien que chef de l'opposition, il est estimé de tous les partis. C'est lui qui proclama l'indépendance de la Bulgarie et le peuple bulgare lui garde toujours de ce généreux coup d'audace une profonde reconnaissance.

Dès les premiers mots, il me dit simplement :

— Dans la vie, surtout dans la vie politique, il faut toujours être optimiste. Je le suis, et je pense que les difficultés que nous avons avec nos alliés seront résolues sans conflit sanglant. Avec les Serbes, nous n'avons pas de différend politique, car toutes les questions relatives au partage des dépouilles de l'Empire ottoman sont réglées par notre convention entre eux et nous. Il n'y a qu'un malentendu juridique.

Les Serbes disent : « Faut-il exécuter le traité ? » Nous répondons que oui. « Mais ce traité ne nous donne pas les avantages que nous espérions ? — Il fallait y songer avant de le signer. »

D'ailleurs, il n'est pas vrai que nous ne fassions pas de sacrifices à la Serbie. Nous lui cédons les deux arrondissements d'Uskub et de Koumanovo, uniquement peuplés de Bulgares, au nombre de 200.000 environ. Que leur faut-il de plus ?

— Cette cession n'est pas encore certaine ?

— Les Bulgares la contestent encore diplomatiquement, mais je crains bien qu'à la fin elle n'ait lieu.

— Ce différend ébranlera-t-il l'alliance ?

— Oui. Il faut dire les choses telles qu'elles sont ; mais il est non moins certain qu'après dix ou quinze ans nous oublierons, car nous voyons que la question orientale n'est pas réglée définitivement. Les grandes puissances ont des intérêts dans les Balkans qu'elles voudront défendre et peut-être accroître.

Je ne veux pas jouer au prophète, mais je crains bien que nous n'ayons encore une guerre. La péninsule balkanique menace de devenir le champ de bataille entre la Russie et l'Autriche.

Voyez l'Albanie. Elle n'a pas été créée pour elle-même mais pour la défense des intérêts de l'Autriche. Aussi les peuples balkaniques ont-ils tout intérêt à rester toujours unis pour assurer leur défense contre toute intrusion étrangère.

Je suis et j'ai toujours été un partisan acharné de l'alliance balkanique, et, comme ministre, j'ai beaucoup travaillé à la réaliser.

Les Serbes devraient comprendre que cette union leur sera encore plus utile qu'à nous. Je regrette les malentendus qui nous divisent et j'espère que tout finira par s'arranger,

Avec la Grèce, la situation est plus difficile. Nous n'avons pas de convention avec elle et je ne vois pas comment nous arrangerons ce différend. J'espère que le gouvernement bulgare fera tout son possible pour le régler à l'amiable.

Malheureusement, je vois que des batailles commencent déjà à se livrer entre les Grecs et les Bulgares. Nous ne pouvons pas céder Salonique aux

Grecs. Il faut croire que cette question sera réglée en notre faveur par l'Europe, sinon ce sera malheureusement peut-être la guerre.

— Vous ne croyez donc pas que l'Europe pourra vous empêcher de faire la guerre ?

— Comment le pourrait-elle ? L'Europe donnera des conseils, mais, en définitive, c'est nous qui déciderons de notre intérêt en dernier ressort.

— Que pensez-vous de la solution proposée par certains journaux européens, qui consisterait à faire de Salonique une ville autonome ?

— Elle est irréalisable. Salonique ne peut pas exister sans un hinterland ; mais pour qu'on lui donne un hinterland on devrait lui céder un territoire bulgare, ce que notre peuple ne pourra jamais accepter.

Je vous le répète, il me semble donc préférable d'arranger ce différend avec les Grecs à l'amiable, mais nous sommes prêts à aller jusqu'à une guerre nouvelle si les Grecs ne nous cèdent pas Salonique.

Personnellement, je trouve que Salonique comme port franc mourrait bientôt de sa belle mort, et voilà pourquoi j'espère que l'Europe ne s'attardera pas à discuter ce projet.

— Est-ce que dans l'hinterland de Salonique qui, selon vous, doit revenir à la Bulgarie, vous comprenez les villes de Vodena et de Castoria ?

— Parfaitement. Ce sont des villes bulgares, et si elles restent entre nos mains, cela nous permettra d'avoir une frontière commune avec l'Albanie.

— Quel intérêt avez-vous à cela ?

— Un double intérêt : d'abord, un intérêt politique, parce que nous ne devons pas laisser l'Albanie toute seule ; nous devons, au contraire, tâcher de la faire entrer dans l'alliance balkanique ; ensuite, un intérêt économique, car nous aurons ainsi un débouché sur l'Adriatique.

— Que pensez-vous de l'opinion de certains de vos hommes politiques, qui jugent insuffisant l'appui prêté par la Triple-Entente à la Bulgarie et qui demandent un changement d'orientation de la politique de votre pays ?

— Ce sont des politiciens de café. Je leur dis toujours : « On ne doit pas commencer une œuvre aussi ardue que la nôtre avec la Triple-Entente et dans un mouvement d'humeur, lui tourner ensuite le dos. C'est une politique dangereuse, une politique de gamins. Vous êtes énervés, messieurs, mais un homme politique sérieux ne doit pas faire de la politique avec ses nerfs. »

Aussi, bien que je sois de l'opposition, j'approuve entièrement la politique de rapprochement toujours plus intime avec la Triple-Entente qui est celle de notre gouvernement. C'est notre intérêt bien entendu qui l'exige. Je me réjouis surtout de nos relations toujours de plus en plus cordiales avec la France. Nous sommes tous ici des Français ; tout le monde aime la France. Nous avons des intérêts communs et nous marchons toujours avec elle. Je ne dis pas avec la Triple-Entente. Nous avons quelquefois des différends avec la Russie et avec l'Autriche ; avec la France, jamais. Vous n'avez dans les Balkans que des intérêts moraux, et vous ne nourrissez ici aucun désir de conquête. Nous sommes amis et nous le resterons, je l'espère, toujours.

— Que pourrait-on faire pour améliorer nos bonnes relations et les rendre encore plus étroites ?

— Il faut d'abord, selon moi, reviser notre traité de commerce avec la France. Nous pouvons accorder aux Français quelques privilèges, car nous avons un grand intérêt à introduire des concurrents dans les Balkans, qui sont en ce moment presque uniquement un marché pour les marchandises autrichiennes. De son côté, la France doit avoir en nous une plus grande confiance. Quand j'étais au pouvoir, nous avons eu avec le gouvernement français un différend. Nous avions trouvé à Paris de l'argent pour un emprunt; mais le gouvernement français n'a pas voulu donner son consentement pour le réaliser. Finalement, l'Autriche nous a prêté sans garanties l'argent qu'il nous fallait.

Je ne vois pas pourquoi la France, qui a placé déjà un demi-milliard en Bulgarie, pense que nous ne sommes pas capables de payer régulièrement les intérêts des dettes que nous aurions contractées envers elle. Les finances bulgares sont très bonnes. La situation économique de la Bulgarie est excellente. Voilà deux raisons pour la France de se montrer plus bienveillante envers nous.

— Une dernière question. Les privilèges dont jouissaient les écoles françaises dans la Macédoine seront-ils respectés par la Bulgarie ?

— Vous pouvez en être certains. Nous connaissons trop la valeur de la culture française pour nous priver de ses avantages. Mes enfants suivent les cours de l'école française. Tous les Bulgares savent que la connaissance d'une langue étrangère est un capital, et tous seront heureux d'avoir le plus de moyens possibles d'apprendre la langue française qui est la langue internationale par excellence. Nous avons bien promis certains privilèges aux Koutzo-Valaques de la Macédoine pour nous conformer aux décisions de l'Europe. Je ne vois pas pourquoi nous ne pourrions pas accorder quelques avantages aux

Français. En tout cas, soyez sûrs que vos écoles d'Andrinople, Salonique et Monastir pourront, sous le régime bulgare, continuer leur œuvre bienfaisante, comme par le passé.

*
* *

INTERVIEW DE M. GHÉNADIEFF, ANCIEN MINISTRE,
CHEF DU PARTI STAMBOULOVISTE

Sofia, 18 mai.

Malgré l'animosité générale que je note ici contre les Grecs et les Serbes, et aussi un peu contre les Roumains, auxquels les Bulgares ne pardonneraient pas si facilement de leur enlever Silistrie s'ils n'avaient en ce moment du côté de leurs alliés d'autres soucis, je constate néanmoins avec plaisir que la plupart des hommes politiques en vue de Sofia restent des partisans convaincus de l'Alliance balkanique. La conversation que j'ai eue avec M. Ghénadieff, ancien ministre, chef du parti stambouloviste, par conséquent antirusse, en est une nouvelle preuve :

— Par suite de nos désaccords avec les Grecs et les Serbes, me dit-il, les liens de l'Alliance balkanique se trouvent affaiblis, mais cet affaiblissement n'est que momentané. L'idée sera reprise. C'est une nécessité politique pour les pays des Balkans. De même que la nécessité d'éliminer le pouvoir de la Turquie nous a permis, nous a mis dans l'obligation d'oublier nos anciennes divergences, de même la nécessité de sauvegarder notre indépendance politique nous forcera, dans l'avenir, à renouer l'Alliance et l'entente des pays chrétiens des Balkans.

Il ne faut pas se dissimuler que l'Alliance visant

la guerre était prématurée. Elle nous a été imposée par la conduite des Jeunes-Turcs, qui se sont jetés à tort et à travers contre tout le monde. Bien entendu, il eût mieux valu qu'il ne se fût pas produit le moindre désaccord entre les alliés, mais cela n'a pas dépendu de nous. Les Serbes déclarent ne pas vouloir se soumettre aux termes de la convention au bas de laquelle ils ont mis la signature et engagé l'honneur de leur pays, et les Grecs, pour un effort et des sacrifices tout à fait insignifiants, désirent avoir la part du lion dans le partage des dépouilles de l'Empire turc.

Malheureusement, aussi bien les Serbes que les Grecs, dans la Macédoine bulgare occupée par eux, ont eu envers la population des procédés qui font regretter le régime turc. C'est une preuve que tous ces pays-ci n'ont pas encore atteint le degré de civilisation assez avancée qui pourrait leur faire voir et sentir le danger des discordes intestines et la nécessité d'une entente étroite et sincère.

Cependant, le temps porte remède à tous les maux, et l'avenir imposera fatalement ce que je considère comme une nécessité politique, c'est-à-dire une union qui ressemble plus ou moins à une Confédération.

— Quelles sont, d'après vous, les raisons des prétentions de vos alliés ?

— D'abord le chauvinisme et, ensuite, dans une certaine mesure, l'appui qu'ils trouvent auprès de la Triple-Entente. Je ne veux pas dire par là que ce soit la politique de la Triple-Entente.

Un des membres de ce groupement de puissances, et le plus intéressé dans la question d'Orient, c'est la Russie. Sa politique est appuyée par la France et l'Angleterre, de même qu'à la Conférence d'Algésiras l'Angleterre et surtout la Russie ont appuyé la politique française.

Dans la question de la fixation de la frontière avec la Turquie, c'est de la Triple-Entente qu'est sortie l'initiative de nous refuser l'accès à la mer de Marmara. C'est elle qui a demandé à la Conférence de Londres de nous empêcher de forcer les lignes de Tchataldja. C'est elle qui à la Conférence de Saint-Pétersbourg a appuyé les prétentions de la Grèce et combattu les nôtres sur Salonique et les villes environnantes. Vous voyez que toute la bienveillance de la Triple-Entente est allée à nos alliés.

— En concluez-vous, comme certaines personnalités politiques le demandent, qu'il doive s'opérer un changement d'orientation dans la politique extérieure de la Bulgarie et que votre pays doive se rapprocher de l'Autriche ?

— J'espère plutôt qu'il y aura du changement dans l'attitude à notre égard de certaine puissance de la Triple-Entente. J'espère bien que dans cette Europe, dont la noblesse a été chantée sur tous les tons, il se trouvera un peu de justice aussi pour nous. Je ne me dissimule nullement que nous sommes un petit peuple, le cadet de la famille européenne, et que nous avons besoin des sympathies et de l'appui des grandes nations civilisées. Mais, par notre position géographique, par notre situation dans les Balkans, nous avons une certaine importance qui, je suppose, n'est pas négligeable pour les intérêts des deux groupements de puissances européennes.

Il est tout à fait naturel que, voyant l'appui de certaines diplomaties nous faire défaut, nous consultions notre robuste bon sens de paysans du Danube et nos intérêts.

Depuis que nous avons été rendus à une vie nouvelle en 1878, nous avons ressemblé à quelqu'un qui traverserait à la nage les chutes du Niagara et, à maintes reprises, nous avons failli sombrer. Toutes les fois que nous n'avons pas écouté les conseils de l'Europe nous avons triomphé des plus grands obstacles. Maintenant qu'il n'y a plus devant nous de dangers imminents, nous n'avons aucune raison de négliger les leçons de notre histoire récente.

— Ainsi vous croyez que la Triple-Entente n'a rien fait pour vous ?

— Au début de la guerre, la Triple-Entente nous a été favorable, car elle a été la première à faire le sacrifice de la Turquie. Mais le moment du partage arrivé, son appui nous a fait défaut alors qu'il est hors de doute que nous sommes appuyés par l'Allemagne, l'Autriche-Hongrie et l'Italie. On ne peut pas nous reprocher d'en vouloir à la Triple-Entente de son attitude pour nous. Il n'y a pas d'intérêt européen ou mondial. Le monde finit aux frontières bulgares.

— Quel intérêt la Triple-Entente aurait-elle à vous prêter un appui encore plus sérieux que par le passé ?

— Un intérêt très simple, un intérêt évident et qui crève les yeux. Voilà la Turquie disparue. C'était le gendarme qui a empêché la Russie de léser les intérêts des puissances qui ne voulaient pas lui permettre l'accès de la mer libre. La Turquie, c'était une arme entre les mains de l'Allemagne. Sa disparition est tellement importante que le chancelier de l'empire d'Allemagne a motivé l'augmentation des effectifs en partie par le changement radical qui s'est produit dans les Balkans.

Aux lieu et place de la Turquie vermoulue et inapte au progrès s'élève un groupement dont la force armée réunie non seulement dépasse l'ancienne puissance militaire de la Turquie, mais constitue un élément qui pourrait faire pencher la balance en cas de conflit armé en Europe. Il importe donc au plus haut degré à la Triple-Entente de s'attacher l'Alliance balkanique et tout d'abord de maintenir cette alliance. Or elle ne pourra pas subsister si l'on veut léser les Bulgares sur tous les points et favoriser aussi les autres sur tous les points.

Cette politique est d'autant plus mauvaise qu'on ne parviendra pas à nous arracher tous les territoires auxquels nous avons droit, car nous sommes habitués à compter d'abord et surtout sur nous-mêmes. Si la guerre venait à éclater, les Bulgares se battraient avec acharnement. Ce serait une guerre d'extermination tellement l'injustice qu'on veut commettre envers nous est criarde.

Je n'ai pas besoin d'ajouter que ce serait là la pire des solutions. J'espère que le bon sens et le souci du lendemain prévaudront et, pour moi, je préférerais mille fois une solution à l'amiable à un conflit armé, même si nous devions encore obtenir de plus grands avantages.

*
* *

DÉCLARATIONS DE M. GUÉCHOFF, PRÉSIDENT DU CONSEIL

Sofia, 18 mai.

Avant de quitter Sofia pour me rendre à Salonique, j'ai eu l'honneur d'être reçu en audience par M. Guéchoff, président du Conseil et ministre des Affaires étrangères de Bulgarie.

M. Guéchoff est un causeur délicieux, d'une amabilité extrême. On l'appelle ici « le parfait gentleman », à cause de ses bonnes manières et aussi en souvenir des années d'études qu'il passa pendant sa jeunesse à Manchester, à l'Owens College (maintenant Victoria University). Ce n'est pas seulement un grand orateur, c'est encore un financier et un économiste remarquable qui a surtout tourné son activité vers le développement de l'agriculture en Bulgarie. Poète à ses heures, il a écrit un grand nombre de scènes de la vie bulgare et une idylle : *Raskovnitche*, qui est un chef-d'œuvre de la littérature de son pays.

Ses souvenirs de prison — car son ardent patriotisme et sa propagande en faveur de la cause nationale le firent condamner à mort par les Turcs — peuvent rivaliser avec ceux de Silvio Pellico. Il est aussi l'auteur d'un drame historique : *Ivailo*, et traducteur de *Quatre-Vingt-Treize*, de Victor Hugo.

M. Guéchoff est encore très connu en Bulgarie comme un grand bienfaiteur. Entre autres choses, il a fait un don de 150.000 francs pour transformer la Société bulgare des sciences et des arts en Académie de Bulgarie.

Au cours de notre conversation, j'ai demandé à M. Guéchoff :

« Que pensez-vous de l'avenir des relations franco-bulgares ? Qu'est-ce que la Bulgarie attend de la France ? Quels avantages pourrait retirer la France de son appui politique, économique et financier à la Bulgarie ? Quelle sera, en particulier, la situation des écoles françaises dans la Bulgarie nouvelle ? Que pensez-vous des relations entre les alliés et de l'avenir de l'Union balkanique ? »

Malgré l'énorme responsabilité qui pèse sur M. Guéchoff à l'heure actuelle et qui lui a fait prendre comme règle de se dérober à toute interview, le président du Conseil a bien voulu, en considération des services que j'ai rendus à la Bulgarie et à l'Union balkanique, m'autoriser à publier dans *la Dépêche* les déclarations ci-jointes, qu'il a même pris le soin d'écrire de sa main :

La Bulgarie fait tout son possible pour maintenir et resserrer ses bonnes relations avec les grandes puissances, pour mériter les sympathies du monde civilisé.

Elle fera appel à l'appui du gouvernement français pour avoir sa part légitime dans l'héritage turc. Elle fera appel au marché financier de Paris pour son outillage économique, pour le développement de son agriculture et de son industrie. Les banquiers et les capitalistes français peuvent compter sur l'honnêteté et l'esprit d'entreprise des Bulgares.

L'industrie et la littérature françaises trouveront leur compte dans le goût grandissant de mes compatriotes pour la langue et les produits français.

Les lois actuelles bulgares concernant les écoles françaises, lois dont la libéralité est reconnue par tout le monde, seront aussi appliquées dans la nouvelle Bulgarie.

Décidée à remplir ses obligations vis-à-vis de ses alliés, la Bulgarie espère que ceux-ci rempliront aussi leur engagement vis-à-vis d'elle et que, surtout en ce qui concerne la Grèce, tout le monde admettra ce principe élémentaire que les acquisitions territoriales doivent être proportionnées aux sacrifices supportés.

INTERVIEW DE M. EHRENPREIS,
GRAND RABBIN DE BULGARIE

Uskub, 19 mai.

A la veille de mon départ pour Salonique, j'ai eu, à Sofia, une conversation avec le grand rabbin des israélites de Bulgarie, M. Ehrenpreis, qui fait depuis quelque temps une active propagande pour l'annexion de Salonique au royaume bulgare.

Voici les arguments qu'il invoque en faveur de sa thèse :

— Il y a, me dit-il, à Salonique, environ 85.000 israélites. Ceux-ci forment la majorité absolue et relative de la population, puisque toutes les autres nationalités réunies : Turcs, Grecs, Bulgares, Albanais, Serbes, etc., ne comptent pas dans cette ville plus de 45.000 membres. Ces israélites, presque tous d'origine espagnole, ont des qualités de commerçants admirables. Ils forment un élément très actif qui est l'élite du judaïsme oriental.

Si Salonique reste entre les mains des Grecs, comme ceux-ci ont les mêmes qualités de négoce que les israélites et que de plus ils seront toujours beaucoup mieux protégés par le pouvoir central, les israélites subiront une concurrence terrible et seront en grande partie obligés d'émigrer.

Par contre, si Salonique est rattachée à la Bulgarie, les israélites en seront très satisfaits. Les Bulgares sont avant tout un peuple d'agriculteurs, et au milieu d'eux les israélites ont toujours un rôle spécial à jouer pour faciliter les échanges et la circulation des produits.

De plus, nous connaissons de longue date le large esprit de tolérance du peuple bulgare et nous savons que chez lui nos droits seront toujours respectés. Il y a en Bulgarie beaucoup de juges israélites. Les juifs de Bulgarie peuvent être nommés sans nulle restriction annuellement membres du conseil d'escompte de la Banque nationale de Bulgarie, qui est une institution d'État.

En Bulgarie, les communautés israélites sont reconnues comme des personnes juridiques. Les israélites de Bulgarie peuvent être élus membres des conseils municipaux et des conseils administratifs des chambres de commerce et d'industrie au même titre que les autres citoyens bulgares.

Dans l'assemblée constituante de 1879, ainsi que dans celle pour la revision de la Constitution en 1911, il y a eu des députés israélites élus au suffrage universel conformément à la loi électorale.

En un mot, depuis les premiers jours de la vie politique en Bulgarie, les israélites jouissent dans ce pays des mêmes droits civils et politiques que les autres citoyens bulgares.

— Combien y a-t-il d'israélites en Bulgarie ?

— Environ 40.000 groupés en 35 communautés religieuses. La plus grande est celle de Sofia, avec 18.000 membres. Viennent ensuite celles de Philippopoli, Roustchouk, Varna, Vidin, etc.

Toutes ces communautés ont une organisation consistoriale. Elles ont à leur tête un grand rabbin, c'est-à-dire moi-même, et un consistoire central élu par les communautés.

Le grand rabbin est subventionné par le budget de l'État, comme d'ailleurs tous les autres chefs religieux du royaume. La nomination des rabbins est sanctionnée par le ministère des Affaires étrangères et des Cultes.

Dans toutes les communautés israélites il y a des écoles où l'on enseigne le bulgare, l'hébreu, l'histoire juive, etc., sous le contrôle du ministère de l'Instruction publique.

Nous avons dans nos écoles 4.000 élèves. Elles sont soutenues par les communautés israélites et subventionnées par les municipalités. La ville de Sofia donne 15.000 francs par an.

— Y a-t-il beaucoup de juifs dans les provinces conquises ?

— La nouvelle Bulgarie est encore une notion assez élastique. Si nous laissons de côté Salonique, il y a environ 50.000 israélites dans les villes occupées par l'armée bulgare. Ils sont groupés dans 25 communautés.

La plus importante est celle d'Andrinople, avec 20.000 israélites. C'est une communauté historique qui a joué un grand rôle dans l'histoire juive depuis le commencement de l'ère chrétienne. J'ai été la voir aussitôt après la prise d'Andrinople et j'ai constaté que les juifs de cette ville étaient assez contents de leur nouvelle situation et qu'ils avaient confiance dans leur avenir en Bulgarie.

Je vous ferai remarquer qu'en Thrace et en Macédoine on ne remarque aucune tendance à l'émigration. Il y a eu quelques fugitifs au début de la guerre, mais ils rentrent dans le pays.

— Est-il vrai que vous avez protesté contre la cession éventuelle de Silistrie à la Roumanie ?

— C'est parfaitement exact. Au nom du judaïsme bulgare, j'ai fait auprès de notre gouvernement une démarche pour protester contre la session d'un territoire bulgare à la Roumanie et j'ai demandé en tout cas, vu la situation lamentable dans laquelle se trouvent en Roumanie 250.000 israélites, qui sont traités comme des étrangers dans leur propre pays, que la garantie des droits civils et politiques de ceux de nos coreligionnaires qui pourraient passer à la Roumanie nous soit assurée.

Nous avons communiqué cette protestation aux représentants des grandes puissances à Sofia. De leur côté, les deux grandes associations qui groupent les israélites de Londres ont présenté à sir Edward Grey un mémorandum à ce sujet et sir Philip Magnus, vice-président de l'Anglo-Jewich-Association et représentant de l'Université de Londres à la Chambre des communes, a fait au Parlement anglais une interpellation à ce sujet.

En Italie, M. Luigi Luzzati, ancien président du Conseil, a publié dans le *Corriere della Sera* un appel à la diplomatie européenne qui a produit une impression profonde, et l'organisation des communautés israélites d'Italie a adressé un mémorandum au marquis de San Giuliano, ministre des Affaires étrangères.

En présence de ce mouvement, le gouvernement roumain a dû prendre l'engagement officiel que les droits civils et politiques des israélites de Silistrie seraient respectés. M. Take Yonesco a fait à ce sujet des déclarations formelles dans le *Bucarester Tagblatt*, et M. Michu, dans le *Jewich Cronicle* de Londres.

Espérons donc qu'il y aura une disposition relative aux israélites de Silistrie dans le protocole de Saint-Pétersbourg. L'Europe se doit d'obliger la Roumanie à tenir cette fois sa promesse. C'est pour elle un point d'honneur.

CHAPITRE III

EN GRÈCE

Les Grecs voulaient rester à Salonique et Salonique désirait rester grecque. Voilà ce que je constatai dès mon arrivée dans cette ville.

Je m'étais rendu à Salonique pour y passer quarante-huit heures. L'attaque brusquée des Bulgares au Panghéon m'arrêta dans cette ville pendant près d'un mois. Quelques jours après cet acte d'hostilité les correspondants des grands journaux arrivaient à Salonique et pendant quatre semaines nous avons tous vécu dans l'attente angoissante d'une guerre qui ne venait pas.

Elle fut différée grâce à la prudence de M. Venizélos qui était partisan d'une solution par l'arbitrage et qui en tout cas voulait être bien sûr de l'appui de la Serbie avant de commencer les hostilités. Le roi Constantin était partisan d'une riposte immédiate à l'attaque bulgare. C'est à l'énergie avec laquelle M. Venizelos sut tenir tête aux désirs de son souverain que la Grèce dut d'être sauvée.

Mes amis de Sofia m'avaient demandé de leur envoyer pour *l'Écho de Bulgarie* mes impressions de

Salonique. Je leur dis ce que je sentais être la vérité : la guerre me paraissait presque inévitable, mais je pensais que les alliés feraient mieux de soumettre leur conflit à l'arbitrage.

Dans une interview, que publia le 4 juin *la Liberté*, le journal officieux en langue française de Salonique, je soutenais la même opinion.

Quelques jours auparavant, j'avais cru de mon devoir de télégraphier, en ma qualité de secrétaire général de l'Office central des Nationalités, à diverses associations internationales : l'Union interparlementaire, le Groupe interparlementaire français, le Bureau international de la paix de Berne et le National Peace Council de Londres, — pour attirer leur attention sur la gravité de la situation dans les Balkans, l'imminence d'une nouvelle guerre et la nécessité d'une active propagande dans le but d'imposer aux alliés une solution par l'arbitrage de leur différend.

Ce télégramme n'eut guère le don d'émouvoir ceux qui le reçurent. Les hommes sont ainsi faits. Même ceux qui font profession de compatir aux douleurs des autres ne veulent pas qu'on les arrache à leur douce quiétude.

Quand je songe à l'indifférence générale pour le nouveau malheur qui menaçait les peuples balkaniques, je ne puis m'empêcher de me rappeler les paroles douloureuses de mon ami M. Elie Bobtcheff, député bulgare :

« Qu'importent nos souffrances aux diplomates et aux pacifistes ? Ils voient que la fatalité nous pousse à nous battre entre peuples balkaniques. Ils ne feront rien pour nous empêcher de glisser sur cette pente. »

Et il me citait mélancoliquement ces vers terriblement ironiques du *Faust* de Gœthe :

« Pour moi, je ne sais rien de mieux les jours de dimanches et de fêtes, qu'une conversation de guerre et de bruits de guerre, lorsqu'à l'extrémité au loin, en Turquie, les peuples s'entre-battent. »

* *
*

CE QUE LES SERBES DISENT DES BULGARES

Salonique, 20 mai.

J'ai pu faire, sans trop de difficultés, le voyage de Sofia à Salonique, par Niche et Uskub. Le principal défaut d'une telle course, c'est qu'elle dure sans interruption pendant près de trente heures.

Pourtant pas un seul instant je ne me suis ennuyé. Je me souviens encore comme d'une chose délicieuse qu'au moment où notre train s'arrêta à la frontière bulgare, à Tsaribrod, à la tombée de la nuit, tous les oiseaux nichés dans les bois au milieu desquels se trouve la gare semblaient s'être donné le mot pour saluer notre départ de trilles joyeux. Le bouvreuil, la fauvette, la mésange et surtout le rossignol, tous les oiseaux de notre pays faisaient entendre leurs délicieuses mélodies.

Pendant ce temps, des policiers au regard soupçonneux examinaient attentivement les passeports de tous les voyageurs, et des soldats de 19 ou 20 ans, les dernières recrues, le fusil sur l'épaule et la baïonnette au canon, se promenaient de long en large sur le quai, d'une manière fébrile.

A Pirot, première station en arrivant en Serbie, les soldats qui envahissent le train rient et jacassent comme des oiseaux échappés. Point n'est besoin de savoir qu'on vient de passer la frontière pour comprendre qu'on est chez un autre peuple.

Le Bulgare est plutôt grave, sérieux, parfois même taciturne. Ce n'est pas un spontané, un homme de premier mouvement. Calculateur et réfléchi, il ne se livre qu'à la longue. Il n'aime guère la plaisanterie ; l'ironie lui paraît une chose insupportable.

Le Serbe, par contre, est gai, rieur, beau parleur, poète. Il se laisse facilement emporter par son cœur et son imagination, ce qui l'expose parfois à de graves désillusions et de profonds abattements. Envers l'étranger, il se montre toujours aimable et facilement communicatif. Mais gare à vous si vous ne répondez pas à l'image qu'il s'est faite de vous ; alors, son enthousiasme tombe et vous lui devenez indifférent.

Ces deux peuples aux qualités si diverses étaient faits pour se compléter et s'unir. Mais maintenant, hélas ! leurs différences de caractère font qu'ils se détestent cordialement.

Je m'en suis rendu compte pendant mon séjour à Sofia et je ne tarderai pas à m'en apercevoir dans la suite de mon voyage.

A minuit, premier changement de train à Nich. Le convoi militaire qui m'emporte vers les territoires occupés par les Serbes ne contient guère que des officiers, des soldats et des fournisseurs de l'armée. Le conducteur, auquel je montre le laissez-passer qui m'a été délivré à Sofia par la légation de Serbie, m'installe seul dans un compartiment de première classe où je peux dormir tranquillement.

Vers les six heures du matin, un soldat vient me réveiller. Nous passons tout près du champ de bataille de Koumanovo où l'armée turque de la Macédoine fut écrasée par les Serbes, dès les premiers jours de la guerre. Dans la grande plaine, entourée d'un cercle de hautes montagnes, je vois de la portière de nombreux tombeaux et, de loin en loin, quelques tranchées.

Une trentaine de mille hommes, dit-on, tombèrent des deux côtés.

Je comprends parfaitement qu'en un pays aussi découvert ait pu avoir lieu un tel massacre.

« Voilà un coin de terre, me dit un officier, que nous avons arrosé de notre sang et que nous n'abandonnerons jamais aux Bulgares qu'en l'arrosant encore de notre sang et du leur. »

Vers les sept heures, nous sommes à Uskub, siège du quartier général de l'armée serbe. Là encore, nouveau changement de train. Pendant toute la journée, nous suivons à travers une série d'étroits défilés le cours impétueux du Vardar, et nous traversons presque toute cette malheureuse Macédoine grâce à laquelle l'Europe, depuis tant d'années, est toujours sur le qui-vive.

La plupart des champs sont incultes et, l'homme ne les ayant pas arrosés de la sueur de son front, ils ne portent plus que des ronces et des épines. Les montagnes calcaires sont complètement dénudées et s'effritent. Les Turcs ont passé là. Pas de maison isolée, car dans ce pays maudit l'isolement vous désigne infailliblement à la balle et au couteau du bandit. Presque pas de villages ; de loin en loin, accrochée aux flancs du rocher, une petite ville aux maisons de bois dominée par un minaret et le clocher d'une église chrétienne. On se demande dans ce désert de quoi vivent ses habitants.

Tout le long de la voie, pendant des dizaines de kilomètres, les coquelicots forment comme un ruban de pourpre.

Je remarque que la voie est toujours gardée militairement par des soldats de l'armée territoriale sans uniforme, qui n'ont que leur fusil pour tout équipement comme aux premiers temps de la guerre.

Les Bulgares ont renoncé à cette précaution au moins jusqu'à Andrinople. C'est que là-bas ils se sentent chez eux tandis qu'ici les Serbes occupent un pays que la Bulgarie leur conteste et où elle a de nombreux partisans, le pays classique des bandes et des attentats révolutionnaires. Aussi ces précautions sont-elles justifiées.

Dans tous les milieux on m'avait dit à Sofia : « Les Serbes sont fous. Nous n'admettrons pas de discussion sur le traité de partage. S'ils ne veulent pas exécuter le traité, nous les chasserons à la baïonnette tout simplement. Dans huit jours nous serons à Belgrade et la Serbie n'existera plus.

« Quant aux Grecs, point n'est besoin d'envoyer contre eux de l'armée régulière. Les volontaires macédoniens s'en chargent. Ils demandent seulement un peu de canon. Cette guerre d'extermination sera une chose horrible, mais ce ne sera pas de notre faute ! »

J'entre en conversation avec un officier supérieur serbe qui se rend à Monastir. Sans même que j'aie pris le temps de l'interroger, quand il apprend que j'arrive de Sofia, il me dit :

— Les Bulgares ont perdu la tête. Pensent-ils sérieusement que leurs alliés ont fait tant de sacrifices pour les aider à constituer la grande Bulgarie ? Ils invoquent le traité; mais celui-ci prévoyait que les Bulgares devaient envoyer 20.000 hommes sur le Vardar pour coopérer avec nous. Ils nous ont laissés nous tirer d'affaire tout seuls. Si nous n'avions pas battu les Turcs à Koumanovo, Sofia était à la merci des ennemis. Les Bulgares nous doivent donc une fière chandelle.

Nous leur avons aussi envoyé 30.000 hommes pour les aider à prendre Andrinople. C'est une faute, car nos soldats ont été là-bas soumis à toutes sortes de vexations. « Travaillez, mes frères, leur disaient les soldats bulgares. C'est notre tsar qui vous paye 10 francs par jour. »

Certains soldats serbes, furieux, ont tué leurs insulteurs à coups de crosse.

Aussitôt après la prise d'Andrinople, les Bulgares ont laissé partir nos troupes sans leur adresser un mot de remerciement et les officiers se sont séparés sans se serrer la main.

Les Bulgares veulent Monastir. Jamais nous n'abandonnerons cette ville, où nous avons livré avec succès l'une des batailles les plus glorieuses de notre histoire. Nous n'attaquerons pas les Bulgares, mais qu'ils essayent de nous déloger de nos positions ! Vous verrez quelle sera leur désillusion. Dans quinze jours nous serons à Sofia.

Si vous voyiez la rage de mes soldats contre les Bulgares ; c'est indescriptible !

Nos paysans nous disent : « Puisqu'il faut y aller, allons-y tout de suite. » Ils ne doutent pas de la victoire.

Par contre, nous savons que les paysans bulgares ne veulent pas se battre contre leurs frères slaves. « Nous leur devons, au contraire, de la reconnaissance, disent-ils, puisqu'ils nous ont aidés à battre les Turcs. »

Et puis il y a les Grecs et les Roumains avec qui nous sommes liés d'amitié et qui ont le même intérêt que nous à résister aux empiétements de la Bulgarie.

Il y a surtout notre chef d'état-major, le voïevode Putnik, qui est plus fort à lui seul que tous les généraux bulgares.

Les hommes politiques de Sofia ne voient pas ça. On les dit empoisonnés par leur chauvinisme.

Les fonctionnaires font chorus avec eux pour ne pas perdre leurs places. Les malheureux! ne voient-ils pas qu'ils lancent leur pays à la ruine et que nous serons obligés de supprimer leur État. Oui, monsieur, les Serbes, les Roumains et les Grecs se partageront la Bulgarie, ce nid de tziganes, et nous rendrons peut-être Andrinople aux Turcs. Voilà des gens soumis, de braves gens!

— Mais cette guerre sera un scandale?

— Ce n'est pas nous qui en serons la cause. Nous ne voulons que nous défendre.

La conversation roula sur ce ton des heures entières et, tout en écoutant mon interlocuteur, je me demandais : « Où donc est la fameuse solidarité slave dont les panslavistes nous rabattent les oreilles? Serait-ce un mythe, comme d'ailleurs la fameuse solidarité latine? »

Il serait exagéré de prendre trop à la lettre les affirmations d'un officier dont, somme toute, c'est le métier de ne rêver que plaies et bosses. Mais de ces paroles, il faut cependant retenir ceci : c'est que l'effervescence est au moins aussi grande en Serbie qu'en Bulgarie.

Des deux côtés, on s'échauffe; des deux côtés, on croit avoir également raison; des deux côtés, on s'invective également et on crie qu'on va avoir recours aux armes; des deux côtés on crie : « Monastir ou la guerre! »

Cet état d'âme est des plus inquiétants. Il faut espérer que l'Europe saura trouver à temps une solution de cet antagonisme en apparence irréductible, mais il faut qu'elle se hâte.

A Gevgélié, l'avant-dernière station en territoire d'occupation serbe, j'ai eu le temps de visiter un campement de mohadjirs (réfugiés musulmans). Je n'en avais pas vu, même à Constantinople, de plus lamentable ! Une centaine de personnes de tout sexe et de tout âge croupissaient sous des toits de feuillage, au-dessus desquels ils avaient étendu leurs tapis et leurs nattes pour se garantir de la pluie. Le plus misérable de nos chemineaux sait se faire un abri plus confortable.

A Goumendgé, dernière station serbe, les evzones grecs, avec leur tunique qui s'évase en jupe, leur caleçon blanc et leurs escarpins à bout recourbé et orné d'un pompon noir, jettent dans le tableau une note pittoresque.

Une dernière fois nous changeons de train. Mon portefaix me parle en espagnol. Cela sent l'approche de Salonique, ville en majorité peuplée de juifs chassés d'Espagne au moyen âge, qui ont gardé leur dialecte, d'ailleurs assez corrompu.

Après quelques heures d'attente, le train grec s'engage à pas de tortue sur le pont du Vardar qui, à cet endroit, est large comme un bras de mer. Le pont détruit par les Turcs a été reconstruit sur pilotis, mais il craque et il branle.

Dès que nous arrivons sur la rive opposée, les evzones grecs nous saluent du cri de « Zivio », un mot serbe qui veut dire : « Vivat ».

Les soldats serbes que l'on amène à Monastir et qui sont obligés de passer par Salonique répondent en grec : « Zito ».

« Vous voyez, me dit mon officier supérieur, la fraternité des troupes grecques et serbes est très grande. Ensemble elles verseront, s'il le faut, jusqu'à la dernière goutte de leur sang pour garder ce qu'elles ont conquis. »

*
* *

CE QUE DIT M. ARGHYROPOULOS, PRÉFET DE SALONIQUE

Salonique, 20 mai.

On m'avait dit : « L'armée grecque a fait brillante figure pendant cette guerre. Mais ce qui fait vraiment honneur aux Hellènes, c'est leur génie administratif, c'est la façon dont ils ont su faire régner l'ordre et la paix dans les provinces occupées par eux et contribuer à leur développement économique. L'administration de Salonique, en particulier, est excellente. Vous vous devez de l'étudier. »

Après tant de bruits de guerre, je ne suis pas fâché de pouvoir m'intéresser à une œuvre de paix. J'ai suivi le conseil et je n'ai pas lieu de le regretter.

M. Arghyropoulos, le préfet de la ville, à qui je suis allé ce matin demander des renseignements sur l'administration grecque de Salonique, est bien, quoique ardent patriote hellène, l'un des Parisiens les plus avertis et les plus aimables que j'aie jamais rencontrés. Il a fait ses études dans un lycée de notre capitale. Il a passé chez nous dix-huit années de sa vie. Il parle le français avec une extraordinaire facilité, une rare élégance et une parfaite pureté d'accent. Ses manières sont très accueillantes. Sa voix est cordiale. C'est bien l'homme rêvé pour ménager ici toutes les susceptibilités, apaiser toutes les rancœurs et concilier tant d'intérêts en apparence inconciliables.

Je souhaiterais à beaucoup de nos administrateurs et de nos diplomates de lui ressembler. Il m'a dit : « La tâche que nous avons assumée en prenant en main l'administration d'une ville comme Salonique au lendemain de la conquête n'était pas facile. Cette ville compte en temps ordinaire environ 160.000 habitants. Il y avait, en outre, quand nous sommes arrivés ici, 30.000 soldats désarmés et 120.000 réfugiés environ de toutes les parties de la Turquie d'Europe.

« En effet, outre les 40.000 réfugiés que nous avons nourris, nous avons encore délivré environ 80.000 laissez-passer. Cela portait tout à coup la population à 380.000 hommes qu'il a fallu avant tout faire vivre.

« Il s'est posé aussi à nous des questions d'hygiène difficiles à résoudre. Au début, il y a eu un peu de désordre, de crainte, de nervosité; puis, au bout d'une semaine, tout s'est tassé et la ville a pu recommencer à vivre d'une façon normale.

« La deuxième difficulté à laquelle nous nous sommes heurtés, c'est de rétablir l'ordre et la confiance dans cette bigarrure de nationalités qui composent la population de Salonique. Nous trouvions ici des israélites, des deunmés ou juifs convertis à l'islamisme, des Grecs, des Bulgares, des Koutzo-Valaques, etc. Chacun envisageait les événements sous un angle différent : chacun se réservait et ne nous prêtait pas un grand concours. Mais ici encore, le résultat que nous avons obtenu est satisfaisant.

« Nous ne demandons pas à la population de Salonique de nous témoigner de l'amour. Mais je crois que nous sommes arrivés à lui faire comprendre que nous ferons tout notre possible pour assurer la sécurité de tous les citoyens sans distinction de nationalité et pour garantir les intérêts de chacun. Nous n'en demandons pas davantage.

« Le roi défunt a lui-même beaucoup contribué à ramener la confiance parmi les habitants de Salonique. Il se promenait tout seul dans les rues. Il acceptait toutes les requêtes et il nous faisait ensuite appeler pour nous expliquer sa manière de voir et pour tâcher d'améliorer avec nous notre organisation administrative.

« Cette action populaire du roi, qui d'ailleurs lui a coûté la vie, a été des plus efficaces. Aussi lorsqu'il a été tué la population, qui jusque-là était restée sur la réserve, n'a voulu croire qu'à l'horreur du crime et a pris part à notre deuil.

« Une autre grande difficulté qui s'opposait au prompt rétablissement d'une vie normale, c'était la crise économique qui se faisait sentir. Salonique est un vaste entrepôt qui débite ses marchandises à une foule de petits entrepôts dans l'intérieur de la Macédoine. Les relations de Salonique et des provinces environnantes ont été coupées dès le début de la guerre et les gros commerçants craignaient de ne pouvoir rentrer dans leurs créances, qui étaient très élevées, car Salonique a toujours été très large en affaires et vendait à découvert.

« Voilà donc de nombreuses causes de troubles, de désordres ou tout au moins de nervosité.

« Aussitôt après l'occupation militaire, le prince héritier qui commandait l'armée n'hésita pas à séparer les fonctions administratives des fonctions militaires. C'était une initiative hardie, car on ne savait pas encore si l'armée était en complète sécurité. Mais cette initiative a cependant eu d'excellents résultats.

« Tout d'abord, j'ai gardé l'ancienne municipalité et je m'en suis bien trouvé. Le maire est un Turc et la plupart des conseillers sont israélites. J'ai pensé qu'il était sage de gagner leur confiance et je n'ai pas à m'en plaindre. J'ai laissé au conseil toute son initiative. Seulement j'ai placé un fonctionnaire à la mairie pour être avec l'administration municipale en contact journalier.

« Il y a cependant deux domaines que je me suis réservés et dont j'ai fait une section spéciale de la préfecture : celle de l'hygiène et celle de l'éclairage.

« Au point de vue de l'hygiène, nous avons organisé un hôpital de varioleux, de typhiques, etc. Nous avons aussi apporté tous nos soins à la question de l'eau. Dans la ville basse, on boit de l'eau de puits artésiens qui est bonne. Dans la ville haute, on boit de l'eau qui est amenée par un aqueduc découvert.

« Comme on signale quelques cas de choléra du côté de Drama et de Doiran, nous avons accepté une proposition faite déjà l'an passé par la Compagnie des eaux, mais que les Turcs avaient négligé d'agréer et nous avons établi une trentaine de nouvelles fontaines.

« Nous avons aussi créé un camp pour les réfugiés et un hôpital pour ceux d'entre eux qui étaient atteints de maladies infectieuses.

« Pour ce qui est de l'éclairage, la ville, au moment de l'occupation grecque, n'avait pas payé la Compagnie depuis une année. Le directeur, M. Delacombe, qui est un Français, se plaignait à juste titre.

« Nous payons régulièrement le gaz depuis notre arrivée et j'espère que la municipalité sera bientôt en mesure de liquider peu à peu l'arriéré, bien que je n'aie pu assumer l'obligation de payer les dettes anciennes.

« La préfecture intervient aussi dans quelques questions qui nécessitent une réforme radicale, comme celle, par exemple, des permis de construction. Jusqu'ici les habitants construisaient à tort et à travers et souvent jusqu'au milieu de la rue.

« Nous avons décidé que désormais les permis de construction ne pourront être délivrés qu'après avoir été approuvés par le service des Travaux publics. Ainsi sur ce point nous limitons la liberté communale; mais nous considérons que nous sommes en présence d'une grande ville qui mérite qu'on lui applique un régime sinon de faveur, du moins d'exception.

« Nous avons aussi enlevé la police à la municipalité parce que sur ce point la loi grecque ne coïncide pas avec la loi ottomane. Cette question de la police est aussi à l'étude en France, où des événements comme ceux de Nancy ont montré que dans certains cas la police peut ne pas rendre les services qu'on attend d'elle quand elle dépend de la municipalité et qu'il vaut peut-être mieux la rattacher à la Sûreté.

« En Grèce, le commissaire de police est en même temps chef de la gendarmerie et il dépend du préfet et du commandant général de gendarmerie. Nous avons institué ici une organisation de ce genre.

« Nous ne pouvions pas faire autrement. La Convention de la Haye a d'ailleurs reconnu que l'État conquérant assume l'administration des provinces occupées par lui en gardant, dans la mesure du possible, l'administration du pays. Nous avons gardé ce que nous avons pu de l'administration turque; mais pour ce qui est de la police, nous avions le droit de restreindre les attributions de la municipalité parce qu'il s'agissait là d'une question d'ordre public.

« Dès le début, le colonel français Foulon, de la gendarmerie turque, a lui-même loyalement reconnu l'impossibilité où nous étions d'assurer l'ordre avec des gendarmes turcs, comme cela avait été stipulé dans le traité de capitulation de la ville.

« Comment des gendarmes turcs auraient-ils pu forcer à rentrer et à rester dans l'ordre une population affolée par la ruine subite de l'Empire ottoman et une armée de soldats victorieux ?

« Après l'occupation de la ville, nous avons été privés de police pendant quelques jours, mais presque tout de suite nous avons fait venir des gendarmes de Crète formés par des carabiniers italiens, que vous avez pu remarquer dans les rues avec leur culotte bouffante. Ils sont excellents et nous n'avons qu'à nous en louer. Nous avons aussi organisé une Sûreté et tout marche maintenant avec régularité.

« Nous avons porté aussi quelques modifications, d'après la loi grecque, dans la façon de voter le budget. En Turquie, le budget est préparé par le conseil municipal et voté par l'assemblée municipale, composée des conseillers municipaux et des membres du conseil administratif du vilayet.

« En Grèce, au contraire, comme en France, le budget est préparé par le maire, voté par le conseil municipal et approuvé par le préfet. C'est ce système que nous avons introduit. Le conseil m'a proposé un budget de 4.545.130 piastres de dépenses et de 3.388.977 piastres de recettes, se soldant donc par un déficit de 1.156.252 piastres.

« En lui proposant quelques économies et en lui indiquant quelques ressources nouvelles, j'ai réussi à équilibrer le budget dans un projet de 4 millions 288.877 piastres de dépenses et de 4 millions 870.016 piastres de recettes qui se solde en un excédent d'environ 200.000 piastres.

« Dans ce pays, un budget qui s'équilibre sera une nouveauté et cette nouveauté montre clairement notre désir de travailler au développement matériel et moral de cette ville pendant notre occupation qui, je l'espère fermement, sera définitive. »

*
* *

CHEZ LE PRINCE NICOLAS

Salonique, 23 mai.

S. A. R. le prince Nicolas, frère du roi Constantin, gouverneur militaire de Salonique, ayant appris mon passage dans cette ville, a bien voulu me faire l'honneur de me recevoir en audience privée au siège du quartier général.

Le prince Nicolas est un homme d'une quarantaine d'années, grand, svelte, élégant, d'une affabilité extrême ! Il est marié avec la princesse Hélène, grande-duchesse de Russie, et porte le grade de général de brigade. Il m'a reçu dans une modeste salle de travail, où il passe la plus grande partie de son temps à prendre consciencieusement connaissance des rapports que lui envoient ses officiers et à conférer avec les grands chefs de toutes les administrations placées sous ses ordres. Pas un détail ne lui échappe.

Après m'avoir demandé de lui faire part de mes impressions de voyage dans les Balkans, le prince me parla très librement pendant près d'une demi-heure de la situation actuelle, généralement considérée ici comme très critique, et cela avec une spontanéité et une franchise qui m'honorent grandement.

Comme sur bien des sujets brûlants il m'avait parlé à cœur ouvert, je lui promis avant de le quitter de ne pas publier cette conversation sous forme d'interview. Je ne crois pas cependant trahir sa confiance en disant que je le trouvai très préoccupé de la tournure fâcheuse que prennent les rapports gréco-bulgares.

Pendant ces dernières semaines, comme mes dépêches vous l'ont appris, plusieurs escarmouches ont eu lieu entre les troupes grecques et les troupes bulgares dans la région de Serrès. Le prince Nicolas pense que les Bulgares ne doivent pas rejeter la responsabilité de ces événements fâcheux sur les Grecs, ni les Grecs sur les Bulgares. Lorsque les avant-postes de deux armées se trouvent aussi rapprochés les uns des autres, il suffit qu'un coup de fusil, dont il est bien difficile d'établir l'origine, parte d'un côté pour qu'il déchaîne tout de suite une vive fusillade. Les incidents de ce genre ont donc quelque chose de fatal. Le seul moyen d'en empêcher le retour, c'était l'établissement d'une zone neutre entre les deux armées grecque et bulgare.

C'est ce qui fut fait et, dès lors, pendant quarante-huit heures, les rapports entre les officiers des deux armées alliées redevinrent des plus courtois et des plus cordiaux.

Mais voilà que subitement les Bulgares ont envahi la zone neutre pour déloger les Grecs de leurs positions. Ceux-ci ont résisté. Des deux côtés, les pertes sont considérables.

Le prince Nicolas était douloureusement étonné de l'attitude des Bulgares, que rien, selon lui, de la part des Grecs, ne justifie, mais il exprimait l'espoir que de tels faits resteraient isolés et que la possibilité d'une guerre entre la Grèce et la Bulgarie serait écartée.

Le prince me donna sa parole d'honneur que les officiers et les soldats grecs s'étaient toujours conduits aussi humainement que possible envers les populations des pays occupés par eux et que, en particulier, c'est à tort que les Bulgares reprochaient aux Hellènes d'avoir exercé des cruautés sur les paysans slaves du sud de la Macédoine.

S'il l'on devait en croire les récits des milliers de réfugiés qui arrivent journalièrement à Salonique des environs de Drama, Cavalla et Serrès, ainsi que les rapports que l'on reçoit de ces régions, ce seraient, au contraire, les pays occupés par les troupes bulgares qui vivraient en ce moment sous le régime de la terreur.

Comme je prenais congé de lui, le prince m'assura que l'armée grecque était toujours prête à tous les sacrifices pour défendre l'honneur national, mais qu'elle était extrêmement disciplinée et qu'elle agirait toujours suivant les volontés du gouvernement et du roi, qui gardent bien en main les destinées de la patrie.

« Notre pays, me dit-il, a donné tout entier, pendant la guerre, un bel exemple de discipline sociale qu'on ne trouverait peut-être pas ailleurs, et c'est cette volonté unanime de tous les Hellènes d'accomplir simplement leur devoir sans nervosité qui leur permettra de triompher de toutes les difficultés de l'heure présente. »

***

INTERVIEW DE OSMAN-SAÏD-BEY, MAIRE DE SALONIQUE

Salonique, 24 mai.

Je vous ai dit que le premier acte du préfet de Salonique, M. Arghyropoulos, avait été de conserver l'ancienne municipalité ottomane, en majeure partie composée de conseillers israélites, dont le chef était Turc. Nul, mieux que ce magistrat, ne pouvait me donner des renseignements sur l'importance et la situation de la communauté musulmane de Salonique, sur ses besoins et sur ses désirs. Aussi ai-je pris la liberté d'aller lui demander une interview.

Le maire Osman-Saïd-Bey est un homme de grande taille, à la moustache rousse, au nez crochu, au regard un peu triste, une tête de brave homme qui sait garder beaucoup de dignité dans ses fonctions difficiles et dans ses rapports avec les vainqueurs. Il parle assez bien le français, et c'est dans cette langue que la préfecture hellène s'entend avec lui.

Je le trouve dans son vaste bureau meublé de sofas et de fauteuils, en train de signer l'amas énorme des paperasses que lui tendent des fonctionnaires grecs, israélites et turcs.

Ces derniers seulement portent le fez rouge. Les autres ont « européanisé » leur coiffure.

D'un geste aimable, il m'offre une cigarette, et, pendant que je savoure le café turc, il quitte son fauteuil, vient s'asseoir auprès de moi et me demande de lui exposer l'objet de ma visite.

Je lui dis :

« Il est probable que la question de la situation politique de Salonique sera réglée définitivement par l'Europe. Les diplomates tiendront compte sans doute de plusieurs éléments : des raisons politiques, économiques, stratégiques, historiques. Mais ils n'oublieront pas non plus les vœux des populations intéressées. Que désire la population musulmane de Salonique ? C'est ce que je suis venu, monsieur le maire, vous demander. »

Osman-Saïd-Bey me regarde avec un sourire mélancolique. Évidemment cela l'étonne qu'on veuille tenir compte des sentiments et des desiderata des vaincus. Il s'était représenté autrement la domination étrangère. Il ne comprend sans doute pas grand'chose à notre égalité civile et politique qui place dans l'État moderne tous les citoyens, à quelque nationalité et à quelque origine qu'ils appartiennent, sur le même pied. Il serait moins surpris si je lui rappelais le mot terriblement inhumain : *Væ victis!* Il paraît heureux que je lui témoigne ainsi qu'à ceux de sa race un peu de sympathie.

Je le sens ému et prêt à me parler à cœur ouvert.

— Posez-moi des questions, me dit-il, je vous répondrai.

— Tout d'abord, monsieur le maire, quel est le chiffre de la population musulmane à Salonique ?

— Je ne connais pas encore les résultats du dernier recensement que l'Administration vient de faire il y a quelques jours. Je ne connais que les chiffres du dernier recensement fait il y a une huitaine d'années par la Turquie. Mais les chiffres me paraissent très inexacts.

D'après ce recensement, la ville renfermait en tout 90.000 habitants. C'est trop peu. Les israélites, par exemple, ne sont comptés que pour 45.000, alors qu'ils sont au moins une soixantaine de mille.

Ce que le maire me dit du manque de précision du recensement turc ne m'étonne pas, car je n'ignore point que ce recensement se fait par un procédé vraiment un peu trop primitif. Les Turcs se bornent généralement, même à Constantinople, à compter les immeubles et à mettre cinq habitants par maison, ce qui donne généralement un chiffre très inférieur à la réalité.

Je reprends :

— Combien estimez-vous qu'il y a, en chiffres ronds, de musulmans à Salonique ?

— De 40.000 à 45.000, je suppose, naturellement sans compter les réfugiés.

— Que pense la communauté musulmane de la situation actuelle ?

— Elle en est généralement satisfaite. Les nouvelles qu'elle reçoit des provinces environnantes où la guerre a été plus dure et où nos coreligionnaires ont eu terriblement à souffrir de l'occupation étrangère nous portent à nous considérer comme assez favorisés.

— Est-ce que jusqu'à ce jour le libre exercice de votre culte a été respecté ?

— Nous n'avons eu à déplorer de la part des Grecs aucune vexation au point de vue religieux. Le gouvernement hellénique, il est vrai, a mis la main sur un certain nombre de mosquées. Mais c'étaient toutes d'anciennes basiliques chrétiennes comme Sainte-Sophie, qui avaient été changées en mosquées après l'arrivée des Turcs dans ce pays. J'ignore si elles ont été rendues au culte chrétien. Quant aux mosquées bâties par les musulmans, elles sont toutes restées entre nos mains. Malheureusement, un grand nombre d'entre elles sont occupées par des émigrés.

— N'a-t-on pas essayé de convertir de vive force des musulmans au culte chrétien ?

— Je n'ai eu connaissance d'aucun fait de ce genre. Notre liberté de conscience et notre religion ont été absolument respectées par les Grecs.

— En a-t-il été de même de vos biens ?

— Les premiers jours de l'occupation il y a bien eu quelques abus, mais qui vite ont été réprimés. Pendant quelque temps, j'ai reçu des plaintes de gens à qui les soldats avaient enlevé leur argent, leurs moutons ou une partie de leur mobilier, mais je dois dire que le gouvernement grec, averti par moi, a mené une enquête rapide sur ces faits de pillage qui ont été sévèrement punis et qui ne se sont plus reproduits. En ce moment, la vie de la communauté musulmane de Salonique est redevenue à peu près normale.

— Vous savez, monsieur le maire, qu'un désaccord règne entre les alliés pour le partage de leurs conquêtes et que les Bulgares demandent aux Grecs, en particulier, de leur abandonner Salonique. Est-ce que vous et la communauté musulmane seriez contents de tomber sous la domination bulgare ?

— Ne me demandez pas cela, je ne pourrais pas vous répondre. Tout ce que je peux vous dire, c'est que le gouvernement grec ne nous fait pas de mal et que sous sa domination nos droits sont généralement respectés.

— Que penseriez-vous de la solution proposée par certains grands journaux européens et qui consisterait à donner à Salonique et à son hinterland l'autonomie ?

— Je ne sais pas quels seraient les avantages de l'autonomie pour notre ville au point de vue économique. Je ne suis pas un commerçant, mais un propriétaire de fermes. Je considère les choses plutôt au point de vue moral, et de ce point de vue je trouve que l'état actuel nous donne pleine satisfaction.

Je ne voulus pas pousser plus à fond un interrogatoire que je sentais pour mon interlocuteur très pénible et je pris, en le remerciant, congé de Osman-Bey.

En repassant la porte cochère de la mairie, je vis que des ouvriers étaient en train de remplacer l'écusson impérial ottoman par l'écusson royal de Grèce. Ce petit acte prit à mes yeux la signification d'un symbole. Il m'indiquait que les Grecs n'envisagent guère la perspective d'être obligés de quitter Salonique où ils ont tout fait depuis cinq mois pour gagner la confiance des habitants.

* *

INTERVIEW DU MUFTI DE SALONIQUE

Salonique, 26 mai.

Je pensais que le maire de Salonique était un Turc authentique, un Turc de pure race.

Voilà que j'apprends que c'est un « deunmé », un descendant de ces juifs espagnols qui se convertirent, il y a quelques siècles, à la religion musulmane et qui occupent dans la société de Salonique une place tout à fait à part. Les israélites les considèrent comme des renégats et les vrais Turcs ne les ont jamais regardés comme des frères.

Leur élément est assez important : il ne faut pas oublier que Djavid-Bey, ministre des Finances de Turquie, est un deunmé et que c'est d'eux qu'est sortie la révolution jeune-turque.

L'opinion du maire de Salonique, que je vous ai transmise sur l'occupation hellène de cette ville a sa valeur; mais je tenais à connaître la façon de penser des vrais Turcs qui habitent encore ici au nombre de 40 à 45.000. Je suis donc allé voir le mufti, chef de la communauté religieuse musulmane de Salonique.

Son Éminence Achmed-Bey (à Salonique on adore

les titres) m'a fort aimablement reçu. Jamais de ma vie, je ne crois avoir vu d'homme plus sympathique.

Les Turcs ont leurs défauts. Ce sont des rêveurs, des gens impropres à la civilisation moderne dont les rouages leur paraissent trop compliqués et dont ils ne parviennent pas à comprendre le fonctionnement. Quand on les pousse à bout, quelquefois aussi ils voient rouge et sont capables de commettre les pires atrocités. Il suffit que le padischah leur en donne l'ordre pour qu'ils se mettent aveuglément à massacrer. Cela est connu.

Mais, ce qui l'est moins et ce qui les rend dignes de toute notre pitié, c'est que, dans la vie ordinaire, ce sont généralement des gens très bons et très doux, des amis fidèles, des fils dévoués et soumis. Ils ont foi dans la parole donnée et tout étranger est pour eux un hôte envoyé par le ciel qu'il faut traiter avec les plus grands égards et le plus grand respect.

Parmi ces pauvres créatures malheureuses, impitoyablement traquées et foulées aux pieds, il n'est pas rare de rencontrer des gens dont la physionomie est empreinte de la plus grande noblesse et dont le doux regard décèle une bonne et belle âme. Achmed-Bey est un de ces hommes-là.

Quand j'entre dans son bureau de travail, il occupe le bout d'une grande table autour de laquelle sont assis quelques notables de la communauté musulmane coiffés du fez. Il se lève et me tend la main. Puis il me salue à la turque en portant la main au cœur, à la bouche et à la tête, geste qui veut dire : « Mon cœur, ma bouche et mon cerveau sont à vous. » Puis il m'invite du geste à m'asseoir et me fait apporter du café et des cigarettes. Il ne parle pas le français. Son interprète le comprend parfois à tort et à travers. Nous arrivons cependant à nous entendre.

Je demande d'abord à Son Éminence de me faire part des désirs de la communauté musulmane. Désire-t-elle rester sous le régime grec ? Préfère-t-elle l'autonomie ou accepterait-elle sans crainte le régime bulgare ?

Le mufti sourit, lève ses deux mains au ciel, la paume tournée en avant et il répond :

— Dieu sait mieux que nous ce qui nous convient. S'il estime que l'autonomie serait pour nous le régime préférable, qu'il nous donne l'autonomie.

S'il croit qu'il vaut mieux que nous restions sous la domination grecque, qu'il laisse les Grecs maîtres de Salonique.

S'il estime que ce sont les Bulgares qui doivent faire notre bonheur, qu'il nous envoie les Bulgares. Quoi qu'il arrive : *Inch Allah !* « Que la volonté de Dieu soit faite ! »

Mais cette réponse, évidemment très diplomatique, ne pouvait me satisfaire. J'insistai :

— Quels sont les vœux de la population musulmane de Salonique ?

— Qu'on nous laisse notre tranquillité. Qu'on nous laisse vivre en paix selon nos traditions, nos coutumes et les lois de notre sainte religion. Nous ne désirons rien d'autre.

— Avez-vous eu à souffrir de la domination hellénique ?

— Les Grecs se sont montrés humains à notre égard. Ils n'ont pas commis de massacres. Je crois qu'à ce point de vue, aucune nation occidentale ne nous aurait mieux traités. Nous regrettons qu'ils aient occupé certaines de nos mosquées. Celles-ci étaient, il est vrai, d'anciennes églises chrétiennes dont les musulmans ont pris possession il y a 500 ans, mais elles ont été achetées par les Turcs. Les anciens possesseurs ne devraient pas nous les reprendre.

Je vous donne l'argument du mufti pour ce qu'il vaut. Les Turcs sont de grands enfants. Les raisons les plus saugrenues leur paraissent souvent suffisantes pour défendre leur thèse.

Achmed-Bey ajouta :

— Nous trouvons aussi que le règlement des affaires qui intéressent notre communauté ne va pas assez vite. La question de nos biens vakoufs (biens de mainmorte) et de certaines de nos écoles, dont le gouvernement grec a pris possession, notamment l'École des arts et métiers, attendent depuis cinq mois une solution et on nous renvoie toujours à demain. Sauf ces lenteurs, nous n'avons pas à nous plaindre de l'administration grecque qui s'est montrée toujours très bienveillante à notre égard et qui a aidé, à plusieurs reprises, les propriétaires musulmans à rentrer en possession du produit de leurs fermes.

— Est-ce que vous ne désirez pas une autonomie de la communauté musulmane de Salonique ?

— Sans doute, nous serons contents d'obtenir l'autonomie et nous la voudrions non seulement pour nous, mais encore pour toutes les nationalités de cette ville ! Ainsi tout le monde vivrait d'accord et serait heureux.

— Pourquoi n'avez-vous pas fait une pétition à la Conférence de Londres ?

— Nous n'avons pas osé. Nous avons eu peur : les musulmans ont tant souffert depuis le commencement de la guerre. Nous ne voulons pas risquer d'augmenter nos maux. En tout cas, dites bien que nous ne tenons pas à changer de domination et que nous craignons beaucoup de voir s'installer ici les Bulgares.

Les comitadjis ont été cruels au delà de toute expression envers nos frères de Thrace et de Macédoine. Les territoires occupés par les Bulgares sont un véritable enfer. Tous les jours, il nous arrive des fugitifs de Drama, de Dédéagatch, de Serrès, qui nous font de leur souffrances endurées là-bas un récit vraiment lamentable.

Dans certains endroits les Bulgares ont tué les beys et toutes leurs familles pour pouvoir partager leurs terres entre leurs paysans. Dans d'autres, ils ont forcé les paysans musulmans à se soumettre aux réquisitions militaires sans leur donner de bons en échange. Ils ont converti en masse au christianisme certains villages. Enfin, ils ont donné plusieurs de nos jeunes filles en mariage à leurs jeunes gens, ce qui, aux yeux de notre religion, est un crime abominable. Tous ces faits sont consignés journellement dans un dossier qui excitera un sentiment d'horreur en Europe. Nous craignons que si les Bulgares entrent dans Salonique, la ville ne soit mise à feu et à sang.

Ces derniers mots me semblèrent résumer parfaitement les sentiments de la population musulmane de Salonique. A tort ou à raison, elle vit sous la terreur et elle éprouve une profonde angoisse.

Je pris congé du mufti en le remerciant de m'avoir parlé à cœur ouvert et lui promettant de publier ses déclarations d'une façon impartiale.

Quand je redescendis l'escalier, celui-ci était encombré de malheureux mohadjirs qui venaient chercher leur pitance. Ils sont de 4.000 à 5.000 auxquels la communauté musulmane donne chaque jour pour toute nourriture un demi-kilogramme de pain. La communauté n'a plus de fonds et tous les jours des milliers de réfugiés continuent à arriver de tous les coins de la Macédoine.

Quelle misère, hélas ! La vision de tant de petits enfants au visage si pâle et qui jettent un regard si douloureux et si tristement étonné sur cette vie lamentable me poursuit comme un affreux cauchemar.

*
* *

INTERVIEW DU GRAND RABBIN DE SALONIQUE

Salonique, 27 mai.

Aujourd'hui, je suis allé voir Son Éminence Jacob Meier, grand rabbin de Salonique.

Il ne partage pas l'abattement de ses compatriotes et l'avenir de Salonique, sous la domination grecque, lui apparaît sous des couleurs très riantes.

Je voudrais avoir le talent d'un Balzac pour camper devant vous la puissante silhouette de ce vieillard à la grande barbe grisonnante, aux yeux de feu, à la mine intelligente, rusée, chafouine, à la parole insinuante, au geste vif, à la démarche alerte, à l'âme pénétrée de la gravité de son sacerdoce et de l'importance de ses fonctions de grand juge, l'un des hommes les plus curieux et les plus étonnants que j'aie jamais vus.

Au-dessus d'une robe grise, moirée, serrée à la taille par une large ceinture, il portait un manteau noir. Sa tête était coiffée d'un fez rouge, entouré d'un turban bleu.

Quand je le vis s'avancer dans l'encadrement de

la porte, tout en haut d'un escalier de pierre, qui orne la façade de sa maison, il me sembla voir apparaître l'incarnation d'un de ces patriarches bibliques qui, dans les tableaux des vieux maîtres, produisent une impression si étrange. Combien il me semblait différent du grand rabbin de Sofia que j'avais vu, en haut de forme, qui m'avait introduit lui-même dans son salon, présenté à sa femme, offert du thé et avec qui j'avais pris un si grand plaisir à parler de science, de littérature, de politique et d'art.

Est-ce sincérité, est-ce diplomatie ? Son Éminence, puisqu'il faut l'appeler par son nom, se mit aussitôt à me faire le plus grand éloge du régime hellène.

— Vous avez vu, me dit-il, M. Ehrenpreis, mon éminent confrère de Sofia, qui voudrait, pour notre bonheur, nous voir passer sous la domination bulgare. Nous le remercions de sa sollicitude pour nous. Mais nous ne désirons aucun changement. Nous sommes bien comme nous sommes. Voici la lettre que je lui ai écrite, il y a quelques jours à lui-même :

« J'ai appris, Éminence, avec le plus vif plaisir que Votre Éminence nous honorera bientôt de sa visite. Cette nouvelle me remplit de joie et au nom de notre communauté je vous souhaite la bienvenue parmi nous. Ma joie est double parce que votre présence ici pourra éclairer votre religion sur l'opinion que vous avez émise au cours d'une conversation sur l'avenir du judaïsme de Salonique. Si cette ville reste au pouvoir des Hellènes, dites-vous, le commerce et les questions religieuses perdront de leur valeur, car les israélites considèrent les Grecs comme des fanatiques invétérés. Je crois qu'une pareille opinion ne peut émaner d'une grande autorité scientifique comme la vôtre. Au point de vue commercial, nous, autorités rabbiniques, ne sommes nullement compétentes, cette question étant du ressort des chambres de commerce et du monde commercial. Mais pour ce qui est de la religion, Votre Éminence, en nous honorant de sa visite, verra de près que les échos venus jusqu'à elle ne sont pas vrais. Le gouvernement hellénique, depuis son arrivée à Salonique, a eu la sollicitude de nous accorder tous les privilèges, dont nous jouissions sous le gouvernement turc. Il a raffermi notre autorité, nous a donné le pouvoir nécessaire pour maintenir notre religion à sa hauteur et pour que personne ne nous fît la moindre offense. Les autorités hellènes ont raffermi nos écoles et toutes nos œuvres de bienfaisance. Moralement et matériellement, elles nous ont aidés dans nos encaissements des gabelles et des impôts communaux, ressources vitales de notre communauté. Je suis persuadé que lorsque vous nous honorerez de votre visite vous pourrez, après avoir vu les choses de près, être tranquille sur toutes ces questions. »

Après la lecture de cette lettre je me permets de poser au grand rabbin quelques questions :

— Vous ne croyez donc pas que vous auriez plus de liberté dans l'exercice de votre culte en Bulgarie que dans le royaume hellénique?

— J'en doute fort. Vous avez vu notre ville un samedi, jour de sabbat, et vous avez pu vous rendre compte que Salonique est une ville essentiellement israélite. Certains de nos jeunes gens négligent parfois d'aller à la synagogue, et ils fument des cigarettes, ce qui est défendu le jour du sabbat; mais tous les juifs ferment leurs magasins et prennent un jour de repos ce jour-là. Tant que cette habitude de chômer le samedi pourra être conservée, notre peuple gardera son caractère national. Mais, naturellement, les juifs ne pourront chômer le samedi que si on ne leur défend pas de travailler le dimanche. C'est ce que les Grecs ont compris, et, jusqu'à ce jour, ils ne nous ont pas obligés à observer le repos dominical. Je ne pense pas qu'il en soit de même en Bulgarie, où toutes les maisons de commerce, je crois, sans exception, doivent être fermées le dimanche. Dans ce pays, les juifs, ne pouvant passer deux jours de suite sans rien faire, devront renoncer au repos du samedi, se perdre dans la masse de la population et renoncer ainsi à leur individualité nationale.

— M. Ehrenpreis m'a dit que Salonique hellène menaçait d'être ruinée parce qu'elle n'aurait pas d'hinterland. Est-ce que cela vous laisse indifférent ?

— Pendant les premiers jours de l'occupation hellénique, nous avons tous eu, ici, des craintes de ce genre. Tous nos commerçants avaient peur de perdre leurs créances et leur clientèle de Macédoine, et le départ des Turcs, dont la domination nous était si favorable, les désespérait. Mais, depuis l'arrivée à Salonique de M. Cofinas, directeur général des services financiers de Macédoine, toutes ces appréhensions sont tombées. Vous pouvez le dire : c'est vraiment M. Cofinas qui a gagné Salonique à la Grèce. Tout d'abord, dans mon salon, puis dans les grands clubs israélites, au Nouveau-Club et au Club des Intimes, il est entré en contact avec les grands négociants et les personnalités les plus en vue de notre communauté et leur a exposé ses projets pour redonner à Salonique son ancienne prospérité. Je n'ai pas grande compétence en matière économique, bien que dans mon ancienne résidence, à Jérusalem, j'aie été en même temps que rabbin directeur d'une maison de commerce; mais il me semble que le projet d'un port franc, dont M. Cofinas est le père, peut rendre notre ville au moins aussi florissante que par le passé. Et puis ce que la ville perdra du côté commercial, elle le gagnera du côté industriel. Jusqu'ici, nos pauvres enfants israélites s'étiolent dans les fabriques de tabac, la seule industrie que nous ayons et qui est l'une des plus malsaines qui existent. Je ne serais pas fâché, pour ma part, de les voir travailler dans des usines installées suivant les derniers préceptes de l'hygiène, comme celles que les Grecs veulent installer dans la zone franche du nouveau port. Les Grecs ont pour Salonique des projets admirables. Tout ce qu'ils ont fait ici depuis six mois nous prouve qu'ils sont capables de les réaliser. Ils ont notre confiance. Pour achever de gagner nos cœurs, il leur suffirait de dispenser nos enfants du service militaire, au moins pendant dix ans, jusqu'à ce qu'ils aient appris la langue grecque. C'est la peur du service militaire qui, ces jours derniers, a poussé ici un certain nombre de juifs à revendiquer la nationalité espagnole ou portugaise. Moi-même, j'ai un petit-fils qui est étudiant à Berlin. Je ne voudrais pas qu'il servît comme simple soldat et qu'il fût employé à cirer des chaussures ou à astiquer un fusil tandis que le fils d'un Grec de pure race serait officier. Nous voulons que nos enfants puissent devenir aussi officiers, et, en attendant que des écoles soient créées dans ce but, il serait politique, de la part de la Grèce, de ne pas les obliger à porter les armes. Avec les Turcs, c'était facile. Il suffisait de payer quelques livres, et l'on était dispensé; mais, dans l'Etat grec, tous les citoyens sont égaux. Le gouvernement hellénique devrait toutefois nous appliquer, pendant une dizaine d'années au moins, comme mesure transitoire, un régime d'exception. La domination grecque n'aurait pas alors de plus chauds partisans que les membres de la communauté israélite de Salonique.

LA BONNE MÉTHODE

Salonique, 27 mai.

J'ai demandé à Son Éminence Jacob Meier, grand rabbin de la communauté israélite de Salonique, de me donner quelques renseignements sur l'importance de cette communauté et sur son organisation sociale.

Voici ce que très aimablement il a bien voulu me dire :

« Il est impossible de savoir au juste le chiffre de la population israélite de Salonique, car sous le régime turc le recensement se faisait d'une manière extravagante. Ce ne sont pas les recenseurs qui passaient dans les maisons, mais les propriétaires qui devaient eux-mêmes se rendre devant la commission de recensement pour faire leur déclaration et beaucoup manquaient à ce devoir. Je pense que notre communauté s'élève à 70 ou 80.000 membres, presque tous d'origine espagnole, à l'exception de quelques étrangers. La communauté israélite doit beaucoup pour son développement moral et intellectuel à l'appui de l'Alliance israélite universelle et de la riche famille Allatini. Elle compte 50 rabbins et possède 32 synagogues et 35 oratoires. La grande synagogue, que vous voyez de ma fenêtre, peut contenir 5.000 personnes. La communauté entretien 12 écoles parmi lesquelles une école supérieure de filles, avec 15 institutrices, une école supérieure de garçons, avec 20 professeurs, 8 écoles primaires, une école professionnelle et une école maternelle.

« Dans ces écoles on enseigne le français, l'hébreu et le turc qui sera prochainement remplacé par le grec. Mais le principal enseignement se fait en français, car le français est d'un usage courant à Salonique. Ces écoles sont subventionnées par l'Alliance israélite universelle, dont l'Office central est à Paris. Les juifs de Salonique n'ont jusqu'ici que deux écoles allemandes. Les élèves pauvres de tous ces établissements scolaires reçoivent gratuitement le repas de midi. Indépendamment de ces écoles, la communauté entretient encore l'hôpital Hirsch, l'œuvre du Vardar, trois pharmacies et d'autres institutions d'assistance publique. Elle dépense tous les ans près de 2.000 livres turques pour donner des médicaments. L'œuvre du Vardar est certainement sous tous les rapports l'institution qui révèle le mieux les grandes qualités d'organisation dont la population israélite de Salonique peut s'enorgueillir. Le quartier du Vardar, formé en 1890, a pu donner asile à une grande partie des familles éprouvées par le grand incendie qui a ravagé cette année-là une partie de la ville. Ce quartier se compose de trois cents petites maisons à deux chambres, habitées par des familles pauvres. Deux écoles, une synagogue et un dispensaire y ont été créés, par le baron Hirsch, en 1898. Il paraît, à Salonique, sept journaux en langue judéo-espagnole imprimés en caractères hébraïques et en langue française, dont les directeurs, rédacteurs et administrateurs sont tous des israélites du pays.

« La communauté subvient à ses dépenses au moyen d'impôts qui, à l'origine, étaient volontaires, mais auxquels un iradé impérial a donné un caractère obligatoire. Ces impôts sont de deux sortes : l'impôt personnel et les gabelles sur la viande, le fromage, etc.

« Voici, ajouta le grand rabbin, comment est fixé l'impôt personnel : Tous les trois ans, une commission de notables israélites se réunit au siège du grand rabbinat et y reste enfermée huit jours. Cette commission évalue le capital de chaque membre de la communauté israélite et l'impose de 5 paras par livre. L'imposé a le droit de faire appel au grand rabbin pendant un mois. Si quelqu'un vient me dire qu'on l'a trop imposé, je lui donne vingt-quatre heures pour réfléchir. Si le lendemain il revient et maintient que son capital est moins élevé, il doit prêter serment, qu'il soit petit ou grand, et alors il est dégrevé. Le taux des gabelles est fixé une fois pour toutes. Il est de 30 paras par ocque de viande ou de fromage, que ces denrées soient vendues à des juifs ou à des chrétiens indifféremment. Nous sommes très reconnaissants à l'administration grecque de nous aider dans le recouvrement des gabelles.

« Après la chute du régime turc, un certain nombre de commerçants juifs ont cru qu'ils pouvaient s'affranchir de cet impôt ; mais la police grecque les a obligés à payer. Un seul exemple, d'ailleurs, a suffi. Il y avait un boucher qui me devait 11 livres et demie. Sur ma demande, le commissaire de police l'a fait comparaître. Il a expliqué qu'il avait vendu sa viande à des chrétiens. J'ai répondu que cela ne me regardait pas. Par le seul fait qu'une bête est abattue, le boucher doit me payer 30 paras par ocque, même si la viande n'est pas vendue. Le commissaire a compris et a invité le récalcitrant à payer. Le boucher, alors, a demandé du temps. J'ai répondu : « Il faut payer tout de suite. Il y a trois mois que j'attends. » Finalement, sur l'ordre du commissaire, le débiteur s'est exécuté. Depuis ce moment, les Grecs ont conquis notre cœur. Sous le régime turc, il n'y avait ni ordre, ni autorité. On ne me payait pas régulièrement, et moi, de mon côté, j'étais obligé de faire attendre, depuis cinq mois, leurs traitements à nos employés. Songez que la communauté a besoin de 13.000 livres turques par an pour faire face à toutes ses dépenses. Je suis donc très content des Grecs et je ne peux pas oublier tout le bien que je leur dois.

Voilà donc tout le secret du succès des Grecs à Salonique, et cela mérite d'être médité.

Quand ils arrivèrent ici, eux-mêmes ne songent pas à le nier, ils rencontrèrent dans tous les milieux, surtout chez les juifs, de la défiance et de l'hostilité. Deux méthodes s'offraient à eux pour se faire bien voir de la population : la manière forte, les lois d'exception, la terreur, la dictature, ou bien une bonne administration. Mais la manière forte n'a jamais abouti à rien de bon. Voyez plutôt l'exemple de l'Alsace, de la Pologne, de l'Irlande et de la Croatie. Les Grecs ont adopté la bonne méthode, celle qui consiste à administrer le pays pour lui-même, suivant ses traditions, ses coutumes et ses besoins. Les résultats donnent raison à ce libéralisme, dont les vertus ne sauraient trop être exaltées.

LA QUESTION DE SALONIQUE

L'opinion des israélites.

Salonique, 28 mai.

Les juifs, on le sait, forment l'élément le plus important de la population de Salonique, le plus important par le nombre puisqu'ils sont environ 90.000 sur un total de près de 160.000 habitants, et le plus important par leur activité sociale, car ils ne se contentent pas ici, comme dans la plupart des autres villes, d'être des banquiers, des commerçants et des journalistes, mais s'adonnent même aux travaux manuels et composent la majorité des ouvriers du port.

C'est d'eux en très grande partie que dépend la prospérité de la ville et par contre aussi c'est de la prospérité de la ville que dépend leur propre existence. Aussi est-il tout naturel que le désaccord entre les Bulgares et les Grecs, au sujet de Salonique, désaccord qui s'envenime de jour en jour et menace de ruiner cette industrieuse cité, plonge, surtout depuis quelques jours, les israélites de Salonique dans une profonde angoisse.

Grâce à l'amabilité d'un confrère, M. Néfussy, administrateur de *l'Indépendant*, j'ai pu visiter les deux plus grands clubs israélites de Salonique, le club des Intimes et le Nouveau-Club et j'ai eu ainsi, ces jours derniers, l'occasion de m'entretenir avec les plus gros négociants et les économistes les plus compétents de cette ville.

Chez tous j'ai constaté le même pessimisme et la même crainte de l'avenir. Tous m'ont répété à peu près la même antienne. Très sincèrement les juifs de Salonique regrettent le départ des Turcs. La ville ne pouvait prospérer que sous la domination turque.

Pris individuellement, les Turcs sont de grands enfants puérils et charmants, dont le seul défaut est de n'être bons à rien et de ne pouvoir s'adapter aux nécessités de la vie moderne. Ils n'avaient aucune initiative, ils n'étaient capables d'aucun travail sérieux; mais les juifs, qui, sous leur régime, jouissaient des plus grandes libertés les remplaçaient avantageusement et la ville était florissante.

La guerre balkanique a ruiné le commerce de Salonique. Ce commerce se faisait, en effet, d'une façon assez spéciale. Les gros négociants de Salonique étaient en relations avec un certain nombre de marchands qui avaient leurs dépôts dans les principales villes de la Macédoine, à Monastir, Uskub, Koumanovo, Prilep, Stroumnitza, etc. Ces marchands venaient à Salonique une ou deux fois par an, allaient dans les différents magasins, composaient leur stock, recevaient la marchandise à crédit et payaient en même temps celle qu'ils avaient emportée lors du précédent voyage.

Les années surtout où la récolte était abondante, les affaires allaient bien et l'or coulait à flots vers Salonique.

La guerre a séparé depuis plus de six mois cette ville de son hinterland. Selon toute probabilité, plus de 60 millions de créances sont restés impayés jusqu'à ce jour.

Dans le cas où l'occupation grecque resterait définitive, les commerçants juifs craignent que les anciens clients de Salonique, isolés de cette ville par une ou deux lignes de douanes suivant que la Grèce restera voisine de la Serbie ou sera séparée d'elle par la Bulgarie, ne trouveront plus aucun intérêt à s'approvisionner ici et négligeront de payer ces créances.

A l'avenir, que fera Salonique si elle n'a pas un hinterland, si elle n'a pas derrièrre elle un immense territoire pour écouler ses marchandises? Elle dépérira.

Tout le monde nous demande si nous aimons mieux le régime grec ou la domination bulgare. C'est nous dire : « Préférez-vous être mangés rôtis ou à la sauce blanche ? » Dans les deux cas il est fort probable que les israélites de Salonique perdront leurs privilèges, seront soumis au service militaire, devront apprendre la langue de l'État par lequel ils seront annexés, au lieu du français, qui est ici la langue courante, et perdre leur individualité nationale. Ils ne s'en consoleront que si leur nouveau gouvernement, quel qu'il soit, met tout en œuvre pour redonner à Salonique son ancienne prospérité.

Les Grecs et les Bulgares font, chacun de leur côté, à Salonique des promesses aussi belles et aussi alléchantes les unes que les autres. Mais les israélites craignent que si la Grèce et la Bulgarie restent voisines et ont une frontière commune, les compétitions de ces deux pays au sujet de Salonique ne se perpétuent indéfiniment et que leurs comités ne continuent pour leur propagande à employer ici les procédés de terreur en usage sous le régime ottoman.

La solution idéale aurait été celle de la Serbie maîtresse de Salonique; Grecs et Bulgares seraient restés séparés et Salonique aurait eu toute la Serbie comme hinterland. Mais les Serbes furent trop consciencieux : arrivés sur les bords du Vardar, ils ne songèrent même pas à marcher sur Salonique où ils auraient pu arriver bien avant les Grecs et les Bulgares, parce que cette ville n'était pas dans leur sphère d'action. Ils se dirigèrent vers Monastir pour anéantir les restes de l'armée turque. Maintenant, la prise de possession de Salonique par les Serbes est irréalisable.

La meilleure solution, au point de vue juif, serait peut-être de faire de Salonique une ville autonome, à condition toutefois que la Macédoine, elle aussi, eût son autonomie, ce qui lui rendrait la plus grande partie de son ancien hinterland. Mais les alliés paraissent fermement décidés à se partagee la Macédoine et ils semblent même disposés à se donner entre eux des coups pour régler ce partage.

D'ailleurs, les israélites de Salonique n'ont aucun moyen de faire entendre leur voix. La Conférence de Londres ne les consultera pas ou ne tiendra pas compte de leur désir. Ils n'ont qu'à attendre dans la crainte du lendemain que leur sort soit décidé par les alliés ou les puissances.

*
* *

L'ARBITRAGE OU LA GUERRE

Une interview de M. Jean Pélissier.

Salonique, 4 juin.

(Cette interview a été publiée dans *la Liberté*, journal officieux grec publié en langue française à Salonique.)

— J'ai eu l'occasion, dit M. Pélissier, de causer en Bulgarie avec des ministres comme MM. Guéchoff et Théodoroff, des anciens ministres comme Malinoff, Ghénadieff, Mouchanoff et Apostoloff, des députés comme Bobtcheff, Strachimiroff, Vazoff, des officiers, des professeurs d'Université, des journalistes, des étudiants. Chez tous, sans exception, j'ai trouvé ce sentiment, que la Bulgarie avait été lâchement trahie (je cite les expressions que j'ai entendues) par ses alliés Grecs et Serbes, qui ont profité des embarras de la Bulgarie en Thrace pour occuper la plus grande partie de la Macédoine, se fortifier sur leurs positions et préparer l'annexion définitive de ces territoires.

Chez tous, j'ai noté une grande irritation contre les alliés, et presque tous m'ont affirmé la volonté inébranlable du peuple bulgare d'exiger de la Serbie l'exécution intégrale du traité d'alliance et de la Grèce l'évacuation de Salonique et de son hinterland, au besoin, par la force des armes. « *Nous n'admettrons pas*, disaient-ils, *de discussion. Si nos alliés ne s'exécutent pas, la force décidera, et nous sommes les plus forts.* »

Aux yeux de tous la supériorité de l'armée bulgare sur celle des alliés est un dogme indiscutable.

En Serbie, j'ai pu noter que l'effervescence n'était pas moindre qu'à Sofia. Et le mépris que les Bulgares avaient pour leurs alliés, les Serbes le leur rendaient avec usure.

En arrivant à Salonique j'ai été presque épouvanté, je dois vous l'avouer, par le calme que j'ai trouvé dans cette ville. Tous ceux à qui j'exposais le point de vue bulgare me disaient qu'il n'était pas possible que les Bulgares eussent de pareilles prétentions, et ils m'écoutaient avec un sourire sceptique. Je ne fus pas long à m'apercevoir que si les Bulgares voulaient à tout prix obtenir Salonique ou tout au moins son hinterland, les Grecs entendaient garder les territoires occupés par eux avec un entêtement non moins farouche. L'excellente façon dont ils administrent les territoires occupés et les projets de longue haleine, comme celui de la création d'un port franc, qu'ils ont mis à l'étude dès les premiers jours de l'occupation, en sont une preuve frappante.

Grâce à l'amabilité de M. Arghyropoulos, préfet de Salonique, et de M. Cofinas, directeur des services financiers de Macédoine, que je tiens à remercier tout particulièrement de l'inlassable patience avec laquelle ils ont bien voulu répondre à mes nombreuses questions, j'ai pu me rendre compte des détails de cette administration et de la valeur économique de ces projets. Je vous déclare que j'en ai été émerveillé.

Les Grecs ont choisi la bonne méthode pour gagner le cœur des populations conquises et en particulier celui de la population de Salonique.

A leur entrée à Salonique, devant certaines méfiances et certaines suspicions, ils auraient pu être tentés d'avoir la main lourde. Mais ils savent qu'on ne gagne pas les cœurs par la violence. Cette manière n'a donné que de funestes résultats. L'Alsace, l'Irlande, la Pologne, le Danemark sont des exemples éloquents.

Pour gagner la confiance de leurs nouveaux sujets, ils ont préféré leur donner une bonne administration. J'ai la conviction qu'ils ont pleinement réussi. J'ai fait, depuis mon arrivée ici, une enquête impartiale dans tous les milieux de cette ville. J'ai causé avec le maire Osman-Saïd, le grand rabbin, le mufti, les principaux négociants. Tous m'ont paru très satisfaits des efforts tentés par le gouvernement hellénique pour leur assurer l'ordre, la sécurité, la justice ; tous m'ont paru disposés à faire crédit au gouvernement hellène, dont l'initiative réussira, espèrent-ils, à donner à la ville de Salonique une prospérité commerciale et industrielle inconnue jusqu'à ce jour.

— Ayant, personnellement et sur place, sondé l'opinion publique serbe, grecque et bulgare, croyez-vous que la guerre est inévitable ?

— Je n'ai jamais cru au bluff bulgare. Je suis convaincu que les Bulgares ne bluffent pas. C'est un peuple énergique qui sait ce qu'il veut et qui va toujours droit devant lui pour atteindre son but. Ce serait, selon moi, une très grave erreur de prendre leurs menaces pour des rodomontades. Il faut les prendre comme l'expression de la vérité. Le point de vue des Bulgares et celui des Grecs au sujet de Salonique et de son hinterland sont tellement loin l'un de l'autre, tellement opposés, tellement irréductibles que la guerre me semble inévitable, à moins qu'un arbitrage n'intervienne rapidement.

C'est cette dernière solution que je préconise dans l'intérêt des peuples balkaniques qu'une nouvelle guerre épuiserait terriblement et qui les obligerait à aliéner pour un morceau de pain leur indépendance économique et, peut-être aussi, leur liberté politique; sans compter que cette solution est souhaitable dans l'intérêt supérieur de l'Europe, car une nouvelle guerre balkanique ne pourrait être localisée.

Je sais qu'il y a, notamment en Bulgarie, des hommes politiques très en vue qui nient l'intérêt supérieur de l'Europe. M. Ghénadieff, entre autres, me disait à ce sujet un mot très caractéristique : « *Pour nous, il n'existe pas d'intérêt européen. Le monde finit aux frontières bulgares.* » Et je sais que beaucoup d'entre eux pensent que l'Europe ne pourra pas intervenir, que la Bulgarie doit agir à sa tête, comme le meunier de la fable et qu'elle fera bien.

Je ne suis pas si persuadé que cela de l'impuissance de l'Europe ! Mais même si la Bulgarie, la Grèce et la Serbie restent juges, en dernier ressort, des sacrifices qu'elles sont encore capables de consentir pour faire triompher leur point de vue, je pense qu'elles y regarderont à deux fois avant de se lancer dans une guerre qui équivaudrait pour elles à un suicide. En tout cas, une solution par les armes serait la dernière chose que, pour ma part, je conseillerais aux Bulgares comme aussi bien aux Grecs et aux Serbes.

Combien j'aimerais mieux les voir porter leur différend devant la Cour d'arbitrage de la Haye. Quel bel exemple ils donneraient au monde et combien cela rehausserait leur prestige qui me paraît considérablement amoindri par les violentes querelles de ces derniers jours !

Je crains que ce langage, dicté par la raison et le bon sens, ne soit pas du goût de certains chauvins qui ne rêvent que plaies et bosses pour arriver à la solution des questions nationales. Mais quelque désir que j'aie de leur faire plaisir et de les voir arriver à la réalisation de leurs idéaux nationaux les plus légitimes, les exciter à la guerre serait un crime dont je me refuserai toujours de charger ma conscience.

J'aimerais mieux voir les alliés faire appel à la Cour d'arbitrage de la Haye qu'à des arbitres désignés par eux, comme la France, l'Angleterre, l'Allemagne. Demander à un homme d'Etat de servir d'arbitre, c'est le mettre dans un grand embarras. Il lui sera difficile de soustraire sa conscience de juge à l'influence de ses devoirs d'homme politique. Son jugement, dans une certaine mesure, quelque impartial qu'il soit, risque de s'inspirer des intérêts de sa nation. Il est certain que le pays contre lequel sera prononcé la sentence d'arbitrage maudira le juge. Il ne faut pas qu'il soit entraîné à maudire la nation du juge et la rendre responsable de sa désillusion.

Le Tribunal de la Haye remplit toutes les conditions voulues d'impartialité, de compétence et d'indépendance. Il peut nommer des commissions d'enquête qui, en parcourant les territoires en litige, éclaireraient la religion du Tribunal.

— Mais ne pensez-vous pas que la procédure sera longue ?

— Il faut le temps qu'il faut. Ceux qui disent : « Réglons nos différends par les armes, sinon il faudra trop de temps », me font l'effet du médecin qui dirait : « La guérison de ce malade sera longue, tuons-le. »

Les Balkans sont bien malades : c'est à eux de savoir s'ils veulent mourir.

*
* *

L'AVENIR DE SALONIQUE

Interview de M. Cofinas.

Salonique, 4 juin.

Le grand rabbin m'avait dit :

« C'est M. Cofinas, le directeur des services financiers de Macédoine, qui est le véritable conquérant de Salonique. C'est lui qui a su nous rassurer sur l'avenir commercial de notre ville. C'est lui qui a gagné nos cœurs à la Grèce. »

M. Cofinas, avec qui j'ai eu l'occasion de causer à plusieurs reprises depuis mon arrivée ici, est un homme calme, sérieux, posé, réfléchi, travailleur infatigable, doué d'un remarquable esprit d'initiative. Son ardent patriotisme ne se dépense pas en vaines paroles : il ne bavarde pas, il agit. Il suffit de l'approcher pendant quelques instants pour comprendre que ce serait pour lui une douleur profonde, inguérissable si la Grèce devait un jour renoncer à la possession de Salonique, la perle de l'Égée. Et c'est pour tâcher de rendre ce malheur impossible qu'il s'appliqua de toute son énergie et de toute son intelligence, dès après la conquête, à trouver le moyen de rattacher Salonique à l'Hellade, par un lien indissoluble. Et je crois qu'il a vu très juste lorsqu'il a pensé que le seul moyen pour cela était de donner à Salonique une prospérité économique inconnue jusqu'à ce jour et qu'il a conçu le projet de faire de cette ville un port libre, capable, selon lui, de devenir le Hambourg de la Grèce et le grand emporium de tout l'Orient.

Une conquête ne se justifie que lorsqu'elle assure plus de justice et plus de bien-être au pays conquis. Sinon, ce n'est qu'un acte de banditisme, une spoliation brutale.

J'ai prié M. Cofinas de vouloir bien répondre aux arguments invoqués par les Bulgares pour prouver que Salonique doit leur être cédée, de façon que les lecteurs de *la Dépêche* connaissent bien les deux points de vue grec et bulgare. Il a accepté très aimablement.

Je lui dis :

— Les Bulgares prétendent, d'abord, qu'ils ne peuvent pas renoncer à Salonique parce que c'est la capitale de la Macédoine et que la Macédoine est bulgare. C'est de Salonique, disent-ils, que nous sont venus nos apôtres saint Cyrille et Méthode. C'est de Salonique qu'est parti le mouvement de réveil de notre nationalité. C'est à Salonique que fut créée la première imprimerie bulgare. C'est Salonique qui fut le refuge de nos comitadjis et de nos révolutionnaires de Macédoine.

— Invoquer la question de nationalité pour affirmer des droits sur Salonique est, de la part des Bulgares, une pure plaisanterie, me répond M. Cofinas. Salonique est une ville en majeure partie peuplée d'israélites, de musulmans et de Grecs. Elle ne contient que peu de Bulgares et encore ceux-ci sont-ils pour la plupart des Macédoniens, qui ne se sont installés dans la ville qu'à une date récente, tandis que la plupart des Grecs de Salonique sont installés ici depuis plusieurs siècles, et Salonique fut fondée par les Grecs, il y a plus de 2.000 ans. Saint Cyrille et Méthode, les patrons de la Bulgarie, étaient des Grecs. Revendiquer Salonique parce que dans cette ville a été créée la première imprimerie bulgare ou parce que cette ville a servi de refuge aux révolutionnaires de Macédoine, c'est comme si la France revendiquait Amsterdam, parce que les écrivains du dix-huitième siècle faisaient imprimer leurs libelles en Hollande ou comme si la Grèce revendiquait Venise et Leipzig parce que nos premières imprimeries furent créées dans ces villes, ou encore comme si la France voulait faire l'annexion de Genève ou de Berlin parce que ces villes servirent de refuge à des huguenots.

— Je vous abandonne l'argument tiré du principe des nationalités. Mais les Bulgares n'en ont-ils pas un plus solide lorsqu'ils affirment que la question de Salonique est inséparable de celle de son hinterland ? Salonique, disent-ils, est un vaste entrepôt qui ne peut vivre que s'il peut commercer librement et sans entraves avec les territoires environnants. Or ces territoires sont bulgares jusqu'à la frontière albanaise. La Bulgarie ne pourra jamais en faire abandon. Si donc Salonique reste dans les mains de la Grèce, cette ville sera séparée de son hinterland et elle est vouée à une déchéance fatale.

— Les Bulgares se vantent lorsqu'ils prétendent que l'hinterland est uniquement peuplé de Bulgares. Ceux que l'on appelle des Bulgares dans les districts de Vodena, Florina, Castoria ainsi que dans les environs immédiats de Salonique ne sont généralement que d'anciens patriarchistes, c'est-à-dire Hellènes slavophones, que les comitadjis bulgares ont converti à l'exarcat et au bulgarisme par les bombes et les menaces. C'est même cette action des bandes bulgares qui obligea les Grecs à une contre-attaque et les décida, eux aussi, à la création de bandes pour la défense de leurs frères hellènes contre la propagande bulgare. En dehors de ces Macédoniens slavophones, que les Grecs et les Bulgares se disputent, la grande majorité de la population de ces districts est grecque incontestablement. L'Europe, pour s'en convaincre, n'a qu'à envoyer dans ces pays une commission d'enquête qui fera un recensement impartial. Nous ne craignons pas sa décision. Nous sommes sûrs d'avance qu'elle se prononcera en notre faveur. Ainsi donc les Bulgares n'ont pas plus de droits sur l'hinterland de Salonique que sur la ville même et ils feraient bien de renoncer à cette prétention dont le seul but évident est de séparer la Grèce de la Serbie et d'obtenir une frontière commune avec l'Albanie pour pouvoir se créer, dans ce pays, une zone d'influence et obtenir un débouché sur l'Adriatique. Si, comme je l'espère, la Grèce et la Serbie ont une frontière commune, Salonique pourra devenir le grand port dont la Serbie a besoin pour écouler ses produits agricoles et cette ville aura à peu près le même hinterland qu'elle avait avant la guerre (Vieille-Serbie, Albanie, Épire, Macédoine). Elle ne perdra guère que les districts de la Thrace occidentale, occupés par les Bulgares, qui iront s'approvisionner à Cavalla et à Dédéagatch. Encore certaines régions, comme celles de Serrès et Doiran, continueront-elles, à cause de leur proximité de Salonique, à s'approvisionner dans cette ville.

« On ne détourne pas aussi facilement que les Bulgares le croient les courants économiques. Mais ce qui donnera surtout à Salonique, sous le régime grec, une prospérité inconnue jusqu'à ce jour, c'est la création d'un port libre dans l'enceinte duquel les produits de toutes sortes pourront être introduits en franchise, soumis à la manutention et même manufacturés. Ce port libre, dont les plans ont été confiés au spécialiste allemand Kummer, comprendra l'enceinte du port actuel et englobera le quartier du Vardar de Salonique et s'étendra jusqu'au fleuve Calico. Il formera un immense triangle, limité par le fleuve, la ligne de chemin de fer et la mer, triangle qui sera clôturé par des murailles. Sur ce territoire internationalisé, au point de vue économique, on pourra construire de nombreuses usines dont la force motrice sera fournie par les chutes d'eau de la région de Vodena, qui peuvent donner 90.000 chevaux de force. D'autre part comme la baie de Salonique est envasée par des alluvions du fleuve Vardar, nous avons l'intention de détourner le cours du fleuve de façon qu'il se jette en arrière du cap Caraldun dans la haute mer. De la sorte, le port de Salonique deviendra l'un des meilleurs du monde. Vous voyez donc, Salonique n'a pas à craindre, sous le régime grec, de tomber en décadence au point de vue commercial. Au contraire, grâce à nos efforts, cette ville atteindra une prospérité inconnue jusqu'à ce jour.

CHAPITRE IV

EN SERBIE

Depuis quatre semaines j'attendais à Salonique la guerre que nous sentions tous inévitable.

Il eût été intéressant pour un journaliste de se trouver enfermé au début des hostilités dans une ville qui se trouvait à quelques kilomètres à peine du théâtre des opérations et qui possédait aussi, à côté de la garnison grecque, une petite garnison bulgare.

Mais, comme les choses traînaient en longueur, je pris le parti de continuer ma route vers Monastir et Belgrade pour me rendre compte du nouvel état d'âme du peuple serbe.

J'aurais voulu pouvoir m'entretenir à Monastir avec les représentants des communautés bulgare, grecque, israélite, koutzo-valaque et albanaise. Mais j'aurais dû rester dans cette ville une quinzaine de jours et je ne pouvais y passer que quarante-huit heures.

Toutefois dans les milieux serbes et serbisants j'en entendis assez pour me convaincre que les Serbes ne se laisseraient jamais persuader par le raisonnement ni par la menace, que Monastir, Prilep, Ochrida et une partie de la rive droite du Vardar devaient être bulgares. Ils attendaient la guerre avec une tranquille confiance.

Même impression à Uskub et à Koumanovo, où les Serbes ne cachaient pas qu'ils prenaient des précautions formidables pour se garantir, disaient-ils, contre toute attaque.

Même impression à Belgrade où le télégramme du tsar de Russie invitant le roi Pierre et le tsar Ferdinand à soumettre leur conflit à son arbitrage avait provoqué dans tous les milieux la plus vive défiance.

Les sentiments les plus contradictoires se heurtaient dans l'âme serbe. Dans les cercles dirigeants de Belgrade on se disait heureux de pouvoir éviter la guerre; mais on redoutait, par suite d'une sentence défavorable à la Serbie, d'être acculé à un acte désespéré. On ne mettait pas en doute l'équité du tsar Nicolas, mais on se demandait s'il était bien instruit des nécessités vitales de la Serbie et si la Bulgarie n'avait pas su capter sa confiance.

On acceptait de se soumettre à la sentence arbitrale, mais on sous-entendait qu'elle serait favorable à la Serbie.

On se déclarait prêt une fois de plus à tous les renoncements et à tous les sacrifices pour ne pas mettre en danger la paix de l'Europe, mais on s'écriait : « Malheur, si Pachitch revient de Saint-Pétersbourg sans la rive droite du Vardar ! Jamais l'armée serbe n'évacuerait volontairement les territoires qu'elle a arrosés de son sang ! »

M. Pachitch était de plus en plus hésitant. Avant de partir pour Saint-Pétersbourg il veut se couvrir par un vote de la Chambre. La Skoupchtina tarde à lui donner l'autorisation d'accepter sans réserves l'arbitrage du tsar. D'heure en heure la situation devient plus tendue et plus inextricable.

Les Serbes allaient-ils déclarer la guerre ou devaient-ils remettre sans conditions aux mains de la Russie leurs destinées nationales ?

Heureusement pour eux les Bulgares allaient les débarrasser du souci de résoudre ce dilemme effrayant. Dans la nuit du 29 au 30 juin, les Bulgares attaquaient les avant-postes serbes sur les bords de la Bregalnitza et prenaient sur eux la lourde responsabilité d'une guerre inexpiable.

*
* *

DE SALONIQUE A MONASTIR

Monastir, 10 juin.

Je n'ai pas voulu quitter Salonique, pour me rendre à Belgrade, où je compte poursuivre d'une façon impartiale mon enquête sur l'état d'âme et les desiderata des peuples balkaniques et sur le plus ou moins de probabilités d'une guerre entre les alliés d'hier, sans visiter Monastir, la principale poire de discorde entre les Bulgares et les Serbes, comme Salonique est le principal objet de discussion entre les Bulgares et les Grecs.

La question de Monastir et celle de Salonique sont étroitement liées l'une à l'autre. L'on peut même dire que l'avenir de Salonique grec dépend uniquement de la réponse qui sera donnée à ce problème : Monastir doit-elle rester sous la domination serbe ou devenir bulgare ?

Monastir, en effet, la seconde ville de la Macédoine après Salonique, occupe dans les montagnes, sur la rive gauche du Vardar, près de la frontière de l'Albanie, une situation géographique assez analogue à celle de Luchon par rapport à Toulouse. Mais au point de vue commercial, l'importance de Monastir est beaucoup plus grande. Cette ville de 60.000 habitants est le centre commercial de toute la haute montagne, jusqu'en Albanie, et, au point de vue économique, on peut dire qu'elle commande Salonique. Si Monastir reste serbe, la Grèce, ayant ainsi sur la rive droite du Vardar une frontière commune avec la Serbie, Salonique pourra servir de débouché aux produits agricoles de la Serbie et de plus elle aura toujours derrière elle un hinterland considérable, qui s'étendra jusqu'en Albanie et en Serbie, dont elle pourra rester le centre d'approvisionnement. La prospérité de Salonique sera sauvée, ce qui comblera de joie les Grecs, et, la Serbie repoussée de l'Adriatique par la volonté de l'Europe fidèle servante des caprices de l'Autriche-Hongrie, aura un débouché sur l'Egée, ce dont elle sera grandement satisfaite.

La Serbie et la Grèce ont donc un intérêt commun à garder, la première Monastir et son territoire, la seconde Salonique et son hinterland. C'est cette communauté d'intérêts qui a poussé ces jours derniers, à la suite des événements du Panghéon, ces deux pays à conclure entre eux un traité politique et commercial, pour se garantir la possession réciproque des territoires occupés par eux et résister, au besoin par la force des armes, à toute tentative de la Bulgarie, qui aurait pour but de s'enfoncer comme un coin entre les territoires grecs et serbes et d'empêcher ces deux pays d'avoir une frontière commune. Si les Bulgares voulaient donc se borner à annexer les territoires occupés par eux, sur la rive gauche du

Vardar, et s'ils abandonnaient à la Serbie les territoires occupés par elle sur la rive droite de ce fleuve, et à la Grèce, Salonique et ses environs, tout le monde serait content et il n'y aurait plus de question balkanique. Mais les Bulgares ne l'entendent pas de cette oreille. Le traité d'alliance conclu avant la guerre avec la Serbie leur reconnaît des droits sur certains districts macédoniens situés sur la rive droite du Vardar, en particulier sur les villes de Monastir, Ochrida et Prilep. Ils ne veulent à aucun prix renoncer à ces droits.

Vous vous rappelez ce que m'ont dit tous les hommes politiques de Bulgarie que j'ai interrogés à ce sujet : « Nous voudrions abandonner ces pays aux Serbes, que nous ne le pourrions pas, car la population est bulgare et nous ne l'avons pas délivrée des Turcs pour la soumettre à un autre joug, celui de la Serbie ou celui de la Grèce. »

De plus, les Bulgares ne renoncent pas à l'espoir d'obtenir Salonique, qui peut seulement prospérer sous leur domination. Si les Grecs s'entêtent à garder cette ville, la Bulgarie doit revendiquer avec d'autant plus d'acharnement l'hinterland macédonien de Salonique, qui lui permettra de tenir ce port sous sa domination et de le ruiner au besoin.

Les Bulgares, enfin, vous vous en souvenez, voient dans la possession de Prilep, Monastir et Ochrida, sur la rive droite du Vardar, un autre avantage, celui d'avoir une frontière commune avec l'Albanie, ce qui permettrait à la Bulgarie d'exercer dans ce nouvel Etat une certaine influence qui pourrait contrebalancer celle de l'Autriche et de l'Italie et lui permettrait d'avoir un nouveau débouché sur l'Adriatique. De la sorte, la Bulgarie, solidement installée au centre de la Macédoine, entre les Grecs, les Serbes et les Albanais, pourrait jouer dans la péninsule balkanique un rôle prépondérant.

La Confédération balkanique pourrait, alors, être créée sous son hégémonie, comme la Confédération germanique fut créée sous celle de la Prusse. Tel est le rêve grandiose des Bulgares.

Voilà donc la façon dont se pose à l'heure actuelle le problème balkanique, problème tellement compliqué, tellement ardu à résoudre, qu'il est encore impossible de prévoir s'il sera solutionné par l'arbitrage ou par la guerre.

J'ai tenu à vous rappeler les éléments de ce problème pour que vous saisissiez bien l'importance de l'enquête rapide que je suis venu faire à Monastir. Je ne prétends pas apporter une solution à un différend qui, je le crains bien, ne pourra probablement être tranché que par les armes. Mais je serai déjà assez heureux si je peux vous montrer un peu la complexité du problème.

De Salonique à Monastir, le voyage est relativement court. Il ne dure que huit heures. La région traversée par le train est assez intéressante, bien qu'elle n'ait pas le pittoresque que bon nombre de Saloniciens m'avaient vanté.

« Vous verrez, m'avait-on dit, ce sont des montagnes de Suisse que vous allez traverser. »

Cet enthousiasme me paraît exagéré.

La plaine que nous traversons, en quittant Salonique, et qu'arrose le Vardar, est, paraît-il, d'une fertilité incomparable et pourrait devenir le grenier de la Grèce. Mais cette année, malheureusement, elle n'a guère été cultivée et comme dans la majeure partie de la Macédoine la terre ne produit ici que des ronces et des épines. En quittant la plaine, le train s'élève lentement à travers un fouillis de montagnes qui sont l'image de la désolation la plus parfaite. Ces rochers, impitoyablement dépouillés par les Turcs du vert manteau de leurs forêts, apparaissent tout nus, semblables à des corps émaciés et à des squelettes. Ils sont hideux. Il faut arriver à mi-chemin de Monastir, à Vodena, dont les Grecs ont remplacé le nom par celui plus ancien d'Edessa, pour apercevoir, aux flancs du promontoire de roches sur lequel est bâtie la ville et au fond de la vallée, quelques touffes d'arbres.

Un médecin militaire grec, très grand patriote, qui voyage avec nous, nous fait remarquer les belles cascades qui coulent au-dessous de la ville et qui me rappellent celles du Tivoli, et il nous montre du doigt l'église qui, selon lui, renferme le tombeau de Philippe de Macédoine. Il ajoute avec orgueil : « Qui aurait jamais pu croire que, dans ce pays, on parlerait de Philippe et d'Alexandre le Grand après 2.000 ans ? Nous sommes une race immortelle. »

Plus loin, le train contourne un très beau lac, le lac d'Ostrovo, dont les eaux, couleur d'opale, sont magnifiquement encadrées par un cercle de hautes montagnes, toutes mauves.

Après Florina, provisoirement occupé par les troupes grecques, nous entrons dans la plaine de Monastir, où nous arrivons vers les cinq heures du soir.

Mes compagnons de voyage, le docteur Rodolphe Foa, directeur de l'*Italia all' Estero*, et le professeur Ristitch, de Belgrade, partiront demain, à l'aube, pour Ochrida, Tirana et peut-être Elbassan, où je regrette de ne pouvoir les accompagner faute de temps.

En toute hâte, le maire de Monastir, M. Lechniarevitch, un ami de M. Ristitch, nous promène en voiture à travers la ville, bâtie dans un cul-de-sac, aux flancs d'un demi-cercle de hautes collines, dominées par des montagnes, dont la cime est encore couverte de neiges, et sur les deux rives d'une rivière boueuse que traversent d'innombrables ponts de bois.

Ici, comme à Andrinople, et dans toutes les villes turques, je suis frappé par le caractère primitif de cette agglomération de maisons, aussi bizarrement construites les unes que les autres, sans plan, sans solidité, sorte de campement provisoire, pour l'entretien duquel il est inutile de faire des dépenses superflues, comme si les Turcs avaient eu le sentiment que leur domination n'était que passagère et qu'il était inutile de bâtir pour l'éternité. Dans cette ville de 60.000 habitants, siège d'un corps d'armée, centre industriel d'une très grande importance, résidence des consuls de toutes les grandes puissances, pas de place, pas de grande rue, pas de fontaines publiques, pas d'éclairage, pas de grands magasins. De nombreuses petites boutiques, sordides, et quel pavé pointu! Mon Dieu, quel pavé! Ces gens-là n'ont donc pas d'épiderme!

Pour nous donner une vue d'ensemble de Monastir, le maire nous conduit ensuite, toujours en voiture, comme on dirait à un calvaire. Tout en haut de cette promenade, sur la crête de la montagne, les Turcs avaient peint en blanc un immense croissant et une étoile. Au centre de l'étoile, les soldats serbes ont planté une croix. De ce lieu, nous avons d'un côté sur la ville et de l'autre sur la plaine de Monastir une vue splendide.

Tout près de nous se trouve le cimetière chrétien.

« Vous voyez, nous dit le maire, cette terre fraîchement remuée. C'est là que nous avons enterré côte à côte des milliers de soldats serbes, morts dans les hôpitaux de Monastir, depuis la prise de la ville. Nous n'avons pas eu encore le temps de faire des croix pour tout le monde. Et vous pensez que le peuple serbe abandonnera une ville qui lui a coûté tant de sacrifices. Jamais ! »

UNE VILLE TRAGIQUE

Monastir, 10 juin.

Il y a dans l'atmosphère de Monastir quelque chose de tragique. Non que la ville ait à craindre, pour le moment du moins, de devenir le champ d'une nouvelle bataille. La plus grande partie des troupes serbes ont quitté la ville pour se rendre là où est le danger, près de la frontière bulgare. Il ne reste ici que deux bataillons, tout au plus, de troupes d'occupation. Mais la population se sent l'enjeu de la terrible lutte qui menace, à chaque instant, d'éclater entre les Serbes et les Bulgares, et cela n'est pas fait pour lui donner confiance dans l'avenir et lui mettre la gaieté dans le cœur.

De plus, dans cette ville de montagne, où les bruits du dehors n'arrivent que très en retard et où l'on a le temps de renouveler ses souvenirs, tout le monde garde encore bien vivant, au fond de sa mémoire, le souvenir des heures d'angoisse qu'elle a passées durant ces dernières années et surtout depuis le commencement de la guerre. Les luttes entre les comitadjis bulgares, les antartes grecs et les bachi-bouzouks musulmans, qui se disputaient les biens et la vie des pauvres paysans macédoniens, sous prétexte de les délivrer ; les bombes qui éclataient dans les cafés ; les 2.000 chrétiens que Djavid-Pacha fit enfermer dans les prisons, au moment de l'arrivée des troupes grecques et serbes, en les menaçant de les massacrer si l'envahisseur osait attaquer la ville ; la bataille de cinq jours, pendant laquelle la population vécut sous la double appréhension d'être passée par les Turcs au fil de l'épée ou d'être pillée par le vainqueur ; les épidémies qui s'abattirent sur la ville, après sa reddition, et les cadavres des Turcs, à peine recouverts d'un peu de terre sur la montagne de Monastir, où ils avaient livré leur suprême effort, maintenant déterrés par les gypaètes : voilà, ici, le perpétuel sujet de toutes les conversations.

M. de Berne, vice-consul de France, qui, dans un poste aussi difficile que celui de Monastir, sait contribuer au bon renom de notre pays, me le faisait remarquer avec humour.

« Il n'y a de gai, ici, que les enterrements. Alors les langues se délient. On se laisse aller à parler. Mais les mariages ont quelque chose de sinistre. Les Macédoniens ne s'amusent jamais. »

Depuis une quinzaine de jours, sévit le typhus asiatique, apporté par les troupes d'Essad-Pacha, qui regagnent leurs foyers. Cette maladie terrible, dont on ignore, paraît-il, le remède, s'attaque surtout aux organismes fatigués. Ces pauvres Turcs meurent comme des mouches. Le mal a aussi attaqué les soldats serbes et la population civile. Quatre médecins sont déjà morts. Aujourd'hui, on emporte vers Belgrade le corps du vice-président de la Chambre, qui était venu voir son fils atteint du terrible mal et qui est mort avant lui.

Je croyais avoir épuisé, depuis huit mois, toutes les

pénibles émotions que peut donner la guerre et pourtant il m'était donné de voir, ici, aujourd'hui, le spectacle le plus poignant et le plus douloureux.

C'est le retour des vaincus.

Ils descendent un à un ou par groupes de trois ou quatre, des montagnes de l'Albanie, sans armes, les habits déchirés et maculés de boue, les pieds entourés de chiffons en guise de chaussures, les cheveux longs, la barbe hirsute, les traits émaciés, la figure verdâtre, vraies loques humaines. Ce sont les débris de l'armée d'Essad-Pacha qui retournent dans leurs villages de Macédoine.

Pendant près de six mois, depuis la bataille de Monastir, ils ont erré à travers le dédale des montagnes albanaises, la plupart du temps sans autre nourriture que quelques grains de millet. Les uns se traînent péniblement, comme si chaque pas leur causait une souffrance inouïe. Leur figure est ruisselante de sueur, leur respiration haletante. D'autres n'ayant pas la force de faire un pas de plus se couchent là où ils se trouvent, au milieu de la rue, sur le parapet de la rivière, au grand soleil, et s'endorment d'un sommeil de plomb. Pauvres bêtes, traquées par le destin, dont la plupart n'auront pas la force de se traîner jusqu'à leur bauge pour y mourir.

*
* *

LES SLAVES DE MACÉDOINE

Monastir, 11 juin.

J'ai eu, quelques heures après mon arrivée ici, l'occasion de passer la soirée avec quelques-unes des personnalités les plus en vue de Monastir : le préfet, M. Halimpitch; le maire, M. Lechniarevitch; l'ancien consul de Serbie, actuellement capitaine de réserve d'artillerie, M. Chaponitch; notre compagnon de voyage, le professeur Ristitch, de Belgrade et quelques officiers. Il y avait aussi là quelques charmantes femmes.

La conversation n'en roula pas moins, jusqu'à minuit, sur la politique, car les femmes serbes elles-mêmes s'intéressent passionnément à ce sujet et l'on dit même que leur patriotisme est encore plus ardent et plus intransigeant que celui des hommes.

Ce qui me frappa, au cours de cette conversation, ce fut de ne trouver chez les Serbes aucune trace de cette exaltation qui m'avait impressionné, il y a trois semaines, lorsque je traversais la Nouvelle-Serbie pour me rendre à Salonique. Pendant toute la soirée, je n'entendis pas un seul terme de mépris, une seule insulte à l'adresse des Bulgares. Toutes les personnes présentes raisonnaient posément, froidement. Elles étaient très calmes, et, d'ailleurs, très décidées.

Et comme je m'étonnais de ce changement :
— C'est l'exposé de Pachitch, dit l'un d'eux, qui nous a donné cette confiance et cette sérénité. Cet exposé est si clair et si lumineux, que les Bulgares n'ont pu trouver encore les moyens d'y répondre. Il nous a convaincu que nous avions le bon droit de notre côté, que nous avons rempli loyalement nos devoirs d'alliés, que nous avons aidé la Bulgarie sans compter, bien au delà des limites indiquées par le traité d'alliance, et que par conséquent il est juste que nous obtenions quelques compensations qui n'étaient pas prévues dans le traité. L'attitude de la Bulgarie, à notre égard, nous étonne. Elle exige l'exécution in-

tégrale du traité que nous avons signé, sans vouloir tenir aucun compte des changements qui se sont produits au cours de la guerre et qui rendent caduques les signatures échangées.

La Bulgarie oublie-t-elle que si la Serbie et la Grèce ont continué la guerre, depuis le mois de janvier, et se sont imposées d'énormes sacrifices en hommes et en argent, c'est uniquement pour lui permettre de s'emparer d'Andrinople et de la Thrace ? Oublie-t-elle que sans nos canons de siège et sans le secours de 30.000 hommes, Andrinople ne serait jamais tombée entre ses mains ? Oublie-t-elle que c'est la Serbie qui lui a prêté 25 millions en or, au début de la guerre, et que la plus grande partie des projectiles employés par l'armée bulgare ont été fabriqués à l'arsenal serbe de Kraïoujevatch ?

Les Bulgares nous refusent tout mérite dans cette guerre. Ils nient l'importance de nos victoires et l'efficacité de l'appui que nous leur avons prêté. Ils déclarent que leur armée a tout fait. Ils veulent nous chasser de Monastir où nous avons déjà perdu plus de 10.000 hommes, tués ou morts de maladie.

Eh bien ! cela, le peuple serbe ne le souffrira pas. M. Pachitch lui-même voudrait, qu'il ne pourrait pas céder aux Bulgares un pouce de terrain sur la rive droite du Vardar. Les Serbes veulent garder Prilep, Monastir, Ochrida. Ils veulent avoir une frontière commune avec la Grèce. C'est leur volonté inébranlable.

— Vous feriez donc la guerre ?

— Nous ne la craignons pas. La concentration de nos troupes est terminée. Nos officiers nous ont assuré que nous serions vainqueurs. Cependant, par respect pour les conseils de nos amis, comme la Russie et la France, nous nous garderons bien de déchaîner les hostilités. Nous savons que chaque jour qui passe augmente les chances des Bulgares, qui ont le temps de concentrer leurs troupes en face des nôtres. Cependant, nous irons jusqu'aux limites extrêmes de la patience pour qu'on ne puisse pas dire que c'est nous qui sommes les agresseurs.

Un bouillant officier interrompt :

— Pourquoi diminuer nos chances et ne pas attaquer tout de suite? Dans huit jours nous serions à Sofia et la Bulgarie n'existerait plus.

— Par respect pour l'Europe. Une guerre entre nous serait un scandale.

— Comme si l'Europe avait peur du scandale. Mais toute sa conduite à notre égard, depuis le début de la guerre, n'est qu'un perpétuel scandale. Un de plus, un de moins...

J'objectai :

— Mais une nouvelle guerre balkanique serait ruineuse même pour le vainqueur. Ne vaudrait-il pas mieux l'éviter à tout prix?

— Quand vous sentez quelqu'un vous prendre à la gorge, votre premier mouvement c'est de vous débattre pour tâcher de vous dégager, même si cet effort ne doit avoir pour résultat que de resserrer l'étreinte mortelle et de vous étouffer plus vite. La Serbie ne veut pas se laisser encercler. Elle ne veut pas renoncer à son débouché sur la mer. Elle ne veut pas laisser se rétrécir autour d'elle l'anneau de fer qui l'étrangle. Si la Bulgarie ne tient aucun compte de son désir de respirer à son aise et de rester libre, elle se débattra. C'est un réflexe naturel.

— Mais si vous arrivez à garder Prilep, Monastir, Ochrida, ne craignez-vous pas que ces territoires ne restent pour l'avenir une source éternelle de contestations et de querelles entre vous et les Bulgares?

Ne craignez-vous pas que ce ne soit là une « terra irredenta », une sorte d'Alsace bulgare, qu'il vous sera toujours impossible d'assimiler et de dominer ? Les Bulgares m'ont dit que la population de ce pays était tout à fait bulgare et qu'à Monastir je ne trouverais pas un seul Serbe.

Le préfet me répond, en riant :

— Voyez notre maire. C'est un Serbe de pure race, et cependant il est né à Monastir. Les Bulgares disent qu'il n'y a pas des Serbes dans cette partie de la Macédoine. Et nous nous disons, au contraire, qu'il n'y a pas de Bulgares. Entendons-nous. Il y a ici, à Monastir, quelques centaines de bulgarophiles, pour la plupart professeurs au lycée bulgare, gros commerçants, parents de fonctionnaires de Sofia, prêtres exarchistes et anciens comitadjis, qui font de la propagande en faveur de la Bulgarie, métier dont ils vivent grassement. Mais la masse du peuple n'est pas bulgare. Elle est slave. C'est une masse amorphe de nationalité indécise qui sert, si vous le voulez, de transition entre les Serbes et les Bulgares, et qui peut, par la propagande, devenir indifféremment serbe ou bulgare. Je dois reconnaître que pendant les dernières années du régime turc, les Bulgares ont fait ici beaucoup plus de propagande que nous. Ils ont entretenu un lycée plus important, envoyé des émissaires dans tous les villages pour convertir les paysans, par la violence, à l'exarcat bulgare et ils ont, par suite, recruté beaucoup plus d'adhérents que nous.

Mais je vous dirai cependant que les Slaves macédoniens se sentent plus près des Serbes que des Bulgares. Ils comprennent plus facilement notre langue que la langue bulgare. Dans les villages des environs de Monastir, à Prespa, par exemple, j'ai trouvé des paysans qui parlaient le serbe plus purement que certains Serbes des environs de Belgrade. Le costume des paysans macédoniens ressemble à celui des paysans de chez nous. Enfin, les Macédoniens ont une fête appelée Slava, et qui est purement serbe. C'est la fête du saint que chaque famille choisit comme son protecteur. Cette fête ne se retrouve pas en Bulgarie. Enfin, les Macédoniens ont le sentiment que les Bulgares sont des étrangers. « Nous autres, disent-ils, nous sommes des Slaves purs, tandis que les Bulgares sont des Slaves mêlés de Tartares. » Qu'on donne donc à ce pays quelques années de tranquillité et vous verrez que les habitants ne tarderont pas à devenir d'aussi bons Serbes que nous. Tous ont salué notre arrivée avec grande joie. Partout nous avons été accueillis comme des libérateurs. Ils ne demandent qu'à rester sous notre domination. Ils sont très contents d'être débarrassés, non seulement du joug turc, mais encore de l'oppression des comitadjis bulgares, dont ils étaient fatigués. Vous connaissez la méthode du comitadji. Il prélève dans chaque village des impôts spéciaux. Il s'installe chez son frère macédonien, se fait héberger par lui, boit son vin, caresse sa fille. C'était intolérable, et je vous prie de croire que les paysans macédoniens sont bien contents que nous ayons mis fin à ces abus.

Tout ce que j'entendais là renversait toutes mes idées et était en contradiction si flagrante avec tout ce que j'avais entendu à Sofia, que je me promis de faire, le lendemain, une promenade dans la campagne avec un drogman, pour tâcher d'interroger quelques paysans.

Je ne pus, pour l'instant, m'empêcher de demander au préfet :

— Mais si les comitadjis bulgares continuent leur propagande ?

— C'est impossible. Nous les connaissons tous. Je les ai avertis. Nous ne sommes plus sous le régime turc. A la première bombe qui éclate, au premier acte de violence et de pillage qui me sera signalé, les coupables seront immédiatement emprisonnés et la punition sera exemplaire. Au besoin, c'est à coups de canon que nous détruirons les bandits.

L'un des assistants nous rappela, alors, comment les Serbes ont pacifié et maté l'Albanie.

— Nous nous sommes gardés, nous dit-il, de cruautés inutiles ; mais partout où nous avons trouvé un acte de trahison et de fourberie, le châtiment a été terrible. Moi, qui vous parle, je suis arrivé un jour dans un village pour faire une opération de désarmement. Un notable me jura sur sa vie qu'il n'y avait pas une seule arme dans la maison. Mais à peine fûmes-nous entrés dans son couloir que mes soldats et moi fûmes accueillis par des coups de fusil. J'eus à peine le temps de me jeter à terre. Quand la rafale fut passée, je me levai et à coups de revolver je tuai de ma main tous les gens qui se trouvaient dans le couloir. Que voulez-vous ? Nous étions en cas de légitime défense. Par contre, dans les villages où nous avons été bien reçus, nous nous sommes gardés de tout acte de violence inutile et même, au cœur de l'Albanie, nous avons toujours payé en argent comptant tout ce dont nous avions besoin pour notre entretien. Je demandais les armes. On m'apportait par exemple 40 fusils. Je délivrais un reçu et tout était dit.

Je demandai encore à mon interlocuteur :

— Que pensez-vous de l'Albanie autonome ?

— C'est une folie de l'Europe. Dans ce fouillis de montagnes, les Albanais ne seront jamais que des contrebandiers et des bandits. Il leur aurait fallu une main de fer pour les plier au travail et au respect de la loi. L'Europe aurait bien mieux fait de nous laisser civiliser l'Albanie. Elle se serait épargné le ridicule de créer un État qui n'est pas viable et qui sera pour elle une source perpétuelle d'ennuis.

* * *

LA NATIONALITÉ DES MACÉDONIENS

Au champ de bataille de Monastir.

Monastir, 12 juin.

Les Bulgares disent : « La Macédoine est bulgare. C'est pour réveiller, chez les paysans macédoniens, la conscience bulgare, que nous leur avons donné des écoles bulgares et que nous avons organisé des comités de propagande, chargés de les détacher, au besoin par la terreur et la violence, du patriarcat œcuménique grec et de les faire adhérer à l'exarcat bulgare. »

Les Grecs disent : « La Macédoine est grecque. Beaucoup de ses paysans parlent un patois pauvre, d'un usage plus facile pour eux que le grec ; mais au fond du cœur, ils sont hellénophiles, et s'ils ne craignaient pas les comitadjis bulgares, ils resteraient toujours attachés au patriarcat, c'est-à-dire à l'hellénisme. »

Les Serbes disent : « La Macédoine est serbe parce que ses paysans sont, par la race, la tradition, la religion, la langue, des Slaves que, seules, des circonstances accidentelles ont détachés de leur véritable patrie. »

Je me suis rendu en voiture jusqu'à une quinzaine de kilomètres de Monastir, à la fois pour voir le champ de bataille et interroger les paysans sur l'énigme de leur nationalité.

Le commandant de la place m'avait donné pour m'accompagner un officier d'artillerie, M. Armin, et un sous-officier réserviste d'infanterie, rédacteur au ministère du commerce, M. Lioubicha-Yovanovitch.

Nous nous engageons derrière la montagne de Monastir sur la route de Kitchevo, dans la vallée de la Chemnitza, l'un des principaux théâtres de la bataille, qui livra la ville aux troupes serbes en novembre dernier. Il suffit de voir la disposition des lieux pour reconnaître que ce dut être une terrible bataille. Les Turcs, au nombre de 80.000 hommes, s'étaient solidement installés avec leurs canons sur la ligne de faîte de la montagne de Monastir. Aux alentours, tous les points étaient repérés, et leur tir pouvait être réglé avec une précision mathématique. L'ennemi, venant de Prilep et de Kitchevo, devait dévaler sur les flancs d'une autre chaîne de montagnes, dressée en face, comme un écran, à trois ou quatre kilomètres de l'autre côté de la vallée dénudée, où il était impossible aux Serbes de se dérober à la vue. Le fleuve Chemnitza, du côté de son confluent avec le Zenarek, avait débordé, et la plaine inondée semblait s'opposer au passage de l'infanterie. Tout le pays était couvert d'un épais manteau de neige. Les Turcs paraissaient impossibles à déloger. Cependant, le duel d'artillerie ayant duré deux jours, l'infanterie serbe s'avança résolument en demi-cercle vers les positions ennemies. Les régiments de l'aile gauche restèrent seize heures durant dans l'eau jusqu'au milieu du corps, impassibles, sous une pluie de shrapnells et de balles. A

Koukouretchani où nous arrivons après une heure de voiture, les fantassins, après avoir traversé la plaine, portèrent, à la force de leurs bras, les canons sur la hauteur abandonnée par les Turcs. Puis, dans la nuit, ils se lancèrent à l'assaut de la plus haute cime, où les Turcs s'étaient réfugiés. Seize fois ils furent repoussés. A la dix-septième tentative, ils restèrent maîtres du champ de bataille.

Notre cocher est un résumé de toute la Macédoine. Il est patriarchiste et il se dit de nationalité grecque. Cependant, il a coutume de célébrer la Slava, cette fête purement serbe, qui est la fête du saint protecteur de la famille. C'est lui qui nous sert à l'occasion d'interprète, car il parle le turc, l'albanais et aussi le serbe, très purement, ce dont le lieutenant Armin s'étonne.

— C'est que mon père, dit-il, était Serbe. Il était, dans la contrée, marchand de chevaux.

Les paysans que nous rencontrons sur la route, en train de faire paître leur bétail ou de bêcher leurs champs, portent le costume typique du paysan serbe, la chemise blanche, ornée de broderies rouges, serrée à la taille par une ceinture, et flottant librement hors du pantalon.

Je leur demande :

— De quelle nationalité es-tu ?

A peu près tous me répondent :

— Avant j'étais Bulgare, maintenant, je suis Serbe.

— Pourquoi es-tu Serbe ?

— Les Serbes nous ont délivrés.

— Pourquoi étais-tu Bulgare, avant ?

— Parce que nous ne connaissions que les Bulgares, qui nous envoyaient des comitadjis pour nous défendre contre les Turcs et nous empêcher de devenir Grecs.

— Tu es donc, par ta religion exarchiste, Bulgare ?
— Oui.
— Ne voudrais-tu pas redevenir tout à fait Bulgare ?
— Nous sommes bien comme cela.

Peut-être ne faut-il pas attribuer une extraordinaire valeur à de telles déclarations, faites en présence d'officiers serbes, par des gens habitués à changer de nationalité, suivant la volonté du plus fort.

Parmi ces paysans il en est un, le menton appuyé sur la bouche de son fusil, les cheveux longs, la barbe en broussaille, qui offre une vraie tête de brigand. Sur sa chemise, il porte une espèce de pardessus sans manches fait de mille chiffons cousus ensemble.

— Quelle est ta nationalité ?
— Avant j'étais Bulgare, maintenant je suis Serbe.
— Tu devais être comitadji ?
— Non, je ne faisais que leur porter le pain.

Mais, ce disant, son visage s'éclaire d'un sourire féroce. Combien de maisons pillées, combien de femmes violées et éventrées, combien de notables torturés revoit-il dans sa mémoire ?

— Et que fais-tu maintenant ?
— Je suis garde champêtre.

Au même instant passe un grand vieillard, maigre et craintif, qui nous salue humblement. Nous l'arrêtons. Il se hâte de nous dire qu'il s'appelle Georgevitch et de nous montrer le permis de circuler, pour son métier de tailleur, aux environs de Monastir, délivré par les autorités serbes.

— Voudrais-tu que les Serbes s'en aillent ?
— Dieu les a fait venir, que Dieu nous les garde !

Notre cocher l'invite à monter sur le siège de la voiture, il hésite, il refuse, il se décide, monte avec peine, ne sait comment s'installer. Il est confus de l'honneur qu'on lui fait.

Notre cocher nous dit :

— Cet homme là est heureux ; il n'était pas monté en voiture depuis 63 ans.

CE QUE DIT UN PRÊTRE

Monastir, 13 juin.

Ce matin, le préfet de Monastir, M. Halimpitch, que j'étais allé saluer avant mon départ, me dit :

« Quel dommage que vous ne soyez pas arrivé plutôt. Vous vous seriez rencontré avec un prêtre de l'exarcat bulgare qui est venu me dire qu'il veut devenir prêtre serbe et qu'il est même prêt à signer une déclaration dans ce sens. »

Comme bien vous pensez, je ne laissai pas échapper l'occasion et, assisté de l'un des meilleurs drogmans de la ville, qui parle le turc, le grec et le macédonien, je me mis en quête de mon prêtre exarchiste, qui ne fit aucune difficulté pour m'accorder un entretien.

C'était un homme qui pouvait avoir tout au plus 35 ans. Ses longs cheveux, sa barbe, d'un noir de jais, étaient soigneusement peignés. Il était propre et même élégant, comme ne le sont généralement pas les popes de villages, dont les soutanes crasseuses sont pour les étrangers un véritable objet de dégoût.

— Monsieur, commença-t-il en macédonien, je ne parle malheureusement pas le français. Mais je sais le turc, le grec, l'albanais et l'anglais.

— Eh bien! parlons anglais. Où avez-vous appris cette langue?

— En Amérique, où j'ai passé quelques années à faire du commerce avec mon frère, épicier dans une ville de Pensylvanie.

— Quel est votre nom?

— Je m'appelle l'abbé Tapsko Kapapaljevitch. J'étais prêtre exarchiste à Florina. Mais depuis l'occupation de cette ville par les Grecs, je me suis établi à Monastir, où je dis la messe.

— Qu'est-ce qui vous avait poussé vers l'Amérique?

— La situation critique dans laquelle se trouvait le pays, par suite des luttes que se livraient les comitadjis bulgares et les antartes grecs qui se disputaient les habitants pour les faire passer tour à tour du patriarcat grec œcuménique à l'exarcat bulgare. De 1903 à 1907, l'insécurité était telle dans le pays que les paysans macédoniens se mirent à émigrer en masse vers l'Amérique. Je fis comme les autres et je restai aux États-Unis près de six ans.

— Et la vocation vous est venue là-bas?

— Je l'avais avant de partir et j'avais déjà suivi les classes inférieures du séminaire.

— De retour ici, pourquoi êtes-vous devenu prêtre exarchiste et non prêtre patriarchiste?

— C'est que j'étais Slave et je voulais pouvoir dire la messe en slave et non en grec. Et puis les comitadjis bulgares étaient les plus forts.

— Et maintenant pourquoi voulez-vous devenir prêtre serbe?

— Depuis que les Serbes sont venus, nous avons vu qu'il n'y avait pas de différence entre les Macédoniens et les Serbes. Ce serait un péché si le peuple slave, qui doit être uni, était divisé par la religion.

D'ailleurs, au point de vue religieux, l'église serbe est la même que l'église bulgare. Les cérémonies du culte sont les mêmes et la langue liturgique est la langue slave. Il n'y a qu'une différence dans la hiérarchie. Maintenant que les Serbes occupent le pays, il n'y a plus de raison pour que les prêtres et les fidèles de cette contrée dépendent de l'exarcat bulgare.

— Vous dites que les Macédoniens et les Serbes sont la même chose. Pourtant on prétend, à Sofia, que votre langue est la langue bulgare.

— Non, monsieur. Notre langue se rapproche plutôt du serbe.

— Est-ce que vous êtes le seul prêtre exarchiste de la région qui veut devenir prêtre serbe ?

— Sur trois cent cinquante prêtres exarchistes de la région, j'en connais une centaine qui sont prêts à se déclarer ouvertement pour la Serbie. Les autres ont encore peur parce qu'ils ignorent la tournure que prendront les affaires politiques. Mais soyez sûr qu'ils pensent comme moi et que, dès que la paix sera définitivement signée, ils ne tarderont pas à devenir Serbes.

— Et les fidèles, que pensent-ils ?

— Tous sont de mon avis.

— Et votre archevêque, quelle est son opinion ?

— Je n'ai pas eu l'occasion de la lui demander.

— N'avez-vous pas peur des comitadjis bulgares en déclarant ainsi ouvertement votre opinion ?

— Le temps des comitadjis est passé. Si vous voulez, je puis vous amener plusieurs de ces anciens comitadjis qui vous diront qu'ils sont pleinement satisfaits de l'état de choses actuel.

— Est-ce que vous êtes décidé à faire de la propagande, pour votre idée, parmi vos confrères et parmi le peuple ?

— Ce n'est pas la peine. Ils sont tous du même avis. Les Slaves de ce pays doivent former avec les Serbes un seul cœur, une seule nation.

* *

COMMENT LES SERBES ADMINISTRENT MONASTIR

Monastir, 14 juin.

Avant de quitter Monastir, j'ai demandé au maire, M. Lechniarevitch, de me donner quelques renseignements sur la population et l'organisation municipale de cette ville, qui est le principal objet de contestation et de discorde entre les Serbes et les Bulgares.

Quand je priai M. Lechniarevitch de me donner une statistique de la population de Monastir, il était précisément indigné d'avoir lu dans un journal parisien que Monastir était le foyer du bulgarisme.

« Peut-on, me dit-il, déformer davantage la vérité ? La population de Monastir, d'après le dernier recensement, fait il y a trois mois, comprend environ 60.000 habitants, parmi lesquels de 18.000 à 19.000 musulmans, Albanais et Turcs, 6.000 israélites espagnols, 10.000 Grecs et Koutzo-Valaques. Le reste est slave. Ces Slaves n'ont pas un caractère national bien accusé ; selon les circonstances, ils deviennent Serbes ou Bulgares. Pendant ces dix dernières années, les Bulgares ont fait avec leurs bandes, dans tout le pays, une telle propagande qu'ils ont forcé, par les moyens les plus violents, une grande partie de cette population slave à se déclarer bulgare. Mais cette bulgarisation n'était que superficielle. Depuis l'occupation de Monastir et des environs par les Serbes, les paysans macédoniens, à l'exception de quelques fanatiques, se disent Serbes. En résumé, Monastir ou Bitolié, comme nous l'appelons maintenant, de son vieux nom slave, n'est pas plus bulgare qu'elle n'est grecque ou serbe. C'est pour cela que notre premier soin a été d'admettre, dans le conseil municipal de Bitolié, des représentants de toutes les nationalités. Dès que le conseil a été constitué, nous nous sommes mis au travail. J'ai réuni les conseillers deux fois par semaine et je les ai forcés d'étudier sérieusement et de résoudre les différentes questions qui intéressent la prospérité de la cité : plan de la ville, adduction des eaux potables, canalisations, pavage, etc. Toutes les réformes que nous avons accomplies nécessitent de l'argent. Mais, pour le moment, nous n'avons pas créé d'impôts nouveaux. Nous nous sommes contentés d'assurer la rentrée régulière de ceux déjà existants. Les Turcs dilapidaient l'argent de la commune. Nous avons confié la perception des impôts à d'honnêtes agents, surveillés par des contrôleurs intègres. Le résultat n'a pas tardé à se faire sentir : aujourd'hui, nous avons un revenu d'au moins 600.000 francs, alors qu'au temps des Turcs le budget s'élevait, revenus et dépenses, à 200.000 francs seulement. Quand elle s'est rendu compte de cet excellent résultat, la municipalité de Monastir a compris qu'il y avait ici quelque chose de changé, depuis l'occupation serbe, et même ceux des conseillers qui, à l'origine, étaient les plus rétifs à toute idée de réforme, sont maintenant les plus décidés à nous seconder. Grâce à cette collaboration active des divers éléments dont se compose la population de Monastir, nous ne tarderons pas à changer cette ville, où l'on compte de nombreux millionnaires, en une cité européenne qui fera le plus grand honneur à la patrie serbe. »

Après cet entretien avec le maire de Monastir, j'ai pu converser avec le préfet, M. Halimpitch, qui est en même temps le chef administratif et le préfet de police de la province.

Il commence par m'assurer que la tranquillité et la sécurité règnent maintenant dans toute la région :

« Notre premier soin, me dit-il, a été, en arrivant ici, de créer partout des organisations communales, comme en Serbie. Les paysans sont très heureux de la liberté et de la sécurité que nous leur avons données. Depuis quelques années, ils laissaient la plus grande partie des terres incultes. Vous avez pu vous apercevoir que maintenant les champs sont partout ensemencés et les cultivateurs viennent chaque jour nous demander des conseils et nous prier de leur faire envoyer de Serbie des bonnes semences, des machines, du bétail de bonne race. Nous ferons tout ce que nous pourrons pour améliorer leur situation matérielle, car nous savons que c'est encore là le meilleur moyen de nous attacher leur cœur. »

*
* *

DE SALONIQUE A BELGRADE

Belgrade, 18 juin.

Parce que la Bulgarie et la Serbie ont accepté, à leur corps défendant il est vrai, l'arbitrage du tsar, il ne faudrait pas croire que tout danger de conflit armé entre les alliés fût écarté définitivement. Il ne faut pas se faire illusion, la crise balkanique dure toujours, son développement nous réserve encore très probablement de désagréables surprises.

Pour ne parler en effet que du différend serbo-bulgare, le désaccord entre ces deux pays reste entier.

Leur point de vue diffère encore totalement sur une question essentielle, celle de savoir quelle sera la matière sur laquelle portera l'arbitrage.

Des Bulgares prétendent que cet arbitrage ne peut s'appliquer qu'à la zone contestée et que la Serbie doit, sans discussion, leur remettre les territoires non contestés occupés par elle, en particulier Prilep, Monastir et Ochhrida.

Les Serbes, vous le savez, demandent au tsar que son arbitrage ne s'exerce pas dans les limites du traité, mais qu'il s'étende à tout le problème balkanique.

D'autre part, le différend gréco-bulgare demeure dans toute sa gravité et c'est même lui qui, de l'avis des personnes compétentes, est peut-être le plus gros de difficultés, car le problème de Salonique peut tout remettre en question et déchaîner une nouvelle crise.

Il faut toujours voir les questions des Balkans dans leur ensemble, sinon on risque de trop simplifier et de faire s'évanouir les difficultés. Admettons que la Serbie se soumette par déférence pour l'arbitre à un arbitrage du tsar qui détruirait toutes ses espérances. Salonique pourrait cependant lui donner l'occasion, sans offenser le tsar, de faire la guerre contre la Bulgarie. Il y a quelques jours à peine, le journal officiel de Sofia, le *Mir*, publiait un long article d'un professeur de l'Université qui débutait à peu près ainsi :

« Salonique doit être bulgare : là-dessus il n'y a pas en Bulgarie un homme qui soit d'une autre opinion. »

Or les Grecs n'accepteront jamais d'abandonner Salonique aux Bulgares. C'est pour eux une question d'amour-propre national.

Les Grecs savent, d'autre part, que l'avenir de Salonique hellène dépend de son hinterland. Si après l'arbitrage du tsar, les Grecs sont séparés des Serbes par une langue de terre bulgare, ils se croiront peut-être obligés de faire la guerre contre la Bulgarie, et alors l'alliance jouant, la Serbie serait peut-être obligée d'aller à son secours.

Quoi qu'il en soit, par suite de l'initiative du tsar, le conflit serbo-bulgare est passé maintenant en première ligne, et Salonique perd, pour le moment, de son intérêt. C'est pourquoi je me suis décidé à quitter cette ville pour me rendre à Belgrade, où je continuerai, dans les milieux politiques et intellectuels serbes, l'enquête sur l'avenir de l'Union balkanique que j'ai commencée à Bucarest, Sofia et Salonique.

Le voyage de Salonique à Belgrade dure deux jours, avec un arrêt obligatoire d'une vingtaine d'heures à Uskub. Le service de surveillance de la voie est devenu beaucoup plus rigoureux qu'il y a quelques semaines. Maintenant, ce ne sont pas seulement des territoriaux qui sont chargés de cette mission, mais encore des soldats de l'armée active. Tout le long du chemin de fer, chaque 250 mètres environ, des petits postes ont été installés. Des patrouilles qui circulent incessamment tout le long de la voie assurent entre ces petits postes une liaison ininterrompue. Un officier serbe me dit que la frontière serbo-bulgare est ainsi gardée d'un bout à l'autre de Goumendjé à Vidin.

De loin en loin, nous rencontrons des campements de soldats plus importants. Aux portes d'Uskub, nous regardons avec intérêt un camp d'environ

25.000 hommes qui couchent sous des tentes : c'est une partie de l'armée du Sandjak qui a été appelée en toute hâte vers la frontière bulgare.

En débarquant à Uskub, j'ai la surprise de retrouver au Grand-Hôtel Mlle Nadejda Petrovitch, une artiste peintre de grand talent, renommée par son ardent patriotisme, que j'avais eu l'occasion de rencontrer plusieurs fois dans les milieux politiques slaves de Paris. Elle me dit qu'elle s'était enrôlée comme infirmière au début de la guerre; qu'elle avait assisté en première ligne à plusieurs grandes batailles, en particulier à celles de Novi-Bazar. Après avoir soigné les malades et les blessés dans les hôpitaux de Prizrend, Mitrovitza et Prichtina, elle se rendait à Koumanovo, avec une partie de l'armée du Sandjak, pour soigner les blessés de la prochaine guerre.

— N'avez-vous pas eu peur de voyager en Albanie? lui demandai-je.

— Jamais un seul instant je n'ai eu le sentiment du danger.

Je priai Mlle Nadejda Petrovitch de me faire connaître les sentiments des soldats sur le différend serbo-bulgare.

« Nos paysans, me dit-elle, ne croient pas que la guerre puisse être évitée et tous sont prêts à faire avec joie le sacrifice de leur vie pour la grandeur de leur patrie. Ils sont enragés contre les Bulgares. Ils savent que c'est pour permettre aux Bulgares de prendre Andrinople qu'ils ont dû rester sous les armes encore cinq à six mois et qu'ils ne peuvent pas revoir leur famille. Nos paysans aiment beaucoup leurs femmes et leurs enfants. Ils écrivent à la maison presque tous les jours. Il leur tarde de revenir et comme ils savent que c'est à cause des Bulgares qu'ils sont retenus sous les drapeaux, ils ont une furieuse envie de se battre contre eux. »

Avant mon départ d'Uskub pour Belgrade, j'ai pu aussi interroger là-bas quelques officiers. Tous ont été unanimes à me louer le bon esprit, le profond sentiment national qui anime les troupes serbes. Presque tous estiment que le tsar de Russie a assumé une tâche difficile en imposant son arbitrage à la Serbie et à la Bulgarie. Il aurait mieux fait, disaient-ils, de laisser le sort des armes régler une question aussi compliquée que le différend entre alliés.

En arrivant à Belgrade un personnage politique des plus en vue m'informe que les partisans de la guerre ont envoyé ces jours derniers des émissaires aux armées pour les inviter à prendre sans plus tarder l'offensive contre les Bulgares, mais les officiers ont montré le plus profond loyalisme envers le roi et ont déclaré : « Nous ne pouvons rien faire sans l'ordre du gouvernement. »

« Cela ne veut pas dire, ajoute mon informateur, que tout danger soit écarté. Si la Bulgarie n'accepte pas la démobilisation, nous craignons qu'elle ne nous attaque d'ici peu de jours.

« Et si la sentence du tsar se prononce contre nous, Dieu seul sait alors si la Serbie consentira à se laisser étouffer. »

CE QUE DIT M. PACHITCH

Belgrade, 19 juin.

J'ai eu, aujourd'hui, avec M. Pachitch, président du Conseil des ministres de Serbie, un long entretien sur la crise actuelle.

— Le gouvernement serbe, lui ai-je demandé, croit-il que le maintien de l'Alliance balkanique soit encore possible?

— Si la Serbie, m'a-t-il répondu, a fait durant la guerre des sacrifices au delà de la limite du traité d'alliance, si elle a, d'autre part, permis à la Bulgarie de ne pas remplir les obligations que le traité lui imposait, si, enfin, la Serbie a attendu la conclusion de la paix pour s'expliquer avec la Bulgarie, c'était dans le désir de maintenir l'Alliance balkanique. Et même aujourd'hui, où les désaccords entre les deux pays ont amené une si redoutable tension, même aujourd'hui, la Serbie fait tous ses efforts pour arriver à une solution pacifique qui conserverait l'alliance entre les deux Etats slaves. Le gouvernement serbe suivra jusqu'au bout cette ligne de conduite et s'il échoue, ce ne sera pas à lui qu'il faudra adresser le reproche d'avoir rompu l'Alliance.

— Comment, selon vous, le différend actuel pourrait-il être réglé? La Serbie peut-elle accepter la thèse bulgare, d'après laquelle l'arbitrage du tsar ne peut porter que sur la zone contestée? Pensez-vous, au contraire, que toutes les questions balkaniques doivent être soumises à l'arbitrage et, sur ce point, la Serbie marche-t-elle complètement d'accord avec la Grèce et le Monténégro?

A ces questions pressantes, le président du Conseil répondit sans hésitation :

— Nous avons cru que le moyen le plus simple, pour arriver à la solution de tous les différends entre les deux alliés, était l'entente directe. Et comme, d'autre part, il s'agit de liquider les résultats d'une guerre obtenus par les efforts, non seulement de la Serbie et de la Bulgarie, mais aussi de la Grèce et du Monténégro, nous avons trouvé juste que les quatre alliés se réunissent ensemble pour se mettre d'accord sur le nouvel état de choses créé par la guerre contre la Turquie. Sur ce point, nous sommes d'accord avec le Monténégro et la Grèce. Malheureusement la Bulgarie se borne à réclamer l'exécution de ce qui reste d'un traité, auquel elle-même a fait subir, au cours de la guerre, toute une série de modifications à son profit et elle est d'avis que ce traité oblige encore les deux parties à exécuter celle de ses clauses qui n'ont pas été modifiées. Même en ce cas, il serait possible d'arriver à une entente en recourant à l'arbitrage de Sa Majesté l'empereur de Russie. Mais, ici encore, les deux alliés ne sont pas d'accord. Les Bulgares, non seulement n'admettent pas que l'arbitrage porte sur la validité générale du traité, mais veulent même que cet arbitrage, prévu par le traité, pour une zone contestée, soit restreint à cette zone, telle qu'eux-mêmes la délimitent.

Pour eux, en effet, la zone qu'ils considèrent comme contestée est uniquement celle qui se trouve entre le Char-Dag et une ligne au sud de cette montagne et qui englobe Skoplie, Vélès, Koumanovo, Krouchevo, Tetovo, Ochrida et Dibra. Or, la Serbie considère, au contraire, que, même d'après le traité, il y a une autre zone qui est susceptible de contestation. C'est celle qui se trouve entre la ligne sus-indiquée, les Rhodopes et l'Archipel. D'autre part, les territoires que la Bulgarie nous dispute ont une tout autre importance pour nous que pour elle. La terre en litige ne représente qu'une superficie d'environ 10.000 kilomètres carrés avec 150.000 habitants. La Bulgarie qui gagne la Thrace, si fertile, et une partie de la Macédoine, avec 2 millions d'habitants, se montre intransigeante pour quelques kilomètres carrés et quelques milliers d'habitants. La Bulgarie sait bien, cependant, que si ces territoires ne représentent pour elle qu'un intérêt secondaire, leur possession est pour la Serbie une question vitale. Car cette seule possession peut lui assurer l'indépendance économique et la liberté politique.

Comment demander à la Serbie de s'en remettre à l'arbitrage pour une question ainsi posée dont la solution défavorable pourrait être mortelle pour elle ? La Conférence de la Haye elle-même a reconnu que ce genre de question échappait à la procédure arbitrale. C'est pourquoi la Serbie demande que l'arbitrage porte sur l'ensemble du traité et sa validité générale.

Les Bulgares en prennent prétexte pour déclarer qu'ainsi faisant la Serbie se dérobe à l'arbitrage. J'affirme que la Serbie a voulu, d'abord et avant tout, essayer les moyens d'une entente directe avec ses alliés et qu'elle a toujours été disposée, en cas d'échec de cette tentative, d'avoir recours à l'arbitrage. Mais cela pour toutes les questions litigieuses entre la Bulgarie, d'une part, et la Serbie, le Monténégro et la Grèce, de l'autre.

Et que répond la Bulgarie à toutes nos avances ? Notre proposition de réduire simultanément nos effectifs nous a valu la contre-proposition du condominium militaire, contraire à ce qui est convenu déjà entre la Serbie et la Bulgarie et qui, au lieu de faciliter l'entente pacifique, menacerait de provoquer des conflits sanglants. Cette attitude fait pressentir que la Bulgarie, loin de chercher une entente, voudrait plutôt provoquer une guerre. En tout cas, il dépend uniquement d'elle que les différends qui nous divisent actuellement soient réglés par les alliés eux-mêmes à l'amiable, par l'arbitrage suprême de Sa Majesté le tsar ou par la force des armes.

— Que pourraient faire la France et l'Angleterre pour aider les alliés à aplanir leurs différends ?

— La France et l'Angleterre pourraient aider la Russie dans son rôle de pacification, dans le cas où la guerre pourrait encore être évitée.

LES SERBES PRÉFÈRENT LA GUERRE

*Déclarations de M. Cvijtch,
professeur à l'Université de Belgrade.*

Belgrade, 20 juin.

M. Jovan Cvijtch, professeur à l'Université de Belgrade, ami personnel du roi Pierre et de la famille royale, est l'une des personnalités de Serbie les plus violemment attaquées, car il n'a pas hésité à engager, pour la défense de la cause nationale serbe, sa réputation de grand savant et de géographe d'une renommée européenne.

Il a bien voulu m'exposer ce qu'il pensait de la crise actuelle :

— Je ne sais pas, m'a-t-il dit, si mon point de vue est celui des milieux politiques. Mais c'est celui de l'intelligence serbe. Il me semble que l'exposé de M. Pachitch a démontré, d'une façon évidente, que le traité serbo-bulgare a été modifié et violé par la Bulgarie elle-même pendant la guerre. Non seulement les Bulgares ne nous ont pas aidés en Albanie, comme nous étions en droit de nous y attendre, mais encore ils ont intrigué contre nous, à Vienne et à Budapest. Cela m'a été garanti par une très haute personnalité autrichienne au courant de la mission de M. Daneff à Budapest. Et soyez sûr qu'on n'ignore pas cela dans les hautes sphères politiques russes. La grande raison qui nous empêche de renoncer à la revision du traité à laquelle nous avons droit, c'est que nous avons absolument besoin de la vallée du Vardar et d'un débouché à Salonique pour sauvegarder notre indépendance politique et assurer notre développement économique. Les Bulgares pensent qu'ils peuvent nous encercler. C'est impossible. Ils sont tout au plus 4 millions et demi d'habitants. Avec nos frères du Monténégro et d'Autriche-Hongrie, nous sommes au moins 10 millions. Tous les efforts faits pour nous étouffer ne réussiront pas. Un peuple jaloux de son honneur, comme le nôtre, ne le permettra jamais. Avant la guerre, nous n'avons pas su la force qui était en nous. La guerre a été pour nous-mêmes une révélation.

— Pensez-vous que l'arbitrage du tsar amènera un arrangement pacifique de ce différend et que tout danger de guerre balkanique est désormais écarté ?

— Il sera certainement difficile, à la Serbie et à la Bulgarie, de se battre, après la sentence du tsar. Mais j'estime que ce sera plutôt un mal qu'un bien, car l'animosité entre les deux pays restera toujours très grande et le conflit ne sera que différé. Je crois que pour bien mettre les choses en ordre et dans l'intérêt même de la Ligue balkanique, il aurait encore fallu laisser couler un peu de sang. Chez nous, le sentiment national est plus développé que chez les Bulgares. Nous avons des traditions historiques plus claires, plus profondes et plus enracinées dans l'âme du peuple. Les Bulgares sont comme des esclaves grisés par la fortune qui a fait d'eux tout à coup, sans effort, des gens de quelque importance. Ils n'ont pas de régulateur à leur ambition. De notre côté, nous avons besoin d'un débouché vers Salonique. C'est pour nous un intérêt vital. Ces deux tendances opposées ne se concilient pas. Tous les efforts faits pour les mettre d'accord d'une façon pacifique, n'aboutiront qu'à un apaisement provisoire. Les deux poussées sont trop fortes dans l'âme de nos deux peuples. Tôt ou tard, il faut que le conflit éclate. Après la guerre que nous avons faite, un peu de sang de plus ou de moins n'a pas une grande importance. Si, comme nous en sommes convaincus, nous étions victorieux, dans ce cas, nous serions bien tranquilles du côté des Bulgares, peut-être pour tout l'avenir. C'est un peuple qui n'a pas un grand ressort national, comme le nôtre, et qui accepterait très bien la correction qui lui serait infligée. Et après cette guerre, quand les fureurs des deux pays seraient apaisées, on pourrait conclure une nouvelle alliance qui, alors, serait vraiment solide. Je ne comprends pas que les Français, en particulier, n'aient pas vu cela et qu'ils aient empêché cette effusion de sang qui aurait été si saine pour l'Alliance balkanique.

— Vous croyez donc encore à l'avenir de l'Alliance balkanique et la possibilité de son existence ?

— Mais certainement. Sans doute, je ne me cache pas qu'après la sentence arbitrale du tsar les Bulgares essayeront de faire toutes les sottises et toutes les félonies et qu'ils tenteront de s'entendre avec l'Autriche pour nous écraser, même s'ils obtiennent beaucoup plus qu'il ne leur revient en toute justice. Mais la politique russe peut nous être d'un utile secours. Le tsar est très équitable et nous avons une confiance illimitée dans son profond sentiment de justice. Nous croyons aussi qu'il est tout à fait éclairé sur notre différend. Nous sommes convaincus d'avance qu'il ne voudra pas nous laisser étrangler et qu'il nous donnera la vallée du Vardar. Malgré ses cris et ses subterfuges, la Bulgarie sera bien obligée de se soumettre à cette sentence équitable. Nous n'avons aucune crainte, car nous comptons sur la Russie et sur notre fermeté.

*
* *

Déclarations de M. Drachkovitch, ancien ministre des Finances serbe.

J'ai revu aujourd'hui M. Drachkovitch, ancien ministre des Finances, chef du parti jeune-radical et directeur de la *Isvosna Banka*, dont *la Dépêche* publia déjà, l'année dernière, à deux reprises, d'intéressantes déclarations.

Je lui pose tout de suite cette question :

— Si le tsar admet la thèse bulgare, d'après laquelle son arbitrage ne peut s'exercer que sur la zone contestée, est-ce que vous pourrez vous soumettre à cette décision ?

— Ce qui est pour nous d'une question vitale, le tsar ne peut pas le juger. Nous avons pleine confiance dans le tsar. Nous sommes pleins de respect pour lui; mais lui-même ne se chargera pas de juger de l'être ou non-être d'un État balkanique. Si les Bulgares persistent dans leur entêtement, le tsar ne peut régler ce différend, et c'est nous qui resterons juges en dernier ressort. Pachitch n'ira pas à Saint-Pétersbourg avec pleins pouvoirs du peuple serbe de céder Monastir, Prilep, Ochrida. Si les nécessités l'exigent, il pourra faire quelques petites concessions. Mais, pour le fond du débat, la question est réglée : nous occupons la vallée droite du Vardar et nous ne l'abandonnerons pas. Si les Bulgares ont soif de sang, ils n'ont qu'à nous attaquer, nous ne les craignons pas. Mais s'ils ont une si puissante armée qu'ils veulent bien le dire, ils auraient dû l'employer à détruire les Turcs.

— Mais, enfin, si la Russie vous ordonnait d'évacuer ces territoires ?

— La Russie ne peut nous donner un tel ordre, car elle ne nous a pas créés. Et elle ne nous le donnera pas. C'est à Sofia qu'elle peut parler ainsi, car les Bulgares lui doivent leur existence. Il est vrai qu'ils l'oublient et qu'ils s'émancipent très vite. Les chauvins de Sofia déclarent maintenant ouvertement que la Bulgarie doit marcher la main dans la main avec l'Autriche. Je lisais dernièrement que M. Guéchoff avait déclaré à un correspondant étranger que la Bulgarie comptait, pour son développement, sur l'appui des deux grands groupements européens. La Bulgarie, veut profiter de tout le monde et ne rien reconnaître à personne. L'Angleterre elle-même n'a pu rester dans son splendide isolement et a dû choisir entre les deux groupements de puissances. La Bulgarie au lieu de menacer la Russie, de s'allier avec l'Autriche, ferait mieux de lui montrer un peu plus de reconnaissance et de lui rester fidèle. En tout cas, si la Russie croit devoir intervenir énergiquement, c'est à Sofia qu'elle peut le faire. Je pense que si on leur parle ferme, les Bulgares cesseront leur beau tapage et seront bien contents de ce qu'ils ont déjà obtenu, car c'est encore eux qui ont eu la part du lion.

LE FOND DU CONFLIT

A qui l'hégémonie dans les Balkans ?

Belgrade, 21 juin.

Le conflit serbo-bulgare se déroule avec une implacable logique. Un instant, on a pu croire que l'intervention du tsar et sa volonté d'exercer ses droits d'arbitre calmeraient, à Belgrade et à Sofia, les passions surexcitées. Mais il n'en a rien été. L'initiative du tsar n'a eu d'autre résultat que de clarifier la situation, que de préciser l'antagonisme qui fait se dresser l'un contre l'autre les frères ennemis.

On ne comprendrait rien à cet entêtement si l'on s'imaginait qu'il ne s'agit que d'une simple discussion à propos de quelques territoires. Il s'agit, pour les alliés, d'un problème autrement grave et dont la solution pèsera peut-être sur leur avenir le plus reculé.

S'il ne s'agissait, pour la Bulgarie, lorsqu'elle revendique Monastir, Prilep, Ochrida, Salonique et son hinterland, que d'obtenir quelques acquisitions relativement minimes, en comparaison de ce qu'elle a conquis en Thrace et dans la Macédoine orientale, cet État finirait, tout en gardant ses espérances intactes pour l'avenir, par se contenter actuellement de ce que les alliés veulent bien lui reconnaître. Mais c'est le rêve des Bulgares, rêve qui ne manque pas de grandeur, de succéder dans les Balkans à la Turquie et à l'ancienne Byzance et d'assurer sur la péninsule balkanique leur hégémonie. Ils savent qu'ils ne sont qu'une nation de 4 millions d'habitants. Ils veulent l'union balkanique, car cette union, ils le sentent bien, est le seul moyen de garantir leur indépendance contre les appétits des grandes puissances étrangères. Mais ils veulent cette union sous leur prépondérance et ils veulent que cette prépondérance ne puisse pas un jour leur être arrachée. En un mot, la Bulgarie, pour être sûre de ne pas se trouver, plus tard, en état d'infériorité et ne pas se trouver exposée à disparaître, veut jouer dans les Balkans le rôle d'une Prusse.

Or, elle sait que le seul moyen d'établir sa prépondérance sur tous les États de la Péninsule c'est précisément de ne pas abandonner ce territoire de quelques mille kilomètres carrés, situé sur la rive droite du Vardar, qui s'enfonce comme un coin, entre la Grèce et la Serbie, et qui permettrait à la Bulgarie de toucher à l'Albanie. Si la Bulgarie obtient ce coin de terre, elle a des frontières communes avec tous les États balkaniques, sauf le Monténégro. Elle peut jouer des uns contre les autres. Elle peut fermer à la Serbie l'accès de la mer Egée et tenir Salonique sous sa dépendance. Elle peut exercer une grande influence en Albanie, se créer un débouché sur l'Adriatique, entrer en relations directes avec l'Autriche. Elle peut devenir l'arbitre souverain, sans lequel aucune décision ne peut être prise dans la péninsule balkanique. Si les Bulgares laissent échapper le moment, ils savent qu'il ne se représentera peut-être plus. Ils veulent saisir l'occasion, courir le risque, et c'est ce qui explique leur intransigeance.

De leur côté les Serbes ne sont pas moins fermes dans la défense de leur point de vue. Les Serbes disent : « Nous n'avons pas été les premiers à rompre le traité. Et, d'ailleurs, au-dessus des traités, il y a les nécessités vitales. Nous nous sentons encerclés par l'Autriche et la Bulgarie. Nous ne voulons pas perdre notre indépendance économique et politique. Nous ne voulons pas avoir fait une guerre glorieuse pour nous trouver dans une situation plus mauvaise que sous le régime turc. Il nous faut la vallée du Vardar. C'est une question de vie ou de mort pour nous. »

Cette opposition de points de vue inconciliables explique que ni la Bulgarie, ni la Serbie n'aient accepté sans réserves l'arbitrage du tsar.

Au fond, ni la Serbie, ni la Bulgarie ne se soucient guère de laisser régler leur différend par l'arbitrage. L'une et l'autre savent que le tsar, si juste et si clairvoyant soit-il, ne pourra donner entièrement raison à chacune d'elles et l'une et l'autre craignent de voir leurs intérêts sacrifiés à l'intérêt supérieur du slavisme et de l'Europe, et c'est pourquoi, en définitive, chacune d'elles, se croyant la plus forte, elles préféreraient une solution par les armes, sans trop se rendre compte des nouveaux dangers qu'une telle solution leur ferait courir.

Le tsar ne s'attendait peut-être pas à ce que les petits États balkaniques oseraient le braver, que l'un oserait lui dire : « Vous m'avez donné l'indépendance, ce n'est pas pour que je l'aliène maintenant devant votre volonté », et que l'autre oserait lui rappeler : « Vous m'avez aidé, mais vous ne m'avez pas créé, et vous devez me laisser le soin de régler mes intérêts vitaux. »

Tant que l'irréparable ne s'est pas produit, espérons, cependant, que tout finira pas s'arranger. Mais pour ma part, je serais à cette heure bien embarrassé de dire comment.

L'INTRIGUE AUSTRO-BULGARE

Interview du professeur Tomitch.

Belgrade, 23 juin.

Ce matin, j'ai eu un long entretien avec le professeur Tomitch, l'un des historiens les plus renommés de la Serbie.

— Vous me trouvez, dit-il, en train d'écrire un travail dans lequel je démontre qu'il existe une entente et probablement une alliance austro-bulgare, que cette entente existait avant et pendant la guerre et qu'elle existera encore probablement après la guerre et qu'elle est dirigée, non seulement contre la Serbie, mais encore contre l'Italie. Il serait trop long de vous donner le détail de mon argumentation; mais voici quelques preuves essentielles. D'abord, avant la guerre, il est certain qu'il existait une entente ou une alliance austro-bulgare pour anéantir la population serbe de Vieille-Serbie et de Macédoine. L'Autriche et la Bulgarie s'étant partagé leurs zones d'influence, l'Autriche poussait en avant les Albanais et la Bulgarie ses comitadjis. Et c'est un fait remarquable que la période d'activité de comitadjis a toujours coïncidé avec celle des Albanais. Lisez n'importe quel ouvrage scientifique ou prétendu scientifique autrichien ou bulgare, il prétendra qu'il n'y a pas en Vieille-Serbie et en Macédoine d'autres habitants que des Albanais ou des Bulgares. Il n'est jamais fait mention des Serbes. L'Autriche avait besoin d'anéantir le dernier rempart qui s'opposait à elle, dans le Sandjak et la Vieille-Serbie, pour avoir la route ouverte vers Salonique. La collaboration de la Bulgarie et de l'Autriche apparaît aussi clairement dans la question des chemins de fer du Danube à l'Adriatique. D'après le projet serbe, ce chemin de fer aurait dû passer par Nich et l'Albanie du Nord pour aboutir à San Giovanni di Medua. L'Autriche ne pouvant permettre l'émancipation économique de la Serbie par cette ligne, a tout fait pour faire échouer ce projet. En particulier, elle est allée jusqu'à provoquer en Albanie un soulèvement des Arnautes, pour rendre les études impossibles. De plus, elle a soutenu que la ligne du Danube à l'Adriatique ne devait pas passer par la Serbie, mais par la Bulgarie et aboutir à Valona. C'était un coup porté, non seulement contre la Serbie, mais encore contre l'Italie, qui allait ainsi se trouver en compétition avec la Bulgarie, dans l'Albanie du Sud, que le traité italo-autrichien plaçait cependant exclusivement dans sa zone d'influence. Voilà qu'elle fut la politique de l'Autriche, sous le régime turc. L'Autriche continue aujourd'hui cette même politique. Elle pousse la Bulgarie à demander tous les points de la rive droite du Vardar, occupés par l'armée serbe et par l'armée grecque, dont elle a besoin pour arriver jusqu'à l'Albanie. La Bulgarie est un agent de l'Autriche, dont elle se sert pour nous tenir en échec, ainsi que l'Italie. Si ce plan de l'Autriche réussit, c'est la mort économique et politique de la Serbie. Malheureusement, la Russie ne voit pas le danger. « C'est un colosse qui ne pense pas. » La Russie ne comprend pas ses intérêts ni ceux de la Triple-Entente. Elle trahit surtout les intérêts de la France, car vous avez dû voir qu'il n'y a pas d'autre État que la Serbie qui soutienne loyalement les intérêts français dans la péninsule balkanique.

— Et si la Russie vous dit cependant de vous résigner à cet encerclement?

— Il vaut mieux ne pas céder. Il vaut mieux faire front à toutes les attaques. Il vaut mieux braver toutes les menaces. Quoi qu'il nous arrive il ne pourra rien nous arriver de pire que le sort qui nous attend, si nous laissons la Bulgarie nous fermer la route de Salonique.

Puis, après un instant de réflexion :

— Si j'étais sûr que nous aurons toujours en la Bulgarie une alliée fidèle, je n'hésiterais pas, pour ma part, à conseiller à mes compatriotes de lui laisser Monastir pour avoir la paix, bien que la population de ce pays soit plutôt serbe que bulgare. Mais des raisons psychologiques et historiques me démontrent que nous ne pouvons avoir dans les Bulgares aucune confiance et que la fameuse fraternité des Jugo-Slaves n'existe pas, que c'est une duperie, dont nous avons été assez longtemps les victimes et qu'il faut absolument que nous ayons dans nos mains les moyens de sauvegarder notre indépendance. Aussi, j'estime, et toute la nation pense avec moi, que nous ne devons pas céder un pouce de territoire sur la vallée droite du Vardar.

*
* *

LA SERBIE ET LA BULGARIE ENNEMIES NATURELLES

Une démonstration du professeur Tomitch.

Belgrade, 24 juin.

J'ai eu l'occasion de reprendre la conversation que j'ai eue hier avec le professeur Tomitch.

— Comme je vous l'exposais, me dit ce savant, si j'étais sûr que les Serbes peuvent avoir confiance dans les Bulgares, je n'hésiterais pas à conseiller à mes compatriotes d'abandonner dans l'intérêt de la paix la région de Monastir, bien que les habitants de cette contrée se rapprochent beaucoup plus des Serbes que des Bulgares. Mais voilà ! Nous ne pouvons pas avoir confiance dans les Bulgares et cela pour des raisons psychologiques et historiques.

D'abord, ceux qui nous parlent de la fraternité serbo-bulgare se font, selon moi, une grande et dangereuse illusion. Les Serbes et les Bulgares forment deux races différentes.

On n'a pour s'en convaincre qu'à comparer tout d'abord les types physiques des deux pays. Les Serbes sont de purs Slaves. Ils ont les yeux clairs, le nez aquilin et leur visage est d'une grande finesse.

Les Bulgares ont les pommettes saillantes, le nez camus. Ce sont des Mongols et même certains de leurs journaux, grands détracteurs du panslavisme, en tirent gloire.

Au moral les deux peuples ne sont pas moins différents. Les Serbes sont plus guerriers et se distinguent par un grand amour de l'indépendance.

Les Bulgares sont plus paisibles, ont moins d'initiative individuelle, se soumettent sans trop de difficulté à toutes les disciplines et s'accommodent facilement de toutes les oppressions.

Votre compatriote, M. Guérin-Songeon, a écrit dernièrement une histoire de la Bulgarie d'après des documents qui lui ont été communiqués par les Bulgares. D'après cette histoire elle-même, pendant toute la période du régime turc, qui s'étend du quinzième siècle à la libération de la Bulgarie par les Russes, il n'y a eu en Bulgarie que trois insurrections contre les Turcs : en 1595, en 1674 et en 1688. Or, toutes ces insurrections de Bulgarie ont été fomentées par les Serbes; mais l'histoire ne dit rien d'eux.

L'insurrection de 1595 a été faite par des condottieri serbes qui revenaient de Roumanie, où ils étaient allés guerroyer pendant leur passage en Bulgarie.

Celle de 1674 fut faite par un Serbe du nom de Partchevitch, originaire d'une colonie ragusoise en Bulgarie. Or il n'y a vraiment jamais eu de Bulgares à Raguse.

Celle de 1688 fut faite par les Serbes de l'armée autrichienne, arriva jusqu'à Sofia, à Tikvech et jusqu'aux frontières de l'Albanie. Mais au delà de Sofia elle ne put pas pousser plus loin, car elle ne rencontra aucun appui parmi les populations bulgares soumises au joug ottoman.

C'est la Macédoine serbe qui est le grand réservoir où la Bulgarie a toujours puisé pour se fournir d'hommes d'action, et voilà pourquoi la Bulgarie tient tant garder toute la Macédoine. Pour arriver à réaliser l'idée de la grande Bulgarie, le gouvernement et l'école ont travaillé systématiquement depuis une trentaine d'années à déformer l'état d'esprit des hommes cultivés de ce pays.

Il n'y a pas de statistique bulgare exacte : il n'y a pas d'histoire bulgare impartiale.

En 1908, d'après les données officielles du ministère de la guerre, l'armée bulgare ne comprenait pas moins de 400.000 soldats capables d'entrer en campagne et 828 canons. La guerre balkanique a démontré que c'était faux.

Je possède une collection de chansons, de proverbes, de contes recueillis en Macédoine par mon frère qui a travaillé deux ans à cette œuvre. Cette collection diffère totalement des matériaux fabriqués de toutes pièces par les Bulgares.

Cette mentalité bulgare tournée vers le grand et ennemie de la vérité nous force à prendre des précautions contre eux. L'histoire est d'ailleurs là pour démontrer que toutes les fois que nous avons été alliés avec la Bulgarie, nous avons fait avec elle un marché de dupes. A plusieurs reprises, la Bulgarie a trahi au profit de l'Autriche les intérêts de la Serbie.

En 1906, pour faire plaisir à l'Autriche, elle a dénoncé le contrat conclu entre la Serbie et la Bulgarie réglant les tarifs douaniers. C'est depuis lors que la Serbie s'est vue obligée d'entrer dans une guerre économique contre l'Autriche.

En 1907, toujours pour faire plaisir à l'Autriche, des soldats bulgares se mirent à franchir la frontière pour nous exciter à la guerre.

La Serbie était sans défense, car nos canons étaient commandés, mais nous ne les avions pas encore reçus. La Russie dut intervenir pour obliger la Bulgarie à rentrer dans l'ordre.

En 1908, lors de l'annexion de la Bosnie et de l'Herzégovine par l'Autriche-Hongrie, d'après les déclarations de M. Pachitch lui-même à la Skoupchtina, la Serbie et la Bulgarie étaient amis et alliés. Cela n'empêcha pas la Bulgarie de trahir la Serbie une fois de plus, de proclamer son indépendance sans nous avoir préalablement avertis.

Au commencement de la dernière guerre, je suis persuadé qu'un accord secret existait entre la Bulgarie et l'Autriche-Hongrie. Le 11 novembre, M. Daneff a été à Budapest pour conférer avec l'empereur François-Joseph, l'archiduc héritier François-Ferdinand et le comte Berchtold. Ce qu'a dit alors M. Daneff, personne ne le sait, mais ce que je sais de la source la plus sûre, c'est que la mobilisation accélérée des troupes austro-hongroises dans les provinces voisines de la Serbie a commencé trois jours après la visite de M. Daneff à Budapest. Est-ce une simple coïncidence? Non. C'est le résultat d'un programme arrêté entre la Bulgarie et l'Autriche-Hongrie.

A la conférence de Londres, M. Daneff non seulement n'a pas soutenu la Serbie dans sa revendication d'un port sur l'Adriatique, mais il a même déclaré que la Bulgarie se désintéressait complètement de la question de l'Albanie. Cela ne l'a d'ailleurs pas empêché, à la fin de la conférence, de remettre aux ambassadeurs, sans en faire part aux autres délégués des pays alliés, un mémoire contenant le point de vue bulgare relativement à la question d'Albanie, mémoire dans lequel la Bulgarie demandait même pour elle la ville de Dibra qui, dans le traité serbo-bulgare dont les Bulgares demandent à cor et à cri l'application, était cependant comprise dans la zone incontestée reconnue à la Serbie.

Maintenant, enfin, la Bulgarie, poussée par l'Autriche, veut, par la revendication de Monastir, nous fermer la route de la mer Égée. Ainsi, depuis trente ans, il y a toujours dans l'histoire identité des intérêts autrichiens et bulgares.

En définitive, c'est toujours la Serbie qui paye les agrandissements de ces deux pays.

La Russie qui pense sait cela, mais le tsar, qui est toujours entouré de ses chambellans et qui ne peut guère juger par lui-même, le sait-il? C'est douteux. C'est pourquoi l'acceptation de l'arbitrage sans réserve est, pour nous, un terrible danger. Il aurait peut-être mieux valu rester juges en dernier ressort, de notre destinée.

La dernière guerre a démontré notre force. Nos hommes d'État auraient dû en profiter pour trancher la difficulté, et ils finiront bien par s'apercevoir, trop tard peut-être, qu'en gouvernant contre le sentiment national ils s'exposent à provoquer, finalement, un sursaut de révolte du peuple entier.

— Votre sentiment est donc que si l'on demandait à M. Pachitch, à Saint-Pétersbourg, d'abandonner Monastir, il ne pourrait pas consentir à ce sacrifice ?

— Je ne crois pas que M. Pachitch lui-même y songe.

*
* *

INTERVIEW DE M. PROTITCH, MINISTRE DE L'INTÉRIEUR

Belgrade, 25 juin.

J'ai vu, ce matin, au moment où il se rendait au conseil des ministres, M. Protitch, ministre de l'Intérieur, l'homme d'État bien connu par les nombreux articles qu'il publie dans les grands journaux et les revues européens, sur les affaires balkaniques, sous le pseudonyme de Balkanicus. Je lui ai posé trois questions, auxquelles il a répondu, sans détours.

— Est-il vrai que la Russie a invité la Serbie, d'une façon pressante, à accepter l'arbitrage du tsar, sans réserves, et l'a-t-elle informée que l'arbitrage se ferait sur la base du traité ?

— Non. La Russie n'a pas dit que l'arbitrage se ferait sur la base du traité. Elle nous a dit de nous soumettre à l'arbitrage sans réserves.

— Vous soumettrez-vous ?

— Je crois que oui, à condition que la Bulgarie ne fera pas de réserves, elle non plus.

— Demandez-vous, toujours, la revision du traité ?

— Certainement.

Il me semblait qu'entre cette dernière affirmation et la précédente, d'après laquelle la Serbie accepterait de se soumettre à l'arbitrage du tsar sans réserve, il y avait une contradiction.

— Pas le moins du monde, me dit une haute personnalité politique, très bien placée pour connaître les intentions du gouvernement serbe et dont je regrette de n'être pas autorisé à donner le nom. Arbitrage sans réserve signifie qu'on ne fera pas de réserves, pas plus contre nous que contre les Bulgares : en un mot, que tous les conflits sans exception seront soumis à l'arbitrage suprême du tsar. Si les Bulgares, comme ils le prétendent, avaient obtenu de la Russie la promesse que l'arbitrage s'exercerait uniquement dans les limites du traité et porterait sur un seul point, la délimitation de la zone contestée, alors on ferait des réserves contre nous en faveur des Bulgares et nous ne nous sentirions pas liés par la sentence du tsar. Le traité contient un paragraphe qui dit :

« Tout différend qui surgirait à l'occasion de l'interprétation ou de l'exécution de n'importe quelle disposition dudit traité de l'annexe secrète et de la convention militaire sera soumis à la décision définitive de la Russie aussitôt que l'une ou l'autre des deux parties aura déclaré qu'elle considère qu'il est impossible d'arriver à une entente par des négociations directes. »

C'est précisément en vertu de cet article du traité que nous demandons la revision de tout le contrat avec la Bulgarie, car, d'après nous, les Bulgares n'ont pas rempli les engagements qui rendent ce contrat valable. Le tsar ne peut donc pas prononcer sa sentence arbitrale sur la base du traité parce que précisément nous considérons ce traité comme nul et non avenu, et c'est la cause de notre différend avec la Bulgarie.

— Et si, malgré tout, la Russie s'en tient à la lettre du traité et vous enlève la vallée du Vardar, évacuerez-vous ces territoires ?

— Je ne crois pas qu'il se trouve un seul ministère qui puisse ordonner à nos troupes d'évacuer le sol que l'armée a arrosé de son sang. Quand on veut tuer quelqu'un, il se défend. Nous enlever la vallée du Vardar et nous séparer de la Grèce ce serait vouloir notre mort. Le peuple serbe n'accepterait pas de périr sans se défendre. C'est pourquoi nous sommes heureux que la Bulgarie n'ait pas accepté notre proposition de démobilisation.

— Qu'est-ce qui donne à votre gouvernement le courage d'accepter l'arbitrage sans réserves, contre la volonté générale du peuple serbe, qui semble voir, dans cet arbitrage, un danger pour ce qu'il considère comme ses intérêts vitaux.

— Je vais vous le dire bien franchement. La Serbie a reçu de la Russie des assurances que justice nous serait rendue. Une semblable promesse a été faite à la Grèce. La Russie a même insisté pour nous conseiller de marcher toujours la main dans la main avec la Grèce. Elle n'en avait pas besoin, car nos intérêts réciproques sont tellement liés que toute tentative de la part de la Bulgarie, pour nous diviser, sera vaine et que notre union est indissoluble. Ainsi, nous avons la certitude que les efforts de la Bulgarie, pour dissocier le différend gréco-bulgare du différend serbo-bulgare, sont vains, que la Russie jugera l'ensemble des questions balkaniques et qu'après une étude sérieuse de nos différends elle ne peut que reconnaître le bien-fondé des revendications serbo-grecques. Dans ces conditions, nous ne demandons pas mieux que d'avoir recours à l'arbitrage, car nous n'avons jamais nourri de désirs de conquêtes et nous ne réclamons rien à la Bulgarie, en échange d'Andrinople, qu'elle a cependant conquis avec le concours de nos armes.

— Mais enfin si vos espérances sont vaines, et si l'on vous enlève la vallée du Vardar, que fera le gouvernement ?

— Alors, il n'aura plus qu'à laisser l'armée arbitre du sort de la nation et ce sera aux militaires de commander.

La conclusion de tout cela, c'est que, malgré la détente réelle qui se produit aujourd'hui, il faudrait se garder d'être trop optimiste.

M. Yaktchitch, l'éminent directeur de la *Stampa*, qui est justement renommé pour sa claire vision des réalités, me le disait, ce matin :

« Je crois que les difficultés commencent. »

Si nous devons donc nous garder de dangereuses illusions, tant que la crise actuelle ne sera pas complètement surmontée, s'il est prudent de nous attendre encore à de nouvelles complications et à des rechutes, nous ne devons pas moins nous réjouir de ce que, cette fois-ci encore, la guerre ait pu être évitée. Gagner du temps est toujours un immense avantage, dans des moments aussi pleins de dangers.

Peut-être, maintenant, que la diplomatie, prise, encore une fois, au dépourvu, malgré les avertissements qu'on ne cessait de lui donner, comprendra, enfin, la gravité de la situation et qu'elle se hâtera de mettre tout en œuvre pour empêcher une catastrophe, dont les conséquences ne peuvent même pas être imaginées.

***

LE SCEPTICISME DES DIPLOMATES

Belgrade, 26 juin.

L'appel que j'avais adressé, par télégramme de Salonique, le 27 mai dernier, en qualité de secrétaire général de l'Office central des nationalités, aux grandes associations internationales qui se sont fait un honneur d'inscrire la propagande en faveur de la paix en tête de leur programme, pour attirer leur attention sur l'imminence d'une guerre fratricide dans les Balkans, s'était heurté au scepticisme général.

J'en reçois, aujourd'hui, une preuve éclatante.

Voici le texte de la lettre qui m'était envoyée, le 7 juin, de Bruxelles, par M. Chr. Lange, secrétaire général de l'Union interparlementaire, lettre qui m'a suivi à travers toutes mes pérégrinations dans les Balkans et qui m'arrive aujourd'hui seulement :

« Je tiens à vous remercier de votre télégramme concernant la situation dans les Balkans. Je n'ai pas voulu vous répondre plus tôt, parce que je désirais vous dire en même temps quelles étaient les démarches que j'ai faites et comment j'envisageais actuellement la situation. J'ai communiqué immédiatement le télégramme au président de l'Union, lord Weardale, qui, habitant Londres et étant en relations suivies avec les milieux diplomatiques de Saint-James, est le mieux placé pour pouvoir exercer l'influence nécessaire et obtenir les renseignements les meilleurs. Lord Weardale a vu sir Ed. Grey et également quelques membres de la conférence des ambassadeurs. Il paraît qu'on ne partage pas à Londres l'impression pessimiste exprimée par votre télégramme. Il ressort même de la lecture des journaux que la situation s'est améliorée, bien que beaucoup de difficultés subsistent toujours.

« Je crois notamment devoir vous dire qu'il semble que, d'après l'opinion diplomatique, l'Autriche ne pourrait faire, même si elle le désirait, une politique très active de désagrégation entre les alliés. Elle serait retenue par l'opinion publique des éléments slaves de l'empire même. »

Je suis heureux que la lettre de M. Lange me soit arrivée si en retard, car les événements qui se sont succédé depuis l'envoi de mon télégramme rendent ma réponse facile.

L'exposé de M. Pachitch à la Skoupchtina, la démission de M. Guéchoff, le refus de la Bulgarie d'adhérer à la conférence de Salonique, la concentration des armées grecques, serbes et bulgares, les incidents de frontière incessamment renouvelés (dont la plupart sont tenus secrets), le terrorisme qui règne sur une partie de la Macédoine, le refus de la Bulgarie et de la Serbie d'accepter sans réserve l'arbitrage du tsar, le refus de la Bulgarie d'accepter sans réserve la proposition de réduction des effectifs à un quart, faite par la Serbie et la Grèce, le peu d'empressement de la Bulgarie à se rendre à la convocation de M. Sazonoff et à prendre part à Saint-Pétersbourg à une conférence à quatre, qui tâcherait de régler à l'amiable l'ensemble des questions balkaniques avant le recours à l'arbitrage suprême du tsar, le refus de la Bulgarie d'accepter la demande de revision du traité faite par la Serbie, les protestations de la presse officieuse austro-hongroise contre l'initiative du tsar de Russie, les déclarations du président du Conseil des ministres de Hongrie, M. Tisza, affirmant que la monarchie des Habsbourg entendait faire respecter l'indépendance des petits États des Balkans, la visite de M. Guéchoff au comte de Berchtold, les tentatives de la Bulgarie pour obtenir la neutralité de la Roumanie et de la Turquie dans le cas d'une nouvelle guerre balkanique, etc., etc., tout cela ne prouve-t-il pas surabondamment que j'avais raison de considérer, dès la fin du mois de mai dernier, la situation comme extrêmement grave?

Une fois de plus, la diplomatie n'a rien vu de ce qui se préparait ou n'a voulu rien voir. Une telle aventure n'est pas nouvelle. A la veille même de la guerre contre la Turquie, personne ne voulait y croire. Un ambassadeur auquel je communiquai quelques jours avant Kirk-Kilissé la carte du partage éventuel de la Macédoine, m'a avoué, depuis, que son conseiller trouva cela « fantastique ». Je vois encore le petit sourire incrédule qui accueillit mes paroles, lorsque j'annonçai au Congrès universel de la paix, à Genève, que nous étions à la veille d'une grande guerre balkanique.

« Au vingtième siècle, me disait-on, une grande guerre est impossible! »

Quelques jours après, la mobilisation était déclarée.

La vérité, comme je l'ai expliqué à plusieurs reprises depuis deux mois dans *la Dépêche*, est que les États balkaniques, livrés à eux-mêmes, n'arriveront jamais à s'entendre, car ils sont dressés les uns contre les autres dans un antagonisme irréductible. Ils estiment, les uns et les autres, que leurs intérêts vitaux sont en jeu et qu'ils tiennent absolument à se donner des coups. Si la Russie ou l'Europe n'ont pas l'énergie d'imposer aux États balkaniques l'arbitrage sans réserves, il est clair comme le jour, pour quiconque connaît la situation des Balkans, qu'un conflit armé est inévitable.

Si les puissances veulent sincèrement prévenir la guerre, il faut donc qu'elles se hâtent, car chaque jour qui passe diminue les chances d'un règlement pacifique et la paix est à la merci du moindre incident.

*
* *

LA ROUMANIE ÉLÈVE LA VOIX

Belgrade, 28 juin.

Si l'on en croyait les journaux qui nous arrivent de Vienne et de Budapest, la menace de mobilisation de la Roumanie aurait éclaté comme un coup de tonnerre dans un ciel serein. Les journaux austro-hongrois se donnent beaucoup de mal pour attribuer ce geste à de louches intrigues des puissances de la Triple-Entente qui, à la onzième heure, auraient voulu se servir de la menace roumaine pour intimider la Bulgarie et l'amener à accepter sans plus de réserves le point de vue de la Serbie et de la Grèce, d'après lequel toutes les questions balkaniques sans exception doivent être discutées par une Conférence à quatre et soumises, en cas d'insuccès, à l'arbitrage suprême du tsar.

Point n'est besoin de chercher une explication de ce genre. L'intervention roumaine était prévue depuis longtemps. Il y a déjà quelques semaines, lors de mon passage à Bucarest, l'enquête que je fis dans cette ville ne laissa dans mon esprit aucun doute à ce sujet. La Roumanie était mécontente des avantages qu'elle avait retirés de sa neutralité pendant la guerre balkanique. Sur les conseils de l'Autriche-Hongrie, elle s'était gardée d'intervenir, les armes à la main, en faveur de la Turquie pour empêcher une rupture de l'équilibre balkanique.

Qu'aurait désiré obtenir la Roumanie en échange de cette expectative ? Une bande de terre bulgare allant de Silistrie à la mer qui lui aurait permis de faire un port de guerre à Mangalia.

Les diplomates de la Conférence de Saint-Pétersbourg, qui crurent apaiser la Roumanie en lui donnant seulement Silistrie et 3 kilomètres de terre autour de cette ville, se trompaient lourdement.

« On nous donne Silistrie dans des conditions inacceptables », me dit l'ancien ministre Emmanuel Porumbaru.

« Silistrie, déclare le ministre Filipesco, c'est assez de terre pour enterrer l'honneur national. »

En Roumanie, la désillusion était générale. A partir de ce moment, on ne se gêna plus pour attaquer la politique extérieure du roi, pour déclarer que l'entente avec l'Autriche avait fait fiasco, que la Roumanie ne devait consulter que ses intérêts et qu'elle devait saisir la première occasion pour intervenir énergiquement dans les affaires balkaniques et tâcher de reconquérir la première place en Orient, qui lui avait été enlevée par les victoires de la Bulgarie.

M. Virgile Arion, député conservateur, président de la Ligue de culture roumaine et frère de M. Constantin Arion, ministre de l'Intérieur, me résuma alors ainsi l'opinion générale roumaine : « La Roumanie a laissé échapper l'occasion d'intervenir dans les Balkans au cours de la dernière guerre. Mais cette occasion peut se représenter d'un moment à l'autre, car la Bulgarie aura bientôt des difficultés avec ses alliés pour le partage des dépouilles de la Turquie. Cette fois-ci, nous ne devons pas laisser échapper l'occasion et permettre que l'équilibre balkanique soit rompu une fois de plus à notre détriment et au profit de la Bulgarie. Nous devons résolument nous mettre du côté de la Grèce et de la Serbie. »

Je me souviens que, lorsque j'arrivai à Sofia, j'invoquai, soit dans ma conférence à l'Université, soit dans mes conversations avec les hommes politiques bulgares, ce que je savais du nouvel état d'esprit de la Roumanie comme un argument de plus en faveur d'une solution pacifique du différend entre la Bulgarie et ses alliés. Mais je ne crois pas avoir réussi à convaincre un seul de mes interlocuteurs de la gravité de la menace roumaine.

Quant à M. Guéchoff, alors président du Conseil, lorsque je lui parlai de l'intention qu'avaient désormais les Roumains d'intervenir dans les questions balkaniques, il fit semblant de ne pas me comprendre.

Je ne puis me lasser de le répéter : Les événements des Balkans se déroulent avec une implacable logique. La Roumanie a choisi son heure pour intervenir. Il serait puéril de croire que son action a été improvisée, qu'elle s'est livrée à un coup de tête ou que, dans sa faiblesse, elle a subi les suggestions intéressées de la France, de la Russie ou de l'Angleterre. La Roumanie a fait ce qu'elle avait depuis longtemps l'intention de faire.

La démarche roumaine à Sofia se produisant à la veille de la décision que devait prendre la Skoupchtina serbe a-t-elle augmenté ou diminué les dangers de guerre ? Sur ce point, les avis sont ici très partagés.

Les éléments chauvins de la capitale serbe ont repris confiance. « Puisque la Roumanie est de notre côté, disent-ils, décidons-nous enfin à faire la guerre et la Bulgarie écrasée ne se relèvera jamais plus. » Et, malgré les intentions pacifiques de M. Pachitch, ils se flattent de le gagner à leur attitude intransigeante.

Mais la majorité des gens raisonnables, cependant, considèrent l'intervention roumaine comme une nouvelle garantie de paix. Ils pensent que, devant l'attitude énergique de la Roumanie, la Bulgarie comprendra qu'elle ne peut faire la guerre contre tout le monde et qu'elle acceptera enfin de discuter dans une conférence à quatre toutes les questions balkaniques qui divisent les alliés.

On dit même que des assurances dans ce sens sont déjà arrivées ici de Sofia. Peut-être la nouvelle est-elle prématurée. Espérons qu'elle ne tardera pas à être confirmée et qu'ainsi sera épargnée aux malheureuses populations des Balkans l'horreur de nouveaux massacres d'autant plus lamentables qu'ils ne seraient pas justifiés par la nécessité de faire triompher un grand idéal.

CINQUIÈME PARTIE

DE L'ATTAQUE BRUSQUÉE A LA PAIX DE BUCAREST

CHAPITRE PREMIER

EN AUTRICHE-HONGRIE

Je passai à Budapest et à Vienne les premiers jours de la guerre gréco-serbo-bulgare. Cela me donna une fois de plus l'occasion de me rendre compte de la courte vue et de l'incohérence de la politique austro-hongroise.

La haine rend encore plus aveugle que l'amour.

Or la politique austro-hongroise est mue par une haine inextinguible de la Serbie.

C'est ce mauvais sentiment qui trouble le jugement, qui empoisonne l'esprit des meilleurs diplomates de la monarchie des Habsbourg et c'est lui qui leur a inspiré pendant toute la crise balkanique une attitude si funeste aux intérêts de leur empire et si dangereuse pour la paix générale.

La question du Sandjak, l'affaire Prochaska, le débouché des Serbes sur l'Adriatique, la création d'une Albanie autonome, l'évacuation de Scutari par les Monténégrins, autant d'incidents qui ont fini par tourner au désavantage de l'Autriche-Hongrie et pour lesquels elle a failli cependant, par haine de la Serbie, mettre le feu à toute l'Europe.

L'Autriche-Hongrie a-t-elle voulu la dernière guerre gréco-serbo-turque ? Elle en est en grande partie responsable.

Au lieu d'applaudir avec toutes les puissances au geste pacificateur du tsar invitant les Bulgares et les Serbes à soumettre leur différend à son arbitrage, comme les termes du traité bulgaro-serbe lui en donnaient le droit, l'Autriche-Hongrie, toujours hantée par le spectre du panslavisme, ne songea qu'à faire échec à la politique russe dont elle craignait l'hégémonie morale dans les Balkans et par la voix du comte Tisza elle déclara qu'elle entendait garantir aux peuples balkaniques leur parfaite indépendance.

C'était revendiquer pour les peuples des Balkans le droit de se battre. En sous-main, l'Autriche-Hongrie encourageait à Sofia la Bulgarie à la guerre.

La raison de cette attitude c'est que l'Autriche-Hongrie croyait à l'écrasement des Grecs et des Serbes. Mais devant les triomphes de ces derniers, elle ne devait pas tarder à renier les principes qu'elle avait si pompeusement affirmés et à faire tous ses efforts pour tâcher de sauver la Bulgarie des conséquences de ses désastres.

J'assistai à Vienne à cette volte-face. Frappée de stupeur, la diplomatie autrichienne se refusa les premiers jours de la guerre à admettre la supériorité du voisin, qu'elle poursuivait de sa haine. Pendant trois ou quatre jours, alors que les Serbes et les Grecs étaient déjà victorieux, presque tous les journaux de Vienne, qui obéissent au doigt et à l'œil aux ordres du Ballplatz, annonçaient avec de grosses manchettes l'éclatant triomphe des Bulgares.

Un agent du ministère des Affaires étrangères austro-hongrois me le disait ingénument : « Nous laissons ces chiens se dévorer entre eux. Ensuite, c'est nous qui dominerons dans les Balkans ! »

Le jour où toute la presse, à l'exception, je crois, de l'*Arbeiter Zeitung*, qui dans ces heures de folie fut le seul journal à garder une exacte vue des choses, annonça la destruction totale de la division serbe du Timok à Krivolac et la prise de Vélès par les Bulgares, ce fut un enthousiasme délirant dans le camp serbophobe.

Il fallut d'ailleurs bientôt déchanter.

Cependant, même après le triomphe des armées gréco-serbes, et l'entrée en Bulgarie de l'armée roumaine, l'Autriche-Hongrie, que sa haine de la Serbie aveuglait toujours, n'en persista pas moins à vouloir enlever aux vainqueurs les fruits de leurs victoires.

Même après la signature de la paix à Bucarest l'Autriche-Hongrie n'avait-elle pas encore l'inconscience de demander la revision de ce traité, au risque de mettre une fois de plus en danger la paix de l'Europe ?

Qu'était devenu le droit des peuples balkaniques de décider librement de leur sort, droit si solennellement affirmé quelques jours avant par le comte Tisza et le comte Berchtold ? Et n'a-t-on pas raison de parler de duplicité, quand on parle de la politique austro-hongroise ?

*
* *

INTERVIEW DU COMTE TISZA,
PRÉSIDENT DU CONSEIL DES MINISTRES HONGROIS

Budapest, 1ᵉʳ juillet.

A la suite des déclarations faites récemment à la Chambre des députés hongroise par le comte Tisza, président du Conseil des ministres, la monarchie des Habsbourg est apparue une fois de plus comme le trouble-paix de l'Europe. Le gouvernement austro-hongrois, jaloux de l'initiative du tsar qui risquait de résoudre rapidement le différend entre les alliés d'une façon pacifique et d'augmenter l'influence morale de la Russie dans les Balkans, se hâta de déclarer par la voix de M. Tisza que l'Autriche-Hongrie ne souffrirait pas qu'une atteinte quelconque fût portée à l'indépendance des peuples balkaniques.

Cela signifiait en propres termes : « Nous voulons pour les États balkaniques le droit de se faire la guerre. »

En même temps, le gouvernement austro-hongrois, aveuglé par sa haine contre la Serbie, s'engageait à fond pour la Bulgarie.

L'Autriche-Hongrie est donc responsable, en très grande partie, des complications actuelles. Trois ou quatre fois depuis le début de la crise balkanique, au moment de la sinistre affaire Prochaska, à propos du statut de l'Albanie, du débouché de la Serbie vers l'Adriatique et du sort de Scutari, elle a failli mettre le feu à l'Europe.

Va-t-elle continuer son jeu infernal ? C'est ce que j'ai eu l'idée d'aller demander au comte Tisza.

J'ai trouvé le président du Conseil, vers les huit heures du soir, au club politique de son parti, place François-Joseph, où il a l'habitude de se rencontrer tous les soirs avec ses amis après une longue journée consacrée tout entière aux affaires de l'État.

Cet homme est détesté par ses ennemis politiques à l'égal d'un tyran. On ne lui pardonne pas d'avoir fait expulser du Parlement, *manu militari*, lorsqu'il était encore président de la Chambre, certains députés de l'opposition, d'avoir fait installer à la porte du Parlement un corps de garde, de s'être moqué de l'immunité parlementaire, d'avoir eu encore tout récemment l'idée de punir d'une forte amende, pouvant monter jusqu'à 1.600 couronnes, les députés de l'opposition qui, en signe de protestation, refusent toujours de siéger dans un Parlement où ne règnent que le bon plaisir et la violence. On lui en veut, en un mot, d'avoir institué en Hongrie le régime à « la hussarde ».

Mais je vous avouerai qu'à première vue cet homme n'a pas l'air si terrible. Il est grand, élégant, d'une politesse raffinée, un homme de salon aux grands airs d'aristocrate.

Je ne sais si je me trompe, mais il a l'air souverainement détaché de la politique à laquelle il s'adonne peut-être par sport, comme d'autres font de l'épée ou du cheval. On a presque honte de lui parler de choses graves et l'on voudrait pouvoir causer avec lui de futilités. Peut-être cela lui plairait-il davantage.

Je lui demande :

— Que pensez-vous de la situation actuelle ?

— Elle me semble grave. Les nouvelles des combats entre les alliés que nous apporte le télégraphe ne présagent rien de bon. Les Serbes, les Grecs, les Bulgares semblent avoir grande envie de se battre, ce qui est assez naturel par suite de l'enthousiasme provoqué chez eux par leurs succès contre le Turc. Mais il faut néanmoins espérer que la guerre n'éclatera pas et que leurs différends pourront se régler d'une façon pacifique.

— Et si la guerre éclate, quelle sera l'attitude de l'Autriche-Hongrie ?

Ici le président du Conseil hongrois me répondit d'une façon énigmatique :

— D'après tout ce que nous avons dit et fait depuis le début de la crise balkanique on peut deviner ce que nous ferons encore.

J'insistai :

— On accuse l'Autriche-Hongrie de vouloir brouiller les cartes. On a attribué à vos déclarations au Parlement hongrois une intention agressive contre la Russie.

Le comte Tisza me répondit :

— Il n'y a pas d'antagonisme entre l'Autriche-Hongrie et la Russie dans les Balkans. Nous avons voulu simplement dire dans nos déclarations à la Chambre hongroise que l'Autriche-Hongrie et la Russie doivent marcher ensemble pour le maintien de la paix dans les Balkans. La nécessité de cette collaboration avait été déjà reconnue par la Russie au moment du traité de Mursteg.

En tout cas, l'Europe peut être tranquille. Ce n'est pas de notre côté que viendra le danger de guerre. Une guerre européenne serait d'ailleurs une chose si terrible qu'aucun État ne voudrait prendre sur lui la responsabilité de la déchaîner.

Si la guerre reprend dans les Balkans, toutes les grandes puissances peuvent s'entendre pour la localiser et elles doivent le faire.

— Est-ce que vous n'auriez pas préféré à l'arbitrage du tsar l'arbitrage d'un tribunal comme la Cour de la Haye ?

Le comte Tisza comprit la malice de la question. Il me répondit habilement :

— Les États balkaniques sont des États indépendants. Ils peuvent choisir eux-mêmes le moyen de régler leurs différends. En tout cas, s'ils choisissent la guerre, tout le monde le déplorera et nous tout **autant** et peut-être plus que les autres.

Là-dessus le président du Conseil, craignant peut-être que je ne lui pose encore quelque question indiscrète, se leva, me tendit la main et me laissa, content de l'avoir interviewé mais n'ayant rien appris.

***

INTERVIEW DE M. FRANÇOIS KOSSUTH, CHEF DU PARTI DE L'INDÉPENDANCE

Budapest, 2 juillet.

Les événements se précipitent. La guerre entre les alliés balkaniques s'est déclanchée d'une façon automatique.

Les lecteurs de *la Dépêche*, qui ont suivi avec attention l'enquête que j'ai faite depuis deux mois à Bucarest, Sofia, Salonique, Monastir et Belgrade, ne seront pas surpris par la tournure des événements. Puisque la diplomatie européenne ne se rendait pas compte de ce qui bouillonnait dans les Balkans, puisqu'elle ne comprenait pas tout ce qui s'amassait de haine réciproque dans l'âme des frères ennemis et qu'elle n'a pas su à temps leur imposer la paix, ce qui se produit maintenant devait arriver.

Ce triste dénouement d'une guerre de délivrance, dont la marche glorieuse avait fait l'admiration du monde entier, nul ne le déplore plus que moi. Cependant, malgré l'irréparable faute que commettent les alliés en se ruant les uns contre les autres, je serai le dernier à leur jeter la pierre. Le grand coupable de la nouvelle guerre, c'est surtout l'Autriche-Hongrie, qui n'a jamais souhaité sincèrement la paix dans les Balkans et qui, depuis le début de la guerre contre la Turquie, s'est fait un jeu malin d'exploiter à son profit les dissensions entre les alliés.

L'Autriche-Hongrie va-t-elle continuer ce jeu qui, poussé trop loin, peut mettre le feu à toute l'Europe ? C'est la question que tout le monde doit maintenant se poser avec anxiété.

Je vous ai communiqué dans ma précédente lettre les déclarations énigmatiques que m'a faites à ce sujet le comte Tisza, président du Conseil des ministres de Hongrie.

Aujourd'hui, je suis allé interroger le chef de l'opposition, M. François Kossuth, le fils du héros de l'indépendance hongroise, ancien président du Conseil des ministres et chef du parti de l'indépendance, que je connais depuis plusieurs années. Voici la déclaration qu'il a voulu me dicter :

— Au point de vue austro-hongrois il est excessivement fâcheux qu'une nouvelle guerre ait éclaté dans les Balkans. L'intérêt de l'Autriche-Hongrie est, en tout cas, de ne pas se mêler des affaires des États balkaniques et de soutenir tous les efforts tendant à ce que ces affaires soient librement réglées par les États eux-mêmes.

Voilà pourquoi l'Autriche-Hongrie ne peut pas voir d'un bon œil l'intervention russe, qui aboutirait à un accroissement de l'influence russe, soit en Serbie, soit en Bulgarie. Il y a un antagonisme naturel entre l'Autriche-Hongrie et la Russie, dans toutes les questions des Balkans, puisqu'une très grande partie de la population de l'Autriche-Hongrie est slave et que la Russie revendique pour elle la protection des Slaves, chose qui ne peut aucunement être admise par l'Autriche-Hongrie.

Je suis donc convaincu que la monarchie austro-hongroise maintiendra la neutralité, d'autant plus qu'une intervention quelconque conduirait au danger imminent d'un conflit européen, et je ne crois pas qu'il y ait une puissance qui puisse risquer de provoquer un pareil danger.

— Que pensez-vous des récentes déclarations du comte Tisza, président du Conseil des ministres à la Chambre hongroise ? Est-ce qu'elles ne vous semblent pas contenir des menaces pour la paix de l'Europe ?

— Le président du Conseil, comte Tisza, fit, en effet, une déclaration relative aux affaires balkaniques, à laquelle on a attribué de certains côtés des intentions belliqueuses. Cette interprétation n'était pas juste, car, au contraire, le comte Tisza a cherché à démontrer — avec des arguments plus ou moins bons, il est vrai — la nécessité pour la monarchie austro-hongroise de garder la neutralité. Il a même donné comme preuve de ce désir de garder la neutralité l'attitude prise par la diplomatie austro-hongroise, dès le début de la guerre balkanique, lorsqu'elle proclama sa volonté d'assurer le maintien du *statu quo*.

C'est là ce qui me fait dire que ses arguments étaient plus ou moins bien choisis, car, précisément, si cette volonté eût été sérieuse, cela nous aurait conduit, de la façon la plus sûre, à une intervention armée, sans laquelle il n'y aurait pas eu moyen d'assurer le maintien du *statu quo*.

— Pourquoi le comte Tisza a-t-il senti la nécessité de faire sa déclaration ?

— C'est parce que les délégations austro-hongroises ne siègent pas et que, par conséquent, le ministre commun des Affaires étrangères de l'Autriche-Hongrie n'avait aucune occasion de faire lui-même son exposé sur les affaires étrangères de la monarchie. Je trouve qu'on a attribué en Europe une importance exagérée aux déclarations faites par le comte Tisza.

* * *

UNE CONVERSATION AVEC M. GUÉCHOFF,
ANCIEN PRÉSIDENT DU CONSEIL DE BULGARIE

Vienne, 5 juillet.

Hier soir, sur le Graben, j'ai rencontré M. Guéchoff, ancien président du Conseil des ministres de Bulgarie. Cet homme, que j'avais vu, il y a un mois à peine, vif et alerte, je le retrouvais maintenant tout courbé, comme sous le poids d'une immense tristesse.

— Quelles nouvelles avez-vous? me dit-il. La guerre est-elle officiellement déclarée?

— Pas encore, mais les derniers télégrammes laissent prévoir que sa proclamation doit avoir lieu.

— Savez-vous quelque chose de la Roumanie?

— Les derniers télégrammes disent que la mobilisation générale a été ordonnée.

— Est-ce sûr? insista-t-il d'un air atterré.

— La *Neue Freie Presse* de ce soir le confirme de bonne source et ce journal même s'étonne que les négociations entamées entre la Bulgarie et la Roumanie pour arriver à une entente n'aient pas abouti, et semble faire retomber la faute sur la Bulgarie.

— Si l'on croit que c'est facile...

L'ancien président du Conseil me dit ensuite qu'il était venu à Vienne pour faire soigner son oreille, qu'il aurait voulu repartir dimanche dernier, mais que l'Orient-Express et le train conventionnel ne fonctionnaient plus en Serbie, qu'il comptait donc voyager par le Danube et qu'il avait écrit à Sofia pour demander d'organiser un service de trains directs de Sofia au Danube, afin de mettre en communication avec l'Europe la Bulgarie qui se trouve maintenant encerclée.

— Et vous, où avez-vous été depuis votre passage à Sofia ? ajouta-t-il.

— A Salonique, Monastir, Uskub et Belgrade.

— Et quelle est votre opinion sur les événements actuels ?

— La même que j'ai toujours eue. Comme je le disais, il y a un mois, à mes amis de Sofia, même si la Bulgarie est victorieuse, cela coûtera beaucoup de sang. Et pourquoi ?

— Oui, pourquoi ? Mais vous voyez bien que ce n'est pas nous qui voulons la guerre. Nous avons déclaré que nous acceptions l'arbitrage sans réserve. La faute de tout ce qui arrivera ne retombe pas sur nous.

Sur ces mots, M. Guéchoff me tendit la main et s'éloigna tout pensif.

*
* *

UNE CONVERSATION AVEC M. STREIT,
MINISTRE DE GRÈCE A VIENNE

J'ai eu, ce matin, l'occasion de m'entretenir pendant quelques instants avec M. Streit, ministre de Grèce à Vienne, qui fut l'un des principaux délégués de la Grèce à la Conférence de la paix de Londres.

M. Streit est un ancien professeur de droit international à l'Université d'Athènes. Il a la réputation d'être un grand savant. C'est aussi un homme de goût, à en juger par le somptueux salon orné de tableaux, de bibelots et d'objets d'art, dont quelques-uns sont tout à fait remarquables, dans lequel il me reçoit.

Il vient à moi, la main tendue, la figure souriante.

— J'ai lu, me dit-il, vos correspondances. Je suis heureux de vous remercier de tout ce que vous avez fait pour préconiser une solution par l'arbitrage de notre différend avec les Bulgares. Malheureusement, je crois que c'est le sort des armes qui décidera.

A ce moment-là on apporta un télégramme. La figure du ministre s'illumina.

— Ça marche, me dit-il. Nos soldats avancent sur toute la ligne. La haine qu'ils ont contre les Bulgares est terrible. Les Bulgares, d'ailleurs, la justifient par leurs cruautés.

Vous savez qu'ils ont massacré douze evzones qu'ils avaient faits prisonniers, et qu'en se retirant de Nigrita ils ont brûlé la ville et massacré les habitants.

On dit qu'ils ont aussi faits prisonniers les notables grecs de Serres, Drama, Xanti, Cavalla, Porto-Lagos, et qu'ils les ont emmenés comme otages dans l'intérieur de la Bulgarie.

— Si les Grecs mettent en déroute l'armée bulgare, est-ce qu'ils continueront leur marche en avant? Qu'arrivera-t-il?

— Je n'en sais rien. Vous savez que nous n'avons pas voulu faire la guerre, mais seulement repousser les Bulgares en dehors de la zone neutre qu'ils ont envahie en dépit de l'accord établi au commencement du mois de juin dernier à la suite des combats du

Panghéon entre les états-majors grecs et bulgares.

Il est vrai que, maintenant, nous sommes nous-mêmes au delà de la zone neutre.

En tout cas, si c'est la guerre, ce sont les Bulgares qui l'ont commencée.

CHAPITRE II

EN SERBIE ET EN ROUMANIE

J'étais depuis vingt-quatre heures de retour à Belgrade lorsque le ministère de la Guerre me demanda de vouloir bien faire partie d'une commission internationale chargée de mener une enquête sur les atrocités, qui, disait-on, avaient été commises par les troupes bulgares, dans la ville de Knyajevatz.

C'est un honneur que le devoir professionnel m'obligeait à accepter.

Je dois dire d'ailleurs que je n'étais pas fâché de voir de mes yeux ces horreurs dont tout le monde parlait avec épouvante, et sur lesquelles il me répugnait d'écrire sans en avoir été le témoin.

Pendant les neuf mois que j'avais passés dans les Balkans j'avais beaucoup entendu parler de toutes sortes d'atrocités : d'atrocités turques, d'atrocités serbes, d'atrocités grecques, d'atrocités bulgares. Tous ces peuples s'accusaient réciproquement de se crever les yeux, de se couper le nez, les oreilles, de s'arracher le cœur et le foie. Or, chose assez étonnante, je n'avais jamais vu un seul fait de ce genre. Au cours de ma vie errante, dans les endroits les plus reculés et dans les situations les plus difficiles je n'avais jamais rencontré que de braves gens, généralement très serviables, acceptant stoïquement les malheurs de la guerre et toujours prêts à faire courageusement leur devoir. Ces gens des Balkans qui s'accusaient réciproquement de férocité m'avaient toujours produit l'effet d'être des malheureux plutôt que des sauvages. La presse européenne accusait-elle maintenant les Bulgares des pires atrocités, parce qu'ils étaient vaincus? Je me rappelais le mot terriblement vrai : *Væ victis!* « Malheur aux vaincus. » Je n'ai jamais aimé hurler avec les loups. J'éprouvais le besoin de voir. J'ai dit ce que j'ai vu, ce que tous les membres de notre commission ont vu et rien que ce que nous avons vu.

Ce qu'il nous a été donné de constater m'a étonné. Je dois cependant à la vérité de reconnaître que c'était de beaucoup au-dessous de ce que l'on croyait communément à Belgrade. Les faits s'amplifient toujours en passant de bouche en bouche.

De retour à Belgrade, je constatai combien les prétentions des Serbes augmentaient avec la résistance bulgare. Au début, les Serbes se seraient contentés de la rive droite du Vardar, maintenant ils parlaient d'aller jusqu'à la Strouma et de dicter les conditions de la paix à Sofia.

La paix fut conclue à Bucarest plus vite qu'on n'aurait osé l'espérer.

Au lendemain de la signature du traité, nous jetions avec quelques amis, à l'Athénée roumain de Bucarest, les bases d'une Ligue balkanique ouverte à tous les intellectuels, hommes politiques ou grands patriotes des pays balkaniques ou des pays amis des peuples balkaniques, qui aura pour tâche d'organiser une propagande méthodique et simultanée dans tous les pays balkaniques pour rendre populaire l'idée d'une Union intellectuelle, politique et économique des peuples balkaniques.

La vie ne s'arrête pas.

* * *

NOUS VOULONS ALLER A SOFIA

Belgrade, 12 juillet.

Il me semble être retourné neuf mois en arrière. Comme aux premiers jours de la guerre contre les Turcs, je retrouve Belgrade dans la joie de la victoire. On comptera plus tard le nombre de ses morts. On pleurera plus tard les victimes de la cause nationale. On calculera plus tard les pertes énormes et les maux effroyables que cette nouvelle guerre, plus farouche, plus meurtrière que les deux autres — car cette fois-ci la Serbie luttait bien pour la vie ou pour la mort — aura causés. Pour le moment, on ne veut penser qu'à une chose : la patrie en danger est sauvée — car on la croit définitivement sauvée — et on s'abandonne à la joie du triomphe.

Cette joie n'est pas très bruyante. Elle ne se manifeste pas par des gestes extravagants, d'interminables harangues et des acclamations bruyantes. C'est plutôt une joie intérieure, qui rend les gestes plus discrets et qui rayonne sur les visages.

Les Autrichiens, qui font tout depuis des années pour discréditer les Serbes et les présenter sous un jour défavorable, les qualifient à chaque instant d'exaltés, de fanfarons et de vantards.

Jamais accusation ne fut plus gratuite. Dans cette

dernière guerre, l'armée serbe, comme à Koumanovo et à Monastir, a fait des prouesses, et il ne vient à personne l'idée de me le faire remarquer. Quel que soit l'héroïsme de leurs troupes, les Serbes trouvent cela naturel. Chaque Serbe n'est-il pas un héros!

Je remarque cependant, dès mon arrivée ici, que cette joie du peuple serbe n'est pas sans mélange comme après les premières victoires contre les Turcs. Tandis que la Serbie tout entière a marché contre les Turcs avec un enthousiasme échauffé et nourri par cinq siècles de rancœur et de haines magnifiquement exprimées dans les chansons populaires, cette nouvelle guerre contre la Bulgarie, le peuple serbe ne l'a pas voulue. Elle lui a été imposée par la nécessité et il l'a courageusement acceptée comme un mal inévitable. Et puis, les Serbes ne peuvent oublier que ceux contre lesquels ils se sont battus sont leurs frères de race. Ils ont beau se sentir vainqueurs, ils ne peuvent s'empêcher d'éprouver une sorte d'humiliation, une sorte de honte dans leurs âmes de Slaves d'avoir été obligés de faire une pareille guerre.

« Mais à présent qu'elle est commencée, me disait quelques instants avant son départ pour le champ de bataille un jeune officier de réserve, qui est aussi un diplomate distingué, il faut absolument aller jusqu'au bout. Ce serait un malheur si l'Europe voulait nous arrêter sur le chemin de Sofia. Nous ne voulons pas démembrer, nous ne voulons pas détruire la Bulgarie. Mais nous voulons montrer aux Bulgares, qui nous ont tant méprisés, et nous voulons montrer aussi à l'Europe notre valeur véritable

« Si on nous laisse entrer à Sofia, les Bulgares ne songeront plus à nous jeter sans cesse à la figure la honte de Slivinitza. Ils verront que nous valons au moins tout autant qu'eux et alors il pourra se reformer une Union balkanique sincère et véritable. Alors, le sang versé n'aura pas été perdu. »

Tel est, paraît-il, le sentiment unanime de tout le peuple serbe.

**

LE CHAPITRE DES HORREURS

Zaetchar, 15 juillet.

Le jour de mon arrivée à Belgrade, les bruits les plus sinistres circulaient dans la capitale serbe sur les atrocités qui auraient été commises par les troupes d'invasion bulgares dans la région de Knyajevatch, une petite sous-préfecture serbe située sur le Timok, tout près de la frontière serbo-bulgare, à une quarantaine de kilomètres de Zaetchar. Les Bulgares, disait-on, avaient mis à sac la ville de Knyajevatz, tué quelques paysans sans défense et violé des centaines de femmes et de jeunes filles qu'ils avaient rencontrées dans la campagne.

Ainsi que je vous l'ai télégraphié, le gouvernement serbe, apprenant mon retour à Belgrade, m'a fait l'honneur de m'inviter à faire partie de la commission internationale chargée par lui d'aller constater ces atrocités.

En acceptant cette mission, j'ai eu le sentiment très net de la lourde responsabilité qu'elle ferait peser sur moi. Mais le gouvernement serbe ayant fait appel à mon impartialité, je ne pouvais me dérober à ce devoir. D'ailleurs, depuis quelque temps j'ai tellement entendu parler, sans pouvoir jamais les vérifier, des atrocités bulgares, que je ne suis pas fâché d'avoir eu enfin une occasion de voir de mes propres yeux ce qu'il y a de vrai dans ces accusations. Sans doute, je ne puis me refuser à reconnaître la vérité. Mais je ne veux pas prendre sur moi d'accabler sans preuves des gens qui sont des vaincus.

Notre commission se compose de quatre médecins : un Français, M. le docteur Peyron, ancien professeur de la Faculté de Montpellier, attaché à l'Institut Pasteur ; un Allemand, le docteur Schliep, chirurgien de la Croix-Rouge de Berlin ; un Norvégien, le docteur Sibbern Möller, médecin de 1re classe de la marine norvégienne ; enfin, un docteur serbe que nous trouverons à Knyajevatz.

C'est eux qui feront les constatations légales dont je me bornerai à enregistrer les résultats.

M. Jovanovitch, un éminent avocat de Belgrade qui parle le français avec le plus pur accent parisien, nous servira d'interprète. Enfin, le ministère de la Guerre a adjoint à notre commission un photographe et un opérateur de cinématographe.

Un député à la Skoupchtina, M. Pavlovitch, professeur de l'Université de Belgrade et député de l'arrondissement de Knyajevatz, s'est joint à notre caravane pour se rendre compte lui aussi des dégâts causés par les troupes bulgares dans la région du Haut-Timok et apporter quelque consolation aux populations serbes de la frontière, si cruellement éprouvées par la guerre.

Pendant toute la durée de notre voyage vous me permettrez de vous transcrire, sans ordre, pêle-mêle, les observations de tout ordre que j'aurai couchées sur mon carnet de route. Je ne crois pas qu'une autre méthode puisse mieux vous faire voir la vie de toute une région en pleine guerre, région d'autant plus intéressante qu'elle se trouve un peu à l'écart du théâtre des opérations principales et qu'elle est complètement négligée des correspondants étrangers.

* * *

DE BELGRADE A ZAETCHAR

Zaetchar, 15 juillet.

Je vous ai promis de vous envoyer pêle-mêle, sans chercher à y mettre aucun ordre, les observations que j'aurai pu noter sur mon carnet de route de Belgrade à Knyajevatz. Je commence donc à dérouler mon film.

Le 14 juillet, je suis réveillé à 2 heures du matin par un employé du ministère de la Guerre qui m'apporte le sauf-conduit indiquant que je me rends à Zaetchar pour me présenter au commandant en chef de l'armée du Timok avec les autres membres de la commission internationale chargée de constater les excès des troupes d'invasion bulgares; recommandant aux autorités civiles et militaires de se mettre à notre disposition pour nous faciliter notre voyage et nous aider dans notre enquête; spécifiant enfin que nous avons droit au voyage en première classe.

A 6 heures du matin, j'arrive avec le docteur Peyron, de l'Institut Pasteur, à la gare, où nous faisons la connaissance des autres membres de la commission internationale. Malgré l'heure matinale le docteur Sondermayer, chef des services sanitaires au ministère de la Guerre serbe, a tenu à venir nous saluer en personne, à s'occuper de notre installation et à nous souhaiter bon voyage.

Avant le départ, un petit incident. Nous rencontrons à la gare un individu famélique, un Levantin qui a réussi à se faire engager à Paris, par la légation de Serbie, comme médecin français, et qui arrive en droite ligne. Ne se rendant pas très bien compte de la mission dont nous sommes chargés, il déclare qu'il tient à venir avec nous. Le docteur Sondermayer ne parvenant pas à lui faire comprendre qu'il doit se rendre au ministère de la Guerre où on le chargera d'un service dans un hôpital, lui tourne le dos avec brusquerie.

Le train de Nich, qui nous emporte jusqu'à la station de Paratchin, où nous devons prendre pour Zaetchar une voie secondaire, part à 6 h. 50. Jusqu'à 2 heures de l'après-midi, nous traversons une région vallonnée, d'aspect très fertile, couverte de prairies, de champs de blé et de bouquets d'arbres assez semblables aux paysages de France. A voir ce pays si bien cultivé, on a de la peine à se représenter qu'il est en guerre depuis plus de neuf mois, que tous les hommes valides sont à la frontière et qu'il n'est resté à la maison, pour les pénibles travaux des champs, que les vieillards, les femmes et les enfants.

Cependant la guerre, on ne tarde pas à s'en apercevoir, n'est pas une fiction des journaux, mais une réalité terrible. De loin en loin, nous dépassons des trains militaires qui transportent à la frontière, pour l'effort définitif contre les Bulgares, tout ce qui reste d'hommes disponibles dans le royaume serbe, et nous croisons d'interminables trains sanitaires qui ramènent vers Belgrade des milliers de pauvres êtres mutilés qui ont eu la chance d'être ramassés à temps pour échapper à la mort sur le champ de bataille.

Dans notre wagon, je rencontre le commandant Jovanovitch, l'un des plus brillants officiers de l'état-major serbe, qui porte le bras en écharpe. Il m'explique qu'il avait été chargé d'examiner, à l'arsenal de Krayoujevatz, les projectiles de fabrication allemande pris sur les Turcs, à Andrinople, par l'armée serbe. L'un d'eux, mal fabriqué, fit explosion et lui enfonça les côtes après lui avoir enlevé la main gauche. A peine rétabli, il rentre à Krayoujevatz pour reprendre son service.

Avant de nous quitter, il m'exprime sa conviction que les troupes serbes et grecques infligeront encore aux Bulgares une défaite définitive et entreront à Sofia. Les Bulgares, me dit-il, sont à bout de ressources. Ils n'ont pas d'argent pour acheter du pain. Mais il leur manque surtout des projectiles, car ils n'ont pas d'arsenaux comme les Serbes et la majeure partie des projectiles qui furent employés par eux contre les Turcs furent fabriqués à l'arsenal serbe de Krayoujevatz.

Depuis le commencement de la nouvelle guerre, les Bulgares se servent de projectiles fabriqués dans les arsenaux militaires d'Autriche-Hongrie. Les Serbes ont retrouvé des caisses de munitions avec étiquettes. Mais il est douteux que l'Autriche-Hongrie continue longtemps à fournir à la Bulgarie vaincue un matériel de guerre qui n'est pas payé argent comptant.

D'ailleurs, la Bulgarie, cernée de tous côtés par les Serbes, les Grecs et les Roumains et les Turcs, est maintenant séparée du monde et réduite à ses propres ressources. Encore une grande bataille et elle n'aura probablement plus de munitions pour continuer la guerre.

Le commandant Jovanovitch est d'avis qu'aucune puissance au monde ne pourra enlever aux Serbes, aux Grecs et aux Roumains la satisfaction d'entrer à Sofia.

De 2 heures à 5 heures nous faisons halte à Paratchin. Nous assistons à l'embarquement et au départ d'un régiment de réserve. Le colonel ne sait pas lui-même vers quel point de la bataille on le dirige. A Nich, il recevra un pli cacheté : il saura alors s'il doit marcher vers Uskub ou vers Pirot.

Les soldats sont entassés dans des wagons à bestiaux, les officiers dans un wagon de troisième classe. Ces derniers se laissent photographier de bonne grâce avec leur drapeau. Après neuf mois de guerre, quand le train s'ébranle, ces hommes qui vont vers la mort partent en chantant.

Peu après, le chef de gare reçoit un télégramme lui annonçant que les hauteurs qui dominent Kustendil ont été occupées par l'armée serbe. La nouvelle se répand comme une traînée de poudre parmi les voyageurs qui se trouvent sur le quai de la gare. Toutes les figures s'illuminent, tous les regards expriment la plus vive satisfaction. Mais pas un cri, pas un applaudissement.

Je ne puis me lasser de le répéter, ce peuple serbe, si méconnu et si calomnié, est remarquable par sa modération. Il accepte les victoires comme des choses toutes naturelles et ne songe pas à manifester sa joie bruyamment. Son calme est imperturbable. Il fait silencieusement son devoir.

A 5 heures, nous prenons le chemin de fer à voie étroite qui doit nous mener par une région de caractère extrêmement romantique, vers le nord de la Serbie, à Zaetchar. A la station d'Izbor, mot slave qui signifie la « source », les deux popes du village lisent avidement les journaux que nous apportons de Belgrade et annoncent les nouvelles à leurs paroissiennes, qui se pressent autour d'eux et les accablent de questions. Comme l'une de ces femmes se montre trop curieuse, l'un des popes lui dit : « Qu'as-tu donc à faire des dépêches de Paris ou de Vienne ? Il te suffit de savoir que tout va bien, que nous sommes vainqueurs, que la Bulgarie est aux abois et que la paix approche. Tu n'as pas besoin d'en demander davantage. »

Dans l'obscurité de la nuit on voit sortir de la cheminée de la locomotive des gerbes de flamme. Un de nos compagnons serbes me dit avec beaucoup de finesse et de délicatesse : « C'est un feu d'artifice pour célébrer votre Fête nationale : c'est pour vous empêcher de regretter de ne pas être sur le Pont-Neuf ce soir. »

Nous aurions dû arriver à Zaetchar à 10 heures du soir. Mais nous avons tellement croisé de trains militaires que nous arrivons à 2 heures du matin.

Un coup de clairon retentit. C'est encore un train militaire qui va partir pour la frontière. Les hommes sont assis dans des wagons de marchandises découverts, leur fusil entre les jambes. Ce sont des soldats du premier ban qui ont assisté, il y a cinq à six jours, à la bataille de Vratarnitza sur le Timok et refoulé au delà de la frontière l'armée d'invasion bulgare. Ils seront remplacés ici par des troupes du troisième et du quatrième ban.

La vision nocturne de tous ces hommes à figure énergique dont pas un ne semble avoir envie de dormir, malgré l'heure avancée de la nuit, a quelque chose de saisissant.

Encore un coup de clairon et le train interminable s'ébranle lentement.

Il est trop tard pour aller coucher en ville et nous transformons notre wagon en dortoir.

DE ZAETCHAR A KNYAJEVATZ

Knyajevatz, 16 juillet.

Au moment de notre arrivée à Zaetchar, le colonel Aradjitch, commandant en chef des troupes d'opération de la région du Timok, auquel nous devions nous présenter, se trouvait à une dizaine de kilomètres du côté de la frontière bulgare où il préparait une attaque contre les troupes bulgares en déroute vers Korito. Il a pris la peine de venir à cheval à Zaetchar pour nous souhaiter la bienvenue et donner les ordres pour que notre voyage s'effectuât sans encombre jusqu'à Vratarnitza, Kralyevo-Selo et Knyajevatz.

Le chemin de fer qui va de Zaetchar à Knyajevatz, le long de la frontière bulgare et du cours supérieur du Timok, n'est pas encore en exploitation. Il nous faut faire cette dernière partie de notre trajet, longue d'environ 40 kilomètres, en voiture. Notre convoi, composé de cinq fiacres et escorté par un gendarme, excite dans Zaetchar la curiosité générale.

Le public, intrigué surtout par les uniformes du docteur allemand Schliep et du médecin de la marine norvégienne Möller, nous prend pour une mission militaire russe et nous salue respectueusement.

Le docteur Schliep est victime d'un pénible incident. Un paysan serbe, armé d'un fusil, le prenant pour un officier bulgare, dirige son arme vers lui en s'écriant : « Voilà un de ceux qui ont tué mon fils. Je vais lui faire son affaire. »

Nous avons peine à calmer le forcené qui finit par se laisser photographier.

Nous quittons Zaetchar vers les 2 heures de l'après-midi et nous remontons la vallée du Timok encaissée entre les montagnes qui marquent la frontière serbo-bulgare et les hautes collines sur lesquelles était postée l'artillerie serbe le jour de la bataille de Vratarnitza. A 2 kilomètres environ du bourg de Vratarnitza, nous arrivons à une clairière où nous attend le préfet de Zaetchar, M. Popovitch.

« Vous allez avoir à examiner, nous dit-il, les cadavres de sept paysans qui ont été trouvés assassinés tout près du pont de Vratarnitza par les troupes serbes lancées à la poursuite des Bulgares en déroute. Ces paysans étaient de pauvres gens des environs qui avaient fui devant l'invasion bulgare et qui n'avaient pu arriver jusqu'à Zaetchar. Les Bulgares, furieux d'être obligés de battre en retraite, les ont assassinés.

« Ces malheureux ont été enterrés tout près, dans une prairie, sur le bord d'un ruisseau. Des paysans sont en train d'enlever la terre qui les recouvre. »

Le docteur Peyron demande qu'on retire les cadavres de la fosse pour que nous puissions nous rendre compte de la nature de leurs blessures.

Les cadavres sont dans un état de décomposition tellement avancée que les docteurs décident de n'en examiner que deux. Tous les assistants se bouchent le nez avec des tampons d'ouate imbibée d'eau de Cologne.

Le docteur Peyron s'arme d'un grand couteau pour couper les habits du premier cadavre. L'opérateur de cinématographe commence à tourner sa manivelle. Mais un incident douloureux se produit.

Le couteau du docteur Peyron, ayant probablement rencontré un bouton, se redresse brusquement et lui entame le pouce profondément.

L'affolement est général. Une blessure anatomique est toujours une chose très grave. Elle peut provoquer un empoisonnement général du sang et entraîner la mort.

On s'empresse autour du blessé, on lui ligote le poignet, on fait couler son sang, puis on tamponne sa blessure avec de la teinture d'iode.

Le préfet dit aimablement : « C'est du sang français versé au service de la Serbie. »

Le docteur Schliep s'empare d'une paire de gros ciseaux et se met à dépouiller les cadavres. Aucun d'eux ne porte des traces de balles. Le premier a reçu un coup de baïonnette au-dessous du sein gauche. Le second a eu le crâne fracturé et écrasé par un coup de crosse. Les deux cadavres semblaient avoir plus de 45 ans.

Au moment où nous nous retirons et où l'on va refermer la fosse, je remarque, non sans une profonde émotion, une scène horrible. Un vieux paysan s'approche, courbé sur sa canne. Il cherche son fils disparu depuis l'arrivée des Bulgares, et il veut voir s'il n'est pas parmi les morts. Il demande qu'on dégage les cadavres restés dans la tombe.

Les fossoyeurs hésitent, car l'atmosphère est empuantie. Alors, je vois cette chose affreuse et sublime à la fois : le paysan descend dans la tombe et, de ses propres mains, il écarte la terre qui recouvre peut-être les restes hideux de son enfant.

Nous traversons sans nous arrêter le long de Vratarnitza, où 260 maisons ont été, nous dit-on, dévalisées par les Bulgares.

La vallée s'élargit et cette terre couverte de

champs de blé à perte de vue jusqu'au sommet des collines présente l'image d'une fécondité admirable. On a peine à croire que, cinq ou six jours avant, la guerre a passé là.

Sur la route de Kralyevo-Selo, nous rencontrons un régiment de territoriaux du quatrième ban qui descend des montagnes. Ce sont tous de vieux soldats, dont plusieurs ont plus de 60 ans. Ils sont armés de fusils vieux modèle. Leur voïevode est à cheval sur un bidet si petit que ses jambes touchent presque à terre.

Jamais de ma vie je n'avais vu une armée aussi étrange. Tous ces paysans en armes me rappellent les récits d'Erkmann-Chatrian. La nation tout entière à la frontière pour la défense du sol sacré de la patrie : voilà l'exemple que la France donna en 1793 et voilà l'exemple que suit la Serbie en 1913.

Nous arrivons à Kralyevo-Selo vers les 6 heures du soir. Pendant que les docteurs recueillent les dépositions de quatre jeunes filles qui ont été violées par les soldats bulgares, je visite avec les autres membres de la mission les maisons des notables du village, celles du préfet, du médecin et du pope, qui ont été mises à sac par les Bulgares. Nous voyons les coffres-forts éventrés, les archives détruites, les meubles, les glaces, les machines à coudre brisées. Les portraits du roi Pierre ont été lacérés. On a uriné dans les lits. Les draps, les couvertures, les habits ont été emportés. Et l'on se rend compte que les Bulgares ont détruit tout le reste avec rage, avec furie pour le simple plaisir de détruire.

« N'est-ce pas là, nous dit le sous-préfet de Kralyevo-Selo, ce qui caractérise le sauvage ? »

Encore deux heures de chemin et nous arrivons à Knyajevatz à la tombée de la nuit.

Les Bulgares ayant fait sauter à la dynamite le pont en fer, d'une valeur de 200.000 francs, situé à l'entrée de la ville, nous passons le Timok à gué. En traversant la ville, nous apercevons des deux côtés de la grand'rue les décombres encore fumants des maisons incendiées par les Bulgares. Le grand hôtel où nous arrivons a été pillé. Les officiers bulgares, nous dit-on, ont bu et mangé tout ce qui était dans les caves et les buffets et ils ont emporté les draps, les serviettes et les couvertures. L'hôtelier, qui avait fui devant l'invasion et qui est retourné le jour même, est désolé.

Heureusement que nous avons apporté des provisions de Zaetchar. Nous coucherons sur des matelas éventrés.

Le docteur norvégien se plaint de terribles douleurs de ventre. Il craint d'avoir le choléra.

* * *

ENQUÊTE A KNYAJEVATZ

Knyajevatz, 16 juillet.

Bien que la plupart des paysans des environs de Knyajevatz aient fui terrifiés, à l'approche du gros de l'armée ennemie, le sous-préfet a réuni 38 femmes et jeunes filles de 12 à 90 ans qui ont été violées par les Bulgares. De 8 heures à midi et de 4 heures à 6 heures du soir, les médecins de la commission d'enquête recueillent leurs dépositions et les soumettent à un examen médical.

Ici, il m'est absolument impossible de vous transcrire les 24 feuillets de mon carnet de notes qui contiennent ces dépositions. Ils sont pleins de détails d'un réalisme tellement brutal et tellement révoltant qu'il n'est pas possible de les exprimer dans un grand quotidien et en langue française. L'imagination scatologique d'un érotomane même ne pourrait inventer tout ce que notre commission a entendu.

Qu'il me suffise de vous donner un exemple : le sous-préfet nous présente tout d'abord une vieille femme de quatre-vingt-dix ans. Comme elle est paralysée, on l'a transportée sur une charrette et elle est couchée sur du foin.

Après nous avoir donné des détails à faire frémir sur la façon dont elle fut violée par deux Bulgares, elle ajouta : « Moi qui suis si vieille et si laide, j'aurais dû leur faire horreur, et pourtant ensuite ils m'ont embrassée. »

Tout le reste est à l'avenant.

La plupart de ces pauvres femmes ont été violées à l'arrivée des Bulgares, par les cavaliers de l'avant-garde, et au départ par les fantassins de l'arrière-garde. Presque toutes ont été surprises aux champs, soit en train de couper le blé, soit en train de surveiller leurs bestiaux. Elles ont été brutalement traînées par les cheveux, menacées du revolver ou de la baïonnette, parfois violentées sous les yeux de leurs enfants ou de leurs parents. Plusieurs portent sur leur corps de larges traces de coups de crosse.

Comme souvent plusieurs jeunes femmes des mêmes villages ont été surprises et violées en même temps, il est facile à la commission d'enquête de contrôler la véracité de leurs dires.

Les vieilles supportent encore avec assez de philosophie leur triste sort. L'une d'elles nous dit : « Je me console du malheur qui m'est arrivé en pensant que j'ai pu cacher ma fille et ma belle-fille. »

Mais les jeunes, de défloration récente, ont l'air

déprimé, abattu, accablé et semblent plongées dans une espèce d'hypnose. Il faut leur arracher les paroles une à une.

La mère adoptive d'une belle jeune fille de dix-sept ans, verse d'abondantes larmes. Une vieille de soixante-dix ans nous dit que les jeunes filles de son village, qui toutes ont été violées, ont refusé de venir en disant : « Nous préférerions qu'on nous enterrât. » Quelques-unes cependant parlent avec volubilité et nous donnent d'interminables détails, tous plus scabreux les uns que les autres.

Nous photographions une fillette d'une dizaine d'années, qui, violentée par un soldat bulgare, est tombée dans une attaque d'épilepsie.

De toutes les dépositions recueillies, la commission d'enquête a tiré cette impression que les Bulgares ont violé d'une façon systématique les femmes et les jeunes filles de tout âge à partir de douze ans qu'ils ont pu rencontrer. Il nous a été impossible d'établir s'ils y avaient été encouragés par leurs officiers. Les femmes que nous avons interrogées nous ont dit qu'elles ne savaient pas distinguer les officiers des sous-officiers. Dans plusieurs cas, elles ont reconnu des gradés qui ont exigé pour eux de leurs hommes le droit de priorité.

Au dire de ces femmes, la plupart des soldats bulgares — et ceci leur sera peut-être compté comme une excuse — étaient dans un état complet d'ébriété. En tout cas, s'ils ont brutalisé leurs victimes, ils ne les ont pas tuées ou mutilées. Du moins aucun cas de ce genre n'a été soumis à l'examen de la commission. Le docteur Peyron a constaté plusieurs cas de contamination honteuse.

Dans l'après-midi nous visitons en détail la ville de Knyajevatz. A côté des maisons nouvellement incendiées par les Bulgares, on nous montre les ruines d'autres maisons brûlées en 1877 par les Turcs. Sur la place publique se trouve encore une pompe à incendie que les Bulgares avaient eu l'idée de remplir de pétrole pour pouvoir asperger plus facilement la façade des maisons qu'ils voulaient incendier.

Toutes les maisons et tous les magasins qui ont échappé à la flamme et dans lesquels nous entrons au hasard ont été mis à sac.

Ici comme à Kralyevo-Selo, les habits, le linge, les couvertures, les rideaux, les meubles de prix ont été enlevés. Les coffres-forts ont été éventrés. Tout le reste a été brisé.

Sur le plancher, gisent pêle-mêle des débris de vaisselle, de glaces, de tableaux, de chaises, de commodes, de bibliothèques, de machines à coudre, tristes témoignages d'une incompréhensible fureur destructrice.

La boutique du pharmacien elle-même — et cela est un vif sujet d'indignation pour les médecins de la Croix-Rouge — n'a pas été respectée. La soldatesque bulgare ne s'est pas contentée de briser les balances et les bocaux, mais avec un incroyable raffinement, dans les récipients laissés intacts les remèdes ont été mêlés.

Tout à côté, dans un dépôt privé, d'énormes quantités de blé ont été arrosées de pétrole.

Le médecin serbe de la ville nous raconte qu'on lui a volé son microscope et qu'il a trouvé sur sa table en rentrant chez lui une lettre signée d'un de ses anciens camarades d'études bulgares à l'Université de Saint-Pétersbourg, se vantant de ce beau coup.

Sur le billard du café de la Grand'Place, nous trouvons cette inscription en langue bulgare : « Le cœur plein de douleur, nous avons fait tous ces dé-

gâts afin que vous voyiez ce que vos soldats ont fait en Macédoine. » Sur le tableau noir de notre hôtel, nous trouvons aussi cette inscription bulgare, écrite en très belle calligraphie et que nous avons photographiée : « Nous quittons volontairement la belle ville de Knyajevatz et nous saluons nos collègues officiers serbes en leur souhaitant d'être moins chauvinistes et d'être plus pénétrés de l'esprit du slavisme et du sentiment de solidarité. » Signé en français : « Officiers bulgares. »

Notre mission terminée, nous décidons de rentrer à Belgrade par le Danube. Il faut pour cela que nous arrivions le lendemain avant 8 heures du soir à Radouyevatz, où nous prendrons le bateau de la compagnie serbe qui fait le service deux fois par semaine.

Radouyevatz est à 95 kilomètres.

Nous décidons de partir dans la nuit pour Zaetchar, où nous prendrons un peu de repos, car il serait difficile de faire un tel voyage tout d'une traite. Mais le docteur norvégien se trouve de plus en plus mal. Il supplie qu'on ne l'abandonne pas dans ce pays désolé au milieu d'étrangers dont il ignore la langue. Il prétend qu'il sera demain en état de reprendre le voyage.

Nous décidons de retarder jusqu'à 4 heures du matin notre départ.

*
* *

INTERVIEW DE M. COSTA STOYANOVITCH, MINISTRE
DE L'AGRICULTURE

Belgrade, 26 juillet.

Je disais à M. Costa Stoyanovitch, ministre serbe de l'Agriculture et du Commerce :

— Pour soutenir en moins de dix mois le poids de deux grandes guerres, la Serbie a dû, non seulement donner des preuves d'héroïsme, mais encore faire un effort économique et financier considérable. Tout le monde s'étonne en Europe qu'un petit pays comme le vôtre ait pu si longtemps soutenir cet effort.

— La principale raison, me répondit le ministre, c'est que nous sommes un pays agricole. Dès le début de la guerre, nous avons fait cesser l'exportation et nous avons trouvé dans le pays toutes les denrées nécessaires : bétail, céréales, fourrage, pour subvenir à l'entretien de notre armée.

De plus, nous avions assez de réserves financières — 40 millions de francs environ — pour pouvoir faire face aux dépenses pendant les trois ou quatre premiers mois de la guerre, sans avoir besoin de nous adresser au marché financier étranger.

Mais la guerre, en se prolongeant, a apporté quelques perturbations bien naturelles dans notre état économique et financier. Les impôts n'ont pas donné des recettes aussi fortes qu'en temps ordinaire. Le commerce a beaucoup souffert. Il nous était absolument nécessaire d'arrêter l'exportation à l'étranger, car nous avons plus de 500.000 hommes à nourrir à la frontière. Le paiement des quelques porcs que nous envoyons en Autriche est le seul argent que nous recevions de l'étranger.

Comme conséquence de l'arrêt de notre exportation, la quantité d'or qui se trouvait en Serbie a diminué et nous avons été obligés de contracter deux ou trois petits emprunts pour pouvoir payer en or nos fournisseurs étrangers.

Nous avons cependant gardé jusqu'à ce jour l'encaisse métallique de la Banque nationale serbe qui s'élève à 120 millions de francs et ce fonds de garantie en or nous a permis l'émission de billets de banque et de monnaie d'argent avec lesquels l'Etat a pu payer ses dettes à l'intérieur du pays.

En règle générale, pendant toute la guerre contre la Turquie, nous n'avons jamais eu recours à la réquisition et nous avons payé presque tous nos achats au comptant. Ces temps derniers seulement, pour obtenir une petite prorogation de paiement, nous avons donné à nos fournisseurs des Bons du Trésor remboursables avec intérêt dans trois mois.

Nous comptons, d'ailleurs, faire un grand emprunt après la paix pour procéder à la liquidation générale des dettes contractées par nous pendant la guerre et mettre en valeur les pays annexés.

— Combien vous faudrait-il pour cela ?

— Au moins 600 millions. Songez qu'il nous faut payer des pensions aux blessés et aux familles des morts, recueillir les orphelins, refaire notre armement, construire de nouveaux forts, travailler au développement économique et industriel de la Macédoine et de la Vieille-Serbie où tout manque : bétail, semences, instruments aratoires, établissements de crédit et où l'on travaille la terre avec les mêmes procédés que du temps d'Homère.

Toutes ces dépenses seront productives, car elles augmenteront la sécurité et la prospérité du pays. Voilà pourquoi nous n'hésiterons pas à les engager dans un espace de cinq à dix ans.

— Est-ce que vous demanderez à Bucarest une indemnité de guerre à la Bulgarie ?

— Mais certainement. La Bulgarie doit payer les dégâts que ses troupes ont faits dans des villes sans défense comme Kralyevo-Selo et Knyajevatz. De plus, pour repousser son attaque brusquée, nous avons été obligés de faire des sacrifices énormes et cette nouvelle guerre nous a coûté plus de morts et de blessés que la campagne contre les Turcs.

Nous n'avons pas encore une statistique exacte des victimes, mais, après cette nouvelle guerre, l'Etat sera obligé de payer au moins 5 millions par an de pensions supplémentaires, ce qui représente un capital de 200 millions de francs.

Puisque les Bulgares nous ont attaqués et qu'ils ont été battus, il est juste que ces sacrifices financiers soient à leur charge.

— Croyez-vous qu'il sera possible de renouer à Bucarest l'Union balkanique ?

— Avec la Grèce, le Monténégro, la Roumanie et même l'Albanie, nous n'avons que des intérêts communs et rien ne s'oppose à ce que nous concluions tout de suite avec ces États une alliance étroite. La Bulgarie, elle aussi, devrait comprendre que son intérêt est d'entrer sans arrière-pensée dans une Union qui la protégerait et lui permettrait de travailler à son développement économique, intellectuel et moral. Mais, pour cela, elle devrait renoncer tout de suite à ses ambitions mégalomanes.

C'est vraiment une prétention inadmissible pour un Etat qui est le plus jeune et le plus arriéré des Balkans que de demander l'hégémonie ! Combien la Bulgarie est encore en retard sur le chemin de la civilisation ! Elle en a donné une preuve lamentable par les derniers massacres dont ses soldats se sont rendus coupables et pour lesquels certains gouvernements, je regrette de le constater, n'ont pas eu, par politique, une parole de blâme, bien que ces massacres sauvages aient soulevé l'indignation de l'Europe entière.

Malheureusement, la mentalité de ce peuple à demi asiatique telle qu'elle s'est manifestée dans la dernière guerre, ne nous permet pas de compter sur un changement brusque de la nature bulgare et je crains bien que nos voisins n'hésitent encore longtemps à entrer dans une Union qui serait leur salut. Peut-être même nourriront-ils encore quelque temps contre la Serbie, la Grèce et la Roumanie des désirs de vengeance.

Mais tous les efforts de la Bulgarie pour essayer de conquérir la prépondérance dans les Balkans seront vains et viendront se briser, impuissants, contre le bloc balkanique qu'elle trouvera toujours inébranlable devant elle.

*
* *

LES RAISONS PROBABLES DU ROI DE ROUMANIE

Bucarest, 8 août.

On a craint un moment de voir les négociations du Congrès de Bucarest traîner en longueur. On pensait que les Bulgares, fidèles à leurs habitudes de chicane, feraient tous leurs efforts pour prolonger les débats, dans l'espoir d'une intervention européenne. On craignait que la Roumanie ne prêtât une oreille trop favorable aux conseils de l'Autriche qui, sur la volonté expresse de l'empereur François-Joseph, met tout en œuvre pour regagner l'influence perdue à Bucarest. On craignait de voir les représentants des grandes puissances qui se réunissaient tous les jours à côté du congrès, comme les ambassadeurs l'ont fait à Londres, ne vinssent entraver, par leurs conseils contradictoires et par leurs intrigues, l'œuvre des délégués balkaniques. On racontait que ces délégués étaient si peu pressés d'arriver à une entente rapide qu'ils avaient manifesté le désir d'aller faire une excursion à Sinaïa, et cela paraissait presque indécent au moment où, en Macédoine, un million d'hommes exténués de fatigues, couverts de vermine, dévorés par la fièvre, décimés par le typhus, la dysenterie et le choléra, attendaient avec impatience le moment où ils pourraient rentrer au foyer, dont ils sont éloignés depuis plus de dix mois.

Maintenant, l'incertitude a cessé. Le roi Carol a dit aux Bulgares : « Il faut en finir », et tout est fini.

C'est un résultat heureux, dont tout le monde se loue ici.

Mais quelles sont les raisons qui ont pu amener le roi Carol à prendre d'une façon si soudaine une attitude si énergique à l'égard des délégués bulgares ?

Selon moi, elles sont multiples. La principale raison, c'est probablement le télégramme du roi Constantin invitant M. Venizelos à ne renoncer à Cavalla sous aucun prétexte.

Il paraît aussi que le gouvernement conservateur roumain n'est pas resté insensible aux reproches que lui firent certains membres influents de l'opposition d'avoir une attitude trop molle à l'égard de la Bulgarie, attitude qui risquait, en se prolongeant, d'être interprétée comme une preuve de duplicité par la Grèce et par la Serbie.

Il y a cinq jours, l'*Epoca*, journal de M. Filipesco, le fougueux ministre de la Guerre qui donna sa démission pour désapprouver la politique hésitante de ses collègues au moment de l'affaire de Silistrie, avait publié un communiqué qui produisit, ici, une très grande impression. Dans ce communiqué, M. Filipesco invitait le gouvernement roumain à soutenir d'une façon plus active la Grèce et la Serbie au cours des négociations de paix.

L'article avait fait d'autant plus de bruit qu'il avait été reproduit par le *Viitorul*, organe du parti libéral, actuellement le parti de l'opposition. Il semblait donc que M. Jean Bratiano, chef du parti libéral, actuellement engagé volontaire comme simple soldat, qui a refusé au début de la guerre de faire partie d'un ministère national sous la présidence de M. Majoresco et qui a aussi refusé, tout dernièrement encore, de faire partie de la délégation roumaine à la Conférence de la paix de Bucarest, il semblait donc que M. Bratiano se solidarisait avec M. Filipesco pour aiguillonner le gouvernement conservateur et l'engager à persévérer dans la voie qu'il s'était tracée aujourd'hui.

J'avais eu l'occasion de m'entretenir de cette note comminatoire avec un ancien ministre, l'un des membres les plus influents du parti libéral. Il m'avait dit : « L'attitude de M. Filipesco est certainement très crâne. Pendant toute la crise balkanique il a montré beaucoup de cœur et un ardent sentiment patriotique.

« Il faut espérer que le gouvernement conservateur ne restera pas sourd à ses conseils, sinon il risquerait d'être balayé par l'indignation du peuple roumain qui ne souffrirait plus un retour à l'esclavage de l'Autriche.

« Sans doute, M. Filipesco ne pourrait pas seul renverser le gouvernement roumain, mais si un changement de ministère s'imposait, le parti libéral ne lui refuserait pas son appui.

« Il ne reste donc aux conservateurs qu'à faire une

politique nationale absolument libérée du joug de l'Autriche ou à quitter le pouvoir. »

Une troisième raison qui peut avoir poussé le roi Carol à inviter les délégués bulgares à conclure rapidement la paix, c'est la crainte générale qu'on éprouvait ici de voir l'armée roumaine ravagée par le choléra si elle devait rester trop longtemps en campagne.

Un médecin de l'Institut de bactériologie de Bucarest, qui a bien voulu me vacciner contre le choléra, me disait hier que dans une seule division, il y a déjà plus de 1.000 malades de dysenterie et de choléra. Dans une autre, 330, dont 33 en danger de mort.

Les voyageurs qui arrivent de Bulgarie et même de Serbie sont soumis à l'entrée en Roumanie à une quarantaine rigoureuse.

La population commence à s'affoler. Elle souhaite ardemment la fin d'hostilités désormais inutiles.

Voilà encore qui a pu grandement influer sur la volonté du roi et le décider, malgré son désir de ménager encore l'Autriche, à une action énergique contre la Bulgarie.

* *

LA PAIX DES BALKANS EST-ELLE DURABLE ?

Bucarest, 10 août.

A la sortie du *Te Deum* célébré à la suite de la signature du traité de paix par les plénipotentiaires des États balkaniques j'ai pu m'entretenir pendant quelques instants avec l'un des principaux délégués à la conférence, à qui j'ai posé cette question : « Croyez-vous que la paix soit durable ? »

Voici ce qu'il a bien voulu me répondre sous la réserve que je ne dévoilerais ni son nom ni sa nationalité :

« J'ai bien peur que la paix qui vient de se conclure ne soit qu'une trêve. Les Bulgares ne se sont pas soumis sans arrière-pensée et sans restriction à l'inévitable. »

Au moment de la rédaction définitive du traité de paix, il s'est passé un incident caractéristique. Sur la proposition de M. Politis, on n'a plus employé pour le premier article la formule ancienne : « Au nom du Dieu tout-puissant, etc. » M. Politis a proposé la rédaction suivante : « Pour rétablir la paix et l'harmonie entre les puissances contractantes, etc. »

M. Simon Radeff, délégué bulgare, s'est opposé à l'adoption du terme « harmonie » et, après discussion on y a renoncé.

D'autre part, M. Radeff, au nom de la délégation bulgare, a fait ensuite la déclaration suivante : « Les délégués bulgares considèrent que le vœu général de voir s'établir dans les Balkans une paix stable et un juste équilibre serait le plus heureusement réalisé sur la base du principe des nationalités. Néanmoins, en tenant compte de la situation présente et pour faire preuve de déférence vis-à-vis des grandes puissances, dont ils se sont fait une loi de suivre les conseils, ils ont consenti à établir avec les alliés, pour le partage du condominium territorial acquis sur la Turquie, un accord motivé uniquement par des circonstances de fait. Les délégués bulgares expriment l'espoir que la Bulgarie trouvera auprès des grandes puissances un appui propice à améliorer sa situation conformément aux sacrifices faits par elle et aux nécessités de son développement économique et national. »

Les termes de cette déclaration qui a été insérée dans le protocole annexé au traité de paix sont de la plus haute importance. Ils montrent que les Bulgares considèrent que le principe des nationalités a été violé dans le partage de la Macédoine. Ils restent fidèles à leur point de vue, d'après lequel la population de la Macédoine n'est ni serbe, ni grecque, mais bulgare. Ils avertissent l'Europe de ne pas souffrir la création en Macédoine d'une Alsace bulgare, qui ferait pour toujours des Bulgares, des Serbes et des Grecs des ennemis irréductibles et ils se réservent le droit de continuer à lutter pour le maintien en Macédoine de leur nationalité.

C'est pour cela aussi que M. Radeff a demandé, au nom de la délégation bulgare, d'ajouter au traité de paix cette clause :

« La Bulgarie, la Grèce, la Serbie et le Monténégro reconnaissent sur les territoires annexés par ces États l'autonomie des communautés religieuses et la liberté scolaire. »

Si cette clause avait été acceptée, la Bulgarie aurait eu là un moyen légal de continuer, parmi les populations de la Macédoine serbe et grecque, la propagande en faveur de l'exarcat bulgare, de subventionner les écoles bulgares et de maintenir ainsi vivante dans les populations, la conscience de la nationalité bulgare.

Le piège tendu aux Grecs et aux Serbes était habile.

M. Pachitch répondit d'une façon non moins adroite. Il déclara que la Constitution de la Serbie est assez libérale, qu'elle garantit la liberté civile, religieuse, scolaire de tous les citoyens et qu'il n'y avait pas lieu de promettre des garanties de ce genre aux nouveaux citoyens serbes dans le traité de paix.

La vérité, qui ne fait de doute pour personne, et que les Serbes eux-mêmes ne cachent pas, c'est qu'ils ne considèrent pas la Macédoine comme un pays de population bulgare. Ils prétendent que les habitants de Macédoine sont des Slaves de nationalité indécise que les comitadjis ont bulgarisés par la violence en les forçant à passer de l'Église grecque patriarchiste à l'Église exarchiste bulgare, mais dont la langue se rapproche beaucoup plus du serbe que du bulgare. Si les évêques et les prêtres exarchistes passent tous à l'Eglise serbe comme un très grand nombre d'entre eux l'ont déjà fait, et si le gouvernement de Belgrade envoie quelques milliers d'instituteurs dans les provinces annexées, les Serbes espèrent que tout le pays sera serbisé et que toute trace de la propagande bulgare aura disparu en Macédoine dans quatre ou cinq ans.

C'est peut-être une illusion. Mais en tout cas, voilà pourquoi les Serbes ne veulent pas de concurrence.

Les Grecs ont aussi le même point de vue. Ils ne considèrent pas que les Slaves des pays annexés par eux soient de véritables Slaves, mais des Grecs slavophones, que les Bulgares ont converti de force à l'exarcat et qui, en rentrant volontairement au sein du patriarcat, redeviendront des Hellènes sur lesquels les Bulgares n'auront aucun droit d'exercer leur propagande.

Ces querelles de moines sont de la plus haute importance parce qu'elles montrent qu'au moment de la conclusion de la paix les luttes nationales n'ont rien perdu de leur âpreté en Macédoine.

Pendant dix, quinze, vingt ans, il est à craindre que la Bulgarie, pour justifier ses préparatifs de revanche, ne remplisse l'Europe de ses clameurs et ne cesse de crier à tous les vents que l'élément le plus pur de sa nationalité est opprimé et dénationalisé en Macédoine.

De leur côté, la Serbie et la Grèce seront obligées de construire, sur toute la frontière, de nouveaux forts et d'augmenter leurs armements pour garder le fruit de leurs victoires.

La guerre sans fin, voilà quelle semble être la triste fatalité qui pèse sur ce malheureux pays de Macédoine.

* *

UNE LIGUE BALKANIQUE [1]

Bucarest, 12 août.

Le remarquable toast prononcé par le roi Carol de Roumanie, au banquet qu'il a offert, le soir de la signature de la paix en son palais de Bucarest, aux délégués balkaniques, semble indiquer que l'orientation nouvelle de la politique roumaine est définitive, que la Roumanie est bien décidée à rester dans le concert des États balkaniques et à nouer avec eux des relations de plus en plus étroites, de façon à former une nouvelle grande puissance fédérée.

Les délégués balkaniques ont déjà discuté entre eux, dans leur dernière séance de travail, certaines questions d'intérêt commun comme, par exemple, l'unification des monnaies, des tarifs douaniers, des tarifs de chemins de fer, l'établissement de voies de communication plus rapides, etc.

C'est toujours la grande vérité qui s'impose : les nécessités économiques rapprochent les peuples, que

---

[1]. Cet article a été publié dans *l'Indépendance belge*.

les fatalités historiques et les préjugés séculaires poussent à se haïr et à se déchirer effroyablement.

A la suite d'une guerre fratricide, d'une sauvagerie peut-être sans exemple dans l'Histoire, assistons-nous à la naissance d'une Confédération balkanique, sous la direction morale et intellectuelle de la Roumanie ? C'est possible.

En tout cas, si l'esprit d'hommes d'État de grande envergure, comme Venizelos, Pachitch, Majoresco, Tontcheff, conçoit la nécessité d'une pareille union pour les petits peuples balkaniques sans cesse menacés d'une intrusion ou d'une pression étrangère, une union de ce genre ne sera possible que lorsqu'elle sera ardemment désirée par le cœur et s'exprimera comme un puissant désir des masses populaires des pays balkaniques.

Or, un pareil désir de conciliation, d'union, de fraternité, de concorde ne naîtra dans l'âme des peuples balkaniques que si les meilleurs esprits de la Roumanie et des pays balkaniques, prenant conscience de l'énorme responsabilité morale qui pèse sur eux, prennent l'engagement d'honneur de travailler de toutes leur forces à dissiper les préjugés, à étouffer les germes de haine qui divisent encore les peuples du Sud-Est européen et à fortifier le lien de fraternité qui doit les unir.

C'est cette propagande que, dans le beau salon de la bibliothèque de l'Athénée roumain, à la veille de quitter Bucarest, j'ai convié d'organiser quelques-uns de mes amis et de mes confrères de la presse balkanique, que je savais d'avance acquis à ce projet.

Nous avons rédigé et signé une déclaration d'après laquelle chacun de nous prenait l'engagement de faire dans son pays respectif une active propagande pour la réalisation de l'idéal de l'Union balkanique.

Nous avons fait circuler ensuite cette déclaration dans les milieux intellectuels de Bucarest et nous avons eu la joie de constater qu'elle a été rapidement couverte de signatures.

Parmi les intellectuels qui ont bien voulu s'associer à notre idée, nous avons le plaisir de compter les directeurs des plus grands journaux de Bucarest : *Adeverul, Universul, Viitorul, Minerva, Cuvintul, Epoca*, etc., c'est-à-dire les hommes qui font tous les jours l'opinion publique roumaine.

Une œuvre lancée sous de pareils auspices ne peut que prospérer.

Déjà nos confrères serbes nous ont annoncé, avant de quitter Bucarest, qu'ils avaient l'intention de convoquer, le mois prochain, à Belgrade, un premier congrès qui arrêtera les statuts définitifs de la Ligue de propagande roumano-balkanique. Mes confrères ont bien voulu me charger de rédiger le projet de statuts.

C'est un grand honneur que je dois uniquement à ma qualité de Français. Car la France, on le sait en Roumanie et dans les peuples balkaniques, n'est pas de ces pays dont la devise est de diviser pour régner, mais son idéal, au contraire, est celui de la concorde et de la fraternité entre les peuples.

* *

INTERVIEW DE M. TAKE JONESCO, MINISTRE DE L'INTÉRIEUR, CHEF DU PARTI CONSERVATEUR DÉMOCRATE

Bucarest, le 14 août.

Quelques instants avant mon départ pour Turn-Séverin, M. Take Jonesco, ministre de l'Intérieur, chef du parti conservateur démocrate et l'un des négociateurs de la paix de Bucarest, a bien voulu me faire l'honneur de m'accorder un entretien.

— Les journaux de Bucarest, lui ai-je dit, parlent beaucoup d'une Alliance balkanique. Moi-même, j'ai lancé, il y a trois jours, avec quelques amis, à l'Athénée roumain, l'idée d'une Ligue balkano-roumaine, qui aurait pour tâche de faire une active propagande en faveur d'une union intellectuelle, politique et économique des peuples balkaniques. Pensez-vous qu'une pareille union soit possible et qu'elle ait, en ce moment, des chances d'être réalisée?

— Déjà en 1903, me répondit M. Take Jonesco, dans un article publié dans la revue anglaise *Monthly Review*, j'ai dit que j'étais partisan de l'Alliance balkanique, mais que sa réalisation rencontrerait de grandes difficultés, tenant surtout à l'impossibilité de faire un partage de la péninsule, de nature à satisfaire tout le monde, car l'ethnographie de ces contrées est tout à fait compliquée, et souvent les raisons ethnographiques sont en opposition avec les raisons économiques.

Je reste partisan de cette idée sous une forme ou sous une autre, mais elle offre aujourd'hui de très grosses difficultés. On les voit; elles sautent aux yeux, et il n'est pas nécessaire de les préciser.

Or, une Alliance balkanique qui ne comprendrait pas tous les États balkaniques serait autre chose, mais ne serait pas une Alliance balkanique. L'Alliance balkanique doit être une œuvre de paix durable.

Une alliance existant entre quelques États seulement de la péninsule serait une œuvre de paix imposée et non une œuvre de paix acceptée.

Il est à espérer que lorsque les souvenirs du conflit actuel se seront atténués, lorsque surtout on se rendra compte du prix en vies humaines et en douleur morale de la guerre, les États balkaniques accepteront certaines combinaisons propres à amener pour le moins une trêve de longue durée et qui seraient la moins mauvaise des solutions à défaut d'une solution excellente.

La Roumanie ayant pour ainsi dire pris les devants par le traité de Bucarest, a contracté le devoir moral de faire tous ses efforts pour assurer le succès de cette œuvre.

— Mais j'ai souvent entendu dire ici : « Nous, Roumains, nous ne sommes pas des Balkaniques. »

— Voulez-vous mon opinion à ce sujet ? Ce sont là des enfantillages. Les querelles de mots ont causé bien des malheurs dans l'Histoire. Qu'est-ce que c'est qu'un État balkanique ? Je doute que quelqu'un puisse me donner une réponse. La vérité est que les cinq États de la péninsule — et avec l'Albanie ils sont six — ont remplacé l'ancien Empire ottoman. En ce sens, ils peuvent être appelés comme on voudra : Balkaniques, Sud-Est de l'Europe, Orient européen, Carpato-Balkaniques ou Danubo-Balkaniques.

Si on a dit ici que nous ne sommes pas un État balkanique, c'est pour fixer deux choses également vraies : l'une, que notre histoire, et par conséquent notre constitution sociale diffère de celle de nos voisins pour la bonne raison que, lors de l'invasion ottomane, Serbes, Grecs et Bulgares ont perdu toute existence en tant qu'État national et que nous avons toujours conservé la nôtre avec plus ou moins d'indépendance.

La seconde c'est que, sauf les Koutzo-Valaques et les 300.000 Roumains de Serbie et des environs de Vidin, il n'y avait pas, au sud du Danube, de contrées habitées par la race roumaine.

Mais la preuve que nous avions et que nous avons encore des intérêts de premier ordre communs avec nos voisins de l'autre côté du Danube, c'est que nous avons fini par nous mêler à leur querelle et que nous les avons invités à venir à Bucarest pour y établir avec notre assentiment la charte future de ces pays.

Les faits sont plus forts que les mots. Appelez-moi comme vous voudrez, il n'en restera pas moins que j'ai la conviction que la Roumanie ne peut pas se désintéresser de ce qui se passera de l'autre côté du Danube et la certitude qu'elle ne s'en désintéressera pas.

APRÈS LA GUERRE

LE PRESTIGE FRANÇAIS DANS LES BALKANS

Paris, 5 septembre.

Depuis mon retour en France, j'entends nombre de beaux esprits me déclarer d'un ton péremptoire :

« La grande vaincue dans les deux dernières guerres balkaniques, c'est la France. L'effondrement de la Turquie est le signal de la décadence pour l'influence française en Orient. »

Et ces beaux esprits appuient leurs affirmations des raisons suivantes :

« La France avait dans l'Empire ottoman une situation privilégiée. Toutes les nationalités qui composaient cet Empire bigarré se réclamaient de sa culture. La langue française était le véritable lien entre tous ces peuples animés, les uns à l'égard des autres, d'une haine inextinguible. Aujourd'hui, après le triomphe des divers nationalismes, serbe, grec et bulgare, le rôle conciliateur de la France est fini. Les Allemands, grâce au chemin de fer de Bagdad, vont imposer leur langue à la Turquie d'Asie et à Constantinople. La Bulgarie, en proie à un nationalisme intransigeant, dénoncera et pourchassera comme un puissant dissolvant le cosmopolitisme de la culture française. La Serbie et la Grèce, fières de leurs victoires, imposeront leur langue à leurs nouveaux sujets. Jusqu'à ce jour, Salonique et Monastir, où la majorité de la population israélite se servait du français comme de sa langue maternelle, étaient pour la France de véritables colonies intellectuelles. Ces temps seront bientôt passés. Encore quelques années d'école primaire grecque ou serbe, et la culture française ne sera en Macédoine qu'un souvenir. Le flambeau de notre civilisation que des générations de Français, jaloux de notre gloire nationale, s'étaient religieusement transmis de siècle en siècle, ne sera plus qu'un brandon éteint. »

L'opinion que je vous cite là est malheureusement en France assez répandue. Cependant, elle n'est pas vérifiée par les faits. On s'en aperçoit surtout lorsqu'on a passé comme moi près d'une année entière hors du pays.

Ma parole! on dirait que nous nous faisons un malin plaisir de chercher des raisons de désespérer et des prétextes de ne pas agir.

Or la vérité est que par suite d'un heureux concours de circonstances, jamais notre influence n'avait été plus grande qu'en ce moment dans les Balkans, et il ne tient qu'à nous d'en augmenter encore l'efficacité au double point de vue matériel et moral.

Je ne méconnais pas que notre diplomatie n'est pour rien dans le prestige dont nous jouissons encore en Orient. Je sais trop bien que depuis le début de la crise balkanique, nos diplomates ont tout fait pour amoindrir ce prestige. Nous avons une diplomatie, à la suite des événements, qui, et j'en pourrais donner des exemples nombreux et décisifs, ne sait rien prévoir, qui ne sait rien vouloir, une diplomatie toujours prête à s'incliner devant le fait accompli, et qui ne songe point à travailler, d'une façon méthodique et systématique, à la défense de nos intérêts nationaux et à l'expansion de notre influence à l'étranger. Nous avons une diplomatie qui est un rare modèle de surdité, d'aveuglement et d'incohérence. Mais la gloire française brille d'un éclat trop pur pour souffrir des erreurs de ceux qui en ont la garde. Elle se suffit à elle-même et, pour les peuples balkaniques, elle reste encore l'idéal.

Nous en avons eu la révélation lorsque le Monténégro, la Serbie, la Bulgarie et la Grèce se sont soulevés contre l'oppression séculaire de la Turquie, au nom des principes de 48 et de la Déclaration des Droits de l'Homme, et lorsque tout récemment encore le peuple de Bucarest a demandé la guerre aux cris de : « A bas l'Autriche ! Vive la France ! » Dans ce pays latin de Roumanie que les ignorants et les sots disaient, il y a quelques semaines encore, définitivement inféodés à la politique de la Triplice, dans ce pays dont les maladroits à qui est confiée la garde de notre prestige, se détournaient avec dépit, c'est en réalité vers « la grande sœur aînée », vers la France, que tous les yeux sont tournés. C'est à elle que dans la grande lutte nationale que le peuple roumain vient d'entreprendre et qui ne se terminera que par la création d'une grande Roumanie englobant les millions de frères qui gémissent encore sous le joug étranger, c'est à elle, dis-je, que tous les cœurs demandent un encouragement, une approbation, sinon un appui. « A Bucarest, me disait encore récemment un de nos hommes politiques les plus influents, c'est le ministre d'Allemagne qui tient le haut du pavé. Rien ne se fait sans son autorisation ; les Roumains n'ont de respect et d'égards que pour lui. »

Et pourtant n'est-ce pas dans cette ville qu'on a eu la délicate idée, au moment des négociations de la paix, d'offrir le titre de citoyen d'honneur de Bucarest à M. Blondel, notre ministre de France auprès de la cour de Roumanie?

C'est triste à constater : nous ne savons pas cultiver nos amitiés ; nous ne savons pas où sont nos amis.

Et la Grèce? Je sais que certains de mes confrères expriment, un peu trop hâtivement peut-être, la crainte de la voir oublier, tout comme l'Italie, ce qu'elle doit à la France, et de la voir se placer sous l'égide de l'Allemagne, maintenant qu'elle est rassasiée. Et certes, il se peut que le roi Constantin, grisé de gloire militaire, incline à coqueter avec une nation dont le souverain, ne l'oublions pas, est son beau-frère, et qui passe encore aux yeux de quelques-uns comme la première nation guerrière du monde. Mais en déclarant que ses sujets lui permettront de glisser sur cette pente, ne risquons-nous pas de calomnier ce peuple grec qui nourrit pour nous la plus chaude des sympathies ? En Grèce, la seule qualité de Français suffit encore pour vous faire recevoir comme un personnage de distinction, ce que les Anglais appellent un *distinguished foreigner*. L'homme le plus populaire là-bas, après le roi Constantin et Venizelos, est le général Eydoux. Et lorsque tous les soirs l'ordonnance du général Eydoux paraît sur les planches des cafés-concerts en costume de pioupiou français et roucoule une romance dans l'oreille d'une petite bonne athénienne, il faut voir avec quelle explosion d'enthousiasme il est accueilli par le public. « Vous qui avez le privilège d'être Français », me disait un jour mon ami Mélas, le sympathique directeur du grand journal athénien, *Nea Imera*. Et ce n'était pas là une vaine flatterie, c'était l'expression toute simple des sentiments de vive admiration que le peuple hellène nourrit pour le peuple français. « Ce qui fait de vous un peuple incomparable, me disait aussi un jour M. Mélas, c'est que vous êtes le seul à avoir introduit dans le monde un peu de justice, et que vous êtes aussi le seul qui possède l'art de supporter avec gaîté la douleur de vivre. »

Et en Serbie aussi, au cours des deux dernières guerres, combien de fois n'ai-je pas entendu, dans la bouche d'hommes éminents et de gens du peuple, des appréciations de ce genre ! Dans les villages les plus reculés, la première question que me posaient les paysans était : « Que disent les journaux français ? » Et quand je leur répondais que notre presse leur était favorable, ces braves gens s'écriaient : « La France nous approuve, nous avons le bon droit de notre côté. »

Le jour de la signature de la paix à Bucarest, mon ami, le député Virgile Arion, président de la Ligue de culture roumaine, me disait : « La France est en train de devenir de toutes les nations la plus sympathique aux yeux des peuples balkaniques, et si elle adopte une politique intelligente, cette sympathie elle la conservera toujours. »

Saurons-nous avoir cette politique ?

*
* *

CE QU'IL FAUT FAIRE DANS LES BALKANS

Paris, 26 septembre.

C'est entendu : on nous aime encore dans les Balkans. Nous jouissons aux yeux des peuples d'Orient d'un prestige vieux de plusieurs siècles, qu'aucune maladresse de nos diplomates n'a réussi à ébranler. La Bulgarie, la Grèce — j'entends son peuple, sinon son roi — la Serbie, la Roumanie et même le petit Monténégro ne jurent que par notre civilisation et notre culture. Si les habitants de ces pays chérissent par-dessus tout leur patrie et leur langue nationale — ce dont on ne peut que les louer — ils comprennent néanmoins l'utilité pour eux d'une seconde langue qui les rattache à la civilisation européenne, au reste de l'humanité, et cette langue tous pensent que ce ne peut être que le français. Nulle part au monde je n'ai entendu répéter plus souvent qu'à Athènes, Belgrade, Bucarest ou même Sofia cette phrase si flatteuse pour notre amour-propre national : « Si je devais choisir une autre nationalité que la mienne je voudrais être Français. » Et cela m'a fait comprendre combien est riche de sens le vers français :

Tout homme a deux pays, le sien et puis la France.

Donc, nous sommes encore les enfants chéris des Balkans. Cependant, gardons-nous de nous endormir sur le mol oreiller de cette certitude. Car au réveil nous pourrions parfaitement trouver une situation changée. Autant il faut se garder du pessimisme dissolvant, autant il faut se méfier de l'optimisme béat, car tous les deux mènent au même résultat : à l'inertie. Or, qui n'agit pas se momifie. Qui n'avance pas recule. Si nous ne luttons pas de toutes nos forces pour défendre en Orient notre influence encore vivace, notre prestige encore éclatant, les sinistres prophéties des découragés, qui nous disent que tout là-bas est déjà perdu pour nous, seront demain réalisées.

Partout en Orient notre influence est battue en brèche par le pangermanisme qui s'efforce, se servant de l'arme de notre propre langue, de nous chasser de toutes nos positions et d'introduire ses agents dans toutes nos places. Ces attaques tenaces exigent de notre part une défense non moins énergique. Pendant qu'il en est temps encore, nous devons redoubler d'efforts pour augmenter et resserrer nos relations intellectuelles et économiques avec les peuples balkaniques. Sinon, malgré toute la sympathie qu'ils ont pour nous, ils finiront par chercher ailleurs des amitiés, des concours, des lumières.

Dans tous les Balkans un champ magnifique s'ouvre à notre activité. A la suite de la dernière guerre, la Grèce a doublé son territoire et quintuplé sa puissance d'achat. Par Dedéagatch nous sommes devenus les voisins de la Bulgarie. Par Salonique nous pouvons envoyer directement en Serbie nos denrées dont le transport subissait autrefois sur les chemins de fer autrichiens des retards considérables. La Roumanie, qui s'est émancipée de la tutelle politique de l'Autriche-Hongrie, rêve de se délivrer aussi de la tutelle financière de l'Allemagne et tourne vers nous des regards pleins d'espérance.

Sans doute, le commis voyageur allemand est souple, insinuant et tenace. Mais partout, dans les Balkans, on se méfie de sa camelote et on réclame la concurrence française à grands cris. Nos grandes compagnies de navigation, nos grandes sociétés d'exportation, nos grands syndicats financiers, nos entrepreneurs de travaux publics serviraient utilement leurs intérêts et ceux de la France en répondant à ce désir.

Je voudrais démontrer par deux ou trois exemples comment on pourrait travailler à étendre notre influence morale dans ces pays d'Orient.

Il existe en Serbie une œuvre extrêmement intéressante, celle des sociétés littéraires françaises. Trois de ces sociétés ont déjà été créées à Belgrade, à Chabatz et à Nich. Elles groupent l'élite intellectuelle et politique de ces villes. Peu à peu, ces sociétés françaises rayonneront sur toute la Serbie et on peut prévoir un temps assez rapproché où toutes les villes serbes de quelque importance auront leur club serbo-français.

Une pareille œuvre, dont l'initiateur est M. Gravier, le très estimé lecteur de langue et de littérature françaises à l'Université de Belgrade, ne mérite-t-elle pas d'être encouragée ? Il ne passe pas un Français à Belgrade qui ne laisse à la Société littéraire française son obole. Un grand nombre de revues et de journaux français lui font un service gratuit. Tous les dons qui enrichiront ces foyers de culture française ne seront pas perdus pour le rayonnement de notre pays.

A Bucarest point n'est besoin de créer des sociétés littéraires françaises. La ville entière est un immense club où tout le monde parle notre langue, parfois avec une élégance qui ne laisse pas d'étonner. J'ai vu beaucoup de bibliothèques particulières ; je n'y ai guère trouvé que des ouvrages français. Sur ce peuple latin, la culture allemande n'a pas de prise. Un tel milieu était des plus favorables à la création d'un Institut de langue et de littérature françaises analogue à celui que les Universités de Toulouse et de Bordeaux ont créé à Madrid, et l'Université de Grenoble à Florence.

L'année dernière, j'ai moi-même loué cette idée dans un article de *la Dépêche* intitulé « Une sœur qu'on néglige » et qui produisit la meilleure impression en Roumanie.

M. Boirac, le savant recteur de l'Université de Dijon, me demanda d'accorder la préférence à son Université pour la création de cet Institut. Des pourparlers avec la Roumanie furent engagés. Ils viennent d'aboutir. Lors de mon dernier séjour à Bucarest, comme je parlais à mon ami le sénateur Porumbaru, ancien ministre du Commerce et président de l'Athénée, de mon désir de voir créer cet Institut, il me déclara : « Rien de plus facile. Je mets à la disposition des professeurs français, que l'Université de Dijon ou toute autre Université voudra nous envoyer, la grande salle de l'Athénée pour les cours publics et une petite salle pour les cours privés. L'Athénée prendra à sa charge les frais d'affichage. Un professeur français assez éloquent qui ferait, ici, l'hiver prochain, un cours suivi sur l'histoire de la littérature ou de la civilisation françaises, pourrait compter dans ses cours publics sur au moins deux cents auditeurs et auditrices de la meilleure société et sur une trentaine dans ses cours privés. »

Le lendemain, comme je demandais à M. Dissesco, ministre de l'Instruction publique de Roumanie, s'il approuvait ce projet de création d'un Institut français à Bucarest, il me répondit :

« L'idée m'est extrêmement sympathique et je paierai même le voyage des professeurs. »

Il ne tient donc qu'à la France d'avoir, à partir de l'hiver prochain, en Roumanie, un foyer de culture française de plus.

Une autre œuvre enfin sur laquelle je voudrai attirer l'attention du public et pour le succès de laquelle je me permets de faire appel à tous les concours, c'est la Ligue balkanique, dont la création a été décidée sur ma proposition le 11 août dernier, à

Bucarest, par une réunion d'hommes politiques et de grands journalistes de presque tous les pays balkaniques et dont j'ai été chargé, en ma qualité de Français, de rédiger les statuts.

Cette ligue ouverte à tous les patriotes des pays balkaniques ou des pays amis des peuples balkaniques a pour but de chercher à rendre populaire l'idée d'une union intellectuelle, politique et économique des peuples balkaniques.

Elle comprendra des comités nationaux de propagande (albanais, bulgares, grecs, monténégrins, roumains, serbes) et un comité international siégeant à Paris.

N'y a-t-il pas quelque chose de touchant dans ce geste confiant des peuples balkaniques qui se tournent vers la France et lui disent :

« Nous voulons créer dans les Balkans une situation stable. Nous voulons mettre un terme à nos vieilles querelles, nous voulons commencer une vie nouvelle, nous voulons marcher la main dans la main pour défendre par notre alliance nos pays respectifs contre les *atteintes des ennemis qui les menacent et les conduire dans la voie de la civilisation et du progrès*. Sois notre interprète et notre guide, France dont nous admirons le génie et la générosité. »

Qui ne voit que dans notre intérêt même cet appel doit être entendu ?

FIN

TABLE DES MATIÈRES

	Pages
Avant-propos	III
AVANT LA GUERRE	1

PREMIÈRE PARTIE

DE LA DÉCLARATION DE GUERRE AU PREMIER ARMISTICE

Chap. I. En Autriche	21
— II. En Serbie	29
— III. En Bulgarie	41

DEUXIÈME PARTIE

DU PREMIER ARMISTICE A LA REPRISE DES HOSTILITÉS

Chap. I. En Roumanie	73
— II. En Autriche	84
— III. En Italie	93

TROISIÈME PARTIE

DE LA REPRISE DES HOSTILITÉS AU SECOND ARMISTICE

Chap. I. En Turquie	101

QUATRIÈME PARTIE

DU SECOND ARMISTICE A L'ATTAQUE BRUSQUÉE
ENQUÊTE SUR L'AVENIR DE L'UNION BALKANIQUE

	Pages
Chap. I. En Roumanie	159
— II. En Bulgarie	164
— III. En Grèce	206
— IV. En Serbie	256

CINQUIÈME PARTIE

DE L'ATTAQUE BRUSQUÉE A LA PAIX DE BUCAREST

Chap. I. En Autriche-Hongrie	319
— II. En Serbie et en Roumanie	332
APRÈS LA GUERRE	369
Le prestige français dans les Balkans	371

3776. — Tours, imprimerie E. Arrault et Cie.

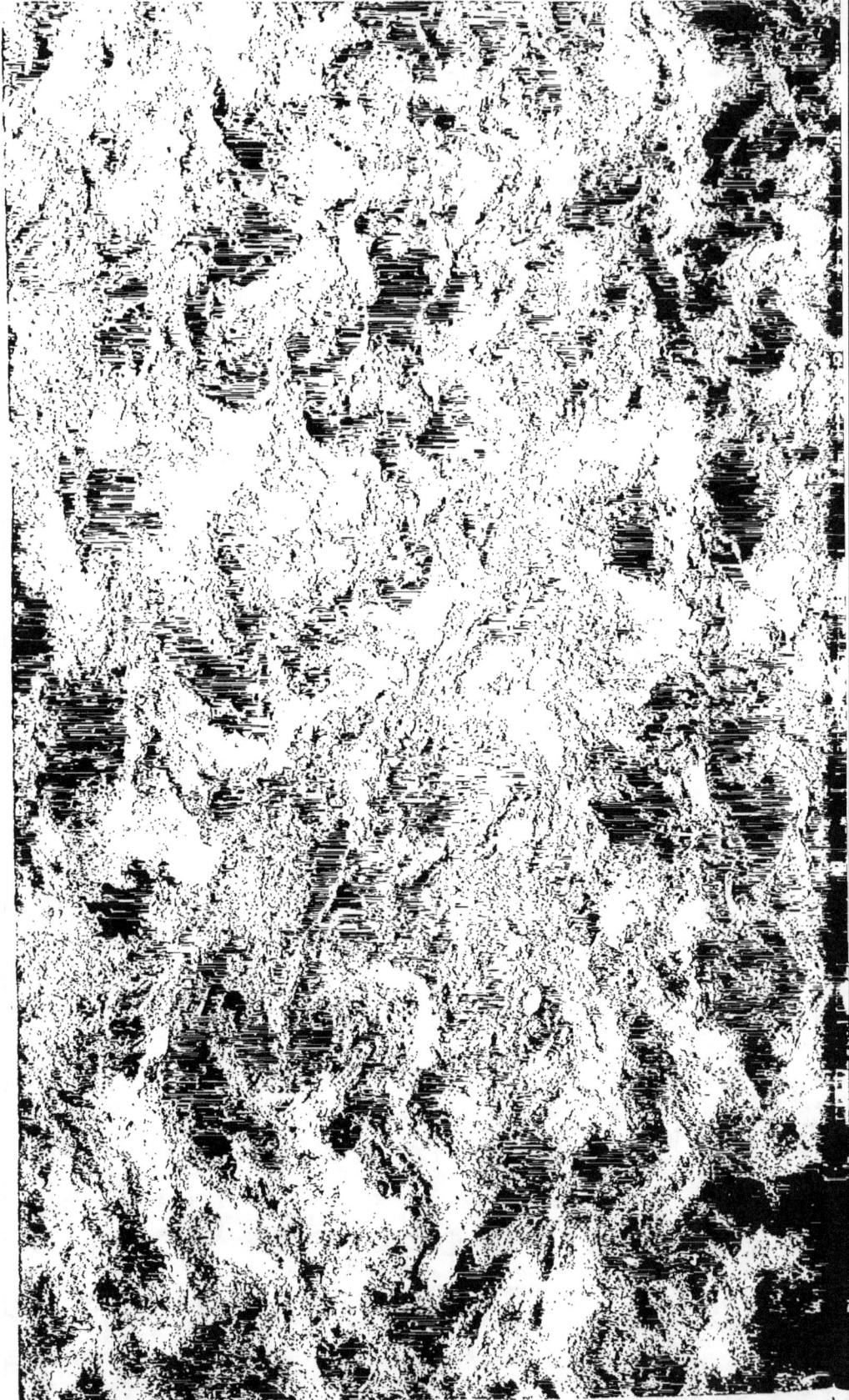

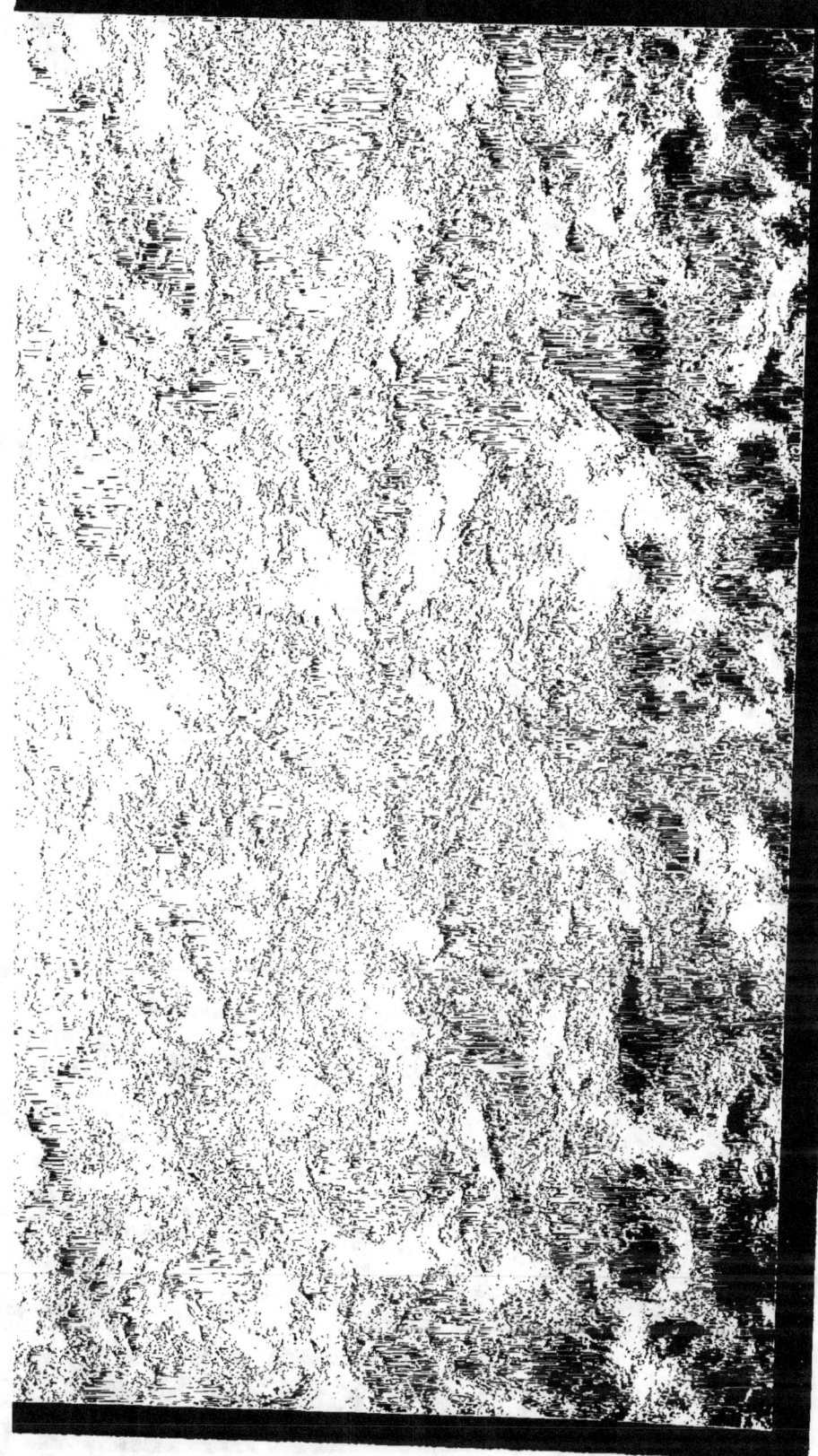

www.ingramcontent.com/pod-product-compliance
Lightning Source LLC
Chambersburg PA
CBHW071944220426
43662CB00009B/991